编委会

全国高等院校旅游管理类应用型人才培养"十三五"规划教材

主编

马 勇　教育部高等学校旅游管理类专业教学指导委员会副主任
　　　　中国旅游协会教育分会副会长
　　　　中组部国家"万人计划"教学名师
　　　　湖北大学旅游发展研究院院长，教授、博士生导师

编委（排名不分先后）

田 里　教育部高等学校旅游管理类专业教学指导委员会主任
　　　　云南大学工商管理与旅游管理学院原院长，教授、博士生导师
高 峻　教育部高等学校旅游管理类专业教学指导委员会副主任
　　　　上海师范大学旅游学院副院长，教授、博士生导师
邓爱民　中南财经政法大学旅游管理系主任，教授、博士生导师
潘秋玲　西安外国语大学旅游学院院长，教授
薛兵旺　武汉商学院旅游与酒店管理学院院长，教授
田芙蓉　昆明学院旅游学院院长，教授
罗兹柏　中国旅游未来研究会副会长，重庆旅游发展研究中心主任，教授
朱承强　上海师范大学旅游学院/上海旅游高等专科学校酒店研究院院长，教授
王春雷　上海对外经贸大学会展经济与管理系主任，副教授
毕斗斗　华南理工大学经济与贸易学院旅游与酒店管理系主任，副教授
李会琴　中国地质大学（武汉）旅游系副系主任，副教授
程丛喜　武汉轻工大学经济与管理学院，教授
吴忠军　桂林理工大学旅游学院院长，教授
韩 军　贵州商学院旅游学院院长，教授
黄其新　江汉大学商学院副院长，教授
张 青　山东青年政治学院旅游学院院长，教授
何天祥　湖南商学院旅游管理学院院长，教授
李 玺　澳门城市大学国际旅游与管理学院客座教授、博士生导师
何 彪　海南大学旅游学院会展经济与管理系主任，副教授
陈建斌　广东财经大学地理与旅游学院副院长，副教授
孙洪波　辽东学院旅游学院院长，教授
李永文　海口经济学院旅游与民航管理学院院长，教授
李喜燕　重庆文理学院旅游学院副院长，教授
朱运海　湖北文理学院休闲与旅游服务管理研究所所长，副教授

全国高等院校旅游管理类应用型人才培养"十三五"规划教材

总主编 ◎ 马 勇

本书受"中国地质大学（武汉）本科教学质量工程：智慧旅游应用型人才培养模式研究（G1320311656）""中国地质大学研究生课程与精品教材建设（YJC-2018606）""中国地质大学实验技术系列教材（SJC-201708）"联合资助。

旅游地理信息系统

Tourism Geographic Information System

主　编 ◎ 李会琴
副主编 ◎ 罗　伟　李晓琴　杨树旺

华中科技大学出版社
http://www.hustp.com
中国·武汉

内 容 提 要

旅游地理信息系统是GIS在旅游管理中的具体应用。本书由三个部分构成。第一部分详细介绍了旅游地理信息系统的基础理论，包括旅游地理信息系统的概念、结构与功能，地图投影和地理信息系统数据结构；第二部分是旅游地理信息系统的具体应用，包括旅游地图制作、空间分析；第三部分是旅游地理信息系统的支撑技术，包括遥感技术、全球定位技术、3S集成技术和智慧旅游。全书注重理论与实践结合，集理论基础知识与软件操作为一体，每章附有典型案例，帮助学生学习理解。

本书适合作为高校旅游管理专业以及地理学、经济学等相关专业本科生、研究生的教材和教学参考书，同时，也可供有关科研和产业部门科技人员参考。

图书在版编目(CIP)数据

旅游地理信息系统/李会琴主编. —武汉：华中科技大学出版社，2018.8(2025.2重印)
全国高等院校旅游管理类应用型人才培养"十三五"规划教材
ISBN 978-7-5680-4492-9

Ⅰ. ①旅… Ⅱ. ①李… Ⅲ. ①旅游地理学-地理信息系统-高等学校-教材 Ⅳ. ①F591.99-39

中国版本图书馆CIP数据核字(2018)第178115号

旅游地理信息系统　　　　　　　　　　　　　　　　　　　　　　李会琴　主编
Lüyou Dili Xinxi Xitong

策划编辑：	李　欢
责任编辑：	李家乐
封面设计：	原色设计
责任校对：	张会军
责任监印：	周治超
出版发行：	华中科技大学出版社(中国·武汉)　　电话：(027)81321913
	武汉市东湖新技术开发区华工科技园　　邮编：430223
录　　排：	华中科技大学惠友文印中心
印　　刷：	武汉邮科印务有限公司
开　　本：	787mm×1092mm　1/16
印　　张：	16.75
字　　数：	405千字
版　　次：	2025年2月第1版第6次印刷
定　　价：	48.00元

本书若有印装质量问题，请向出版社营销中心调换
全国免费服务热线：400-6679-118　竭诚为您服务
版权所有　侵权必究

总 序
Introduction

　　伴随着旅游业上升为国民经济战略性支柱产业和人民群众满意的现代服务业，我国实现了从旅游短缺型国家到旅游大国的历史性跨越。2016年12月26日，国务院印发的《"十三五"旅游业发展规划》中提出要将旅游业培育成经济转型升级重要推动力、生态文明建设重要引领产业、展示国家综合国力的重要载体和打赢扶贫攻坚战的重要生力军，这标志着我国旅游业迎来了新一轮的黄金发展期。在推进旅游业提质增效与转型升级的过程中，应用型人才的培养、使用与储备已成为决定当今旅游业实现可持续发展的关键要素。

　　为了解决人才供需不平衡难题，优化高等教育结构，提高应用型人才素质、能力与技能，2015年10月21日教育部、国家发改委、财政部颁发了《关于引导部分地方普通本科高校向应用型转变的指导意见》，为应用型院校的转型指明了新方向。对于旅游管理类专业而言，培养旅游管理应用型人才是旅游高等教育由1.0时代向2.0时代转变的必由之路，是整合旅游教育资源、推进供给侧改革的历史机遇，是旅游管理应用型院校谋求话语权、扩大影响力的重要转折点。

　　为深入贯彻教育部引导部分地方普通高校向应用型转变的决策部署，推动全国旅游管理本科教育的转型发展与综合改革，在教育部高等学校旅游管理类专业教学指导委员会和全国高校旅游应用型本科院校联盟的大力支持和指导下，华中科技大学出版社率先组织编撰出版"全国高等院校旅游管理类应用型人才培养'十三五'规划教材"。该套教材特邀教育部高等学校旅游管理类专业教学指导委员会副主任、中国旅游协会教育分会副会长、中组部国家"万人计划"教学名师、湖北大学旅游发展研究院院长马勇教授担任总主编。

　　在立足旅游管理应用型人才培养特征、打破重理论轻实践的教学传统的基础上，该套教材在以下三方面作出了积极的尝试与探索。

　　一是紧扣旅游学科特色，创新教材编写理念。该套教材基于高等教育发展新形势，结合新版旅游管理专业人才培养方案，遵循应用型人才培养的内在逻辑，在编写团队、编写内容与编写体例上充分彰显旅游管理作为应用型专业的学科优势，全面提升旅游管理专业学生的实践能力与创新能力。

　　二是遵循理实并重原则，构建多元化知识结构。在产教融合思想的指导下，坚持以案例为引领，同步案例与知识链接贯穿全书，增设学习目标、实训项目、本章小结、关键概念、案例解析、实训操练和相关链接等个性化模块。为了更好地适应当代大学生的移动学习习惯，本套教材突破性地在书中插入二维码，通过手机扫描即可直接链接华中出版资源服务平台。

　　三是依托资源服务平台，打造立体化互动教材。华中科技大学出版社紧抓"互联网＋"发展机遇，自主研发并上线了华中出版资源服务平台，实现了快速、便捷调配教学资源的核心功能。

在横向资源配套上,提供了教学计划书、PPT、参考答案、教学视频、案例库、习题集等系列配套教学资源;在纵向资源开发上,构建了覆盖课程开发、习题管理、学生评论等集开发、使用、管理、评价于一体的教学生态链,真正打造了线上线下、课堂课外的立体化互动教材。

  基于为我国旅游业发展提供人才支持与智力保障的目标,该套教材在全国范围内邀请了近百所应用型院校旅游管理专业学科带头人、一线骨干"双师双能型"教师,以及旅游行业界精英共同编写,力求出版一套兼具理论与实践、传承与创新、基础与前沿的精品教材。该套教材难免存在疏忽与缺失之处,恳请广大读者批评指正,以使该套教材日臻完善。希望在"十三五"期间,全国旅游教育界以培养应用型、复合型、创新型人才为己任,以精品教材建设为突破口,为建设一流旅游管理学科而奋斗!

2017.1.18

前 言
Preface

  自 20 世纪 60 年代以来,地理信息系统(Geographic Information System,GIS)以其强大的空间数据采集、存储、管理、分析等功能,被广泛应用于资源管理、环境监测、交通规划、灾情预警、灾后评估、经济分析、商业管理等众多领域。当今,旅游业的发展、旅游活动、旅游资源具有很强的空间地域性,GIS 在旅游管理中的应用也十分广泛,如旅游资源调查、旅游环境评价、旅游市场分析、旅游线路规划、旅游地图制作、旅游管理决策等都离不开 GIS。尤其随着数字旅游、智慧旅游时代的到来,GIS 在旅游管理中的应用越发重要,旅游地理信息系统研究以及人才培养显得十分迫切。

  "地理信息系统"作为专业课程,是地理、测绘、环境等专业的一门核心课程,而在旅游管理专业中开设尚不多,但旅游管理类学生对 GIS 知识和技能的需求是显而易见的。在智慧旅游时代,学生需要具备旅游规划制图能力及旅游空间分析决策能力,高校开设"旅游地理信息系统"课程,培养智慧旅游人才十分必要。然而,目前大多数地理信息系统教材目标定位多为地学类相关专业学生,偏重理工科背景,教材编写设计注重理论,内容较为深奥,不适合旅游管理等文科背景的学生学习。因此,编写一本深入浅出、突出应用的实用型教材,是培养旅游地理信息系统人才的重要任务。

  本教材以旅游地理信息系统(Tourism Geographic Information System,TGIS)基础理论体系为框架,着重突出 TGIS 的应用,包括旅游规划制图、旅游空间分析、遥感技术应用等,并结合 ArcGIS 10.2 软件对相关操作进行了讲解。本教材注重理论与实践相结合,附有大量案例,同时配备《旅游地理信息系统实习指导书》,提供上机实习的配套数据。

  本教材共有九章,第一章、第六章由李会琴、徐宁编写,第二章、第四章由李会琴、李丹编写,第三章由李会琴编写,第五章由李晓琴编写,第七章、第八章由罗伟编写,第九章由姬程文编写。中国地质大学经济管理学院院长杨树旺教授为本教材的编写提供了很好的建议与支持。旅游管理专业研究生董晓晴、巩琪敏等为本书绘制了插图。参编人员还有刘晶晶、黄珂、梁俊、李丹、徐宁、姬程文、李江涛、巩琪敏和董晓晴。

  由于编者水平有限,书中难免存在不足和错误之处,敬请读者不吝指正!

李会琴

2018 年 3 月于武汉

目录
Contents

1 第一章　绪论
　　第一节　地理信息系统　　　　　　　　　　　　　　　　　/1
　　第二节　旅游地理信息系统　　　　　　　　　　　　　　　/19

33 第二章　地图投影与坐标系
　　第一节　地理空间的数学模型　　　　　　　　　　　　　　/33
　　第二节　地理空间坐标系　　　　　　　　　　　　　　　　/35
　　第三节　地图投影　　　　　　　　　　　　　　　　　　　/39
　　第四节　ArcGIS 中的应用　　　　　　　　　　　　　　　　/47

51 第三章　GIS 的数据结构
　　第一节　空间实体及其类型　　　　　　　　　　　　　　　/52
　　第二节　矢量数据　　　　　　　　　　　　　　　　　　　/55
　　第三节　栅格数据　　　　　　　　　　　　　　　　　　　/62
　　第四节　矢量数据与栅格数据转换　　　　　　　　　　　　/69

75 第四章　空间数据的管理
　　第一节　空间数据的输入　　　　　　　　　　　　　　　　/75
　　第二节　空间数据的编辑　　　　　　　　　　　　　　　　/79
　　第三节　空间数据的处理　　　　　　　　　　　　　　　　/89
　　第四节　空间数据的查询　　　　　　　　　　　　　　　　/96

106 第五章　旅游地理信息系统空间分析
　　第一节　空间分析概述　　　　　　　　　　　　　　　　　/106
　　第二节　矢量数据的空间分析　　　　　　　　　　　　　　/110
　　第三节　栅格数据的空间分析　　　　　　　　　　　　　　/129
　　第四节　GIS 的三维分析　　　　　　　　　　　　　　　　/146

164 第六章　旅游地图
　　第一节　旅游地图概述　　　　　　　　　　　　　　　　　/164

第二节　旅游地图的类型　　　　　　　　　　　　　　　　/167
第三节　旅游地图的构成　　　　　　　　　　　　　　　　/174
第四节　旅游地图的发展　　　　　　　　　　　　　　　　/179

188 | 第七章　遥感技术及全球定位系统

第一节　遥感技术概述　　　　　　　　　　　　　　　　　/188
第二节　常用的卫星遥感数据及其特征　　　　　　　　　　/193
第三节　遥感图像处理　　　　　　　　　　　　　　　　　/204
第四节　遥感图像的判读　　　　　　　　　　　　　　　　/212
第五节　RS在旅游业中的应用　　　　　　　　　　　　　　/217
第六节　全球定位系统（GPS）　　　　　　　　　　　　　　/219

229 | 第八章　3S集成技术

第一节　GIS与RS集成　　　　　　　　　　　　　　　　　/230
第二节　RS与GPS集成　　　　　　　　　　　　　　　　　/232
第三节　GIS与GPS集成　　　　　　　　　　　　　　　　　/233
第四节　3S集成　　　　　　　　　　　　　　　　　　　　/234

239 | 第九章　智慧旅游

第一节　智慧旅游概述　　　　　　　　　　　　　　　　　/239
第二节　智慧旅游的技术支撑　　　　　　　　　　　　　　/245

256 | 参考文献

第一章

绪论

内容提要

旅游地理信息系统(Tourism Geographic Information System, TGIS)是专题地理信息系统(Geographic Information System, GIS),是 GIS 在旅游中的具体应用,也是旅游信息化、智慧化发展的必然结果。本章在阐述 GIS 的基本概念的基础上,重点阐述 TGIS 的概念、结构、功能及发展趋势等。

学习目的

1. 掌握 GIS 的基本概念、结构与功能。
2. 了解 GIS 的相关学科与发展历程。
3. 了解 GIS 的应用领域,尤其是在旅游业中的应用。
4. 掌握 TGIS 的概念、结构与功能。
5. 了解 TGIS 的发展趋势。
6. 了解国内外常用的 GIS 软件。

第一节 地理信息系统

一、基本概念

(一)数据与信息

数据是对某一事件、事物及现象进行定性、定量地表达、记录或描述时所取得的原始资料,并且以多种形式存在,如数字、文字、符号、图形、图像、声音及它们能转换成的数据等形式。数据的格式一般与计算机系统有关,并随载荷它的物理设备的形式的改变而改变,但是其中包含的信息的内容不会改变。

信息是用数据来表示目标的内容、数量或特征,从而提供关于现实世界新的事实和知识,是分析和决策的依据。信息具有客观性、实用性、传输性、共享性、不灭性、时效性、价值相对性、载体的依附性以及可伪性等特征。信息可以离开信息系统而独立存在,也可以离开信息系统的各个组成部分和阶段而独立存在,与数据不同的是,信息不随载体的物理设备形式的改变而改变。

数据包含原始事实,信息是把数据处理成有意义的和有用的形式,简而言之,数据是信息的载体,信息是数据的内涵。对数据进行不同角度、不同方式、不同深度的处理可以得到不同的信息。数据和信息并不是绝对的,对一个人可能是信息,而对其他人可能是数据,并且信息必须是有意义或有用的,使用的信息必须是完整、精确、相关和及时的。人的知识、经验作用到数据上,可以得到信息,而获得信息量的多少,与人的知识水平有关。尽管数据是对客观对象的表示,但它并不就是信息,只有当数据与对象发生联系,或者将人的知识作用到数据上时才可以获得信息。数据可用不同的形式表示,而信息不会因数据形式的不同而改变。二者的关系如图 1-1 所示。

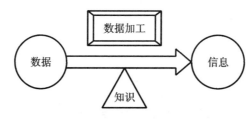

图 1-1　数据与信息

(二) 地理数据与地理信息

地理数据,也称为空间数据,用来表示地理实体或地理现象的位置、形状、大小及其分布等多方面特征,是各种地理特征和现象间关系的符号表示。

地理数据,应包括空间位置、属性特征及时态特征三部分。

空间位置:描述地物所在位置,这种位置既可以根据大地参照系定义,如大地经纬度坐标,也可以定义为地物间的相对位置关系,如空间上的距离、邻接、重叠、包含等。如武汉市为湖北省省会,位于东经 113°41′—115°05′,北纬 29°58′—31°22′,地处江汉平原东部等。

属性数据:是属于一定地物、模式及特征的定性或定量指标,即描述了信息的非空间组成部分,包括语义与统计数据。如武汉市 2016 年末面积为 8494.41 平方千米,人口 1076.62 万,这些数据为属性数据。

时态特征:是指地理数据采集或地理现象发生的时刻或时段,即地理数据具有动态变化性。比如武汉市常住人口每年均有变化;长江的水流信息、水位高低及水质也会发生变化等。

地理信息,也称为空间信息,是有关地理实体的性质、特征和运动状态的表征和一切有用的知识,它是对地理数据的解释。地理信息的特征有以下几点。

1. 空间性

地理信息具有空间特征,是基于一定空间的地理对象而产生的,其位置是通过数据进行标识的,这是地理信息区别于其他类型信息最显著的标志。

2. 数据量大

地理信息要存储空间位置信息,需要大量的存储空间。此外,地理信息还包含了大量的属性信息,包含不同时间段的时态数据,因此其数据量往往比非地理数据要大得多。

3. 时序性强

由于地理实体时间变化特征非常明显,因此地理数据和地理信息要进行及时更新。地理信息的时序性,为研究地理实体的动态变化趋势提供了很好的数据支撑,从而可以对其未来进行科学的预测。

4. 多维性

地理信息具有多维特征,如三维空间,若加上时间或其他属性,地理信息的维数可以拓展至四维甚至多维。

（三）系统与信息系统

系统是由具有特定功能、彼此间有机联系的多要素构成的整体,要素间通过信息流联系。系统的特征由构成系统的要素及其相互之间的联系方式所决定。

信息系统是具有数据采集、管理、分析和表达数据能力的系统,它能够为单一的或有组织的决策过程提供有用的信息。计算机的使用导致一场信息革命,计算机已经渗透至各个领域,信息系统的全部或部分由计算机系统支持。人们常常使用计算机收集数据并将数据处理成信息,一个基于计算机的信息系统包括计算机硬件、软件、数据和用户四大要素。

根据系统所执行的任务,信息系统可分为事务处理系统、管理信息系统和决策支持系统。事务处理系统强调的是数据的记录和操作,负责处理日常事务,如校园卡管理系统、12306网上订票系统。管理信息系统需要包含组织中的事物处理系统,并提供了内部综合形式的数据,以及外部组织的一般范围和大范围的数据,如酒店管理信息系统、景区管理信息系统等。决策支持系统是用以获得辅助决策方案的交互式计算机系统,能从管理信息系统中获得信息,帮助管理者制定好的决策,一般由语言系统、知识系统和问题处理系统共同构成,如地价评估信息系统、旅游投资风险决策信息系统等。

（四）地理信息系统

地理信息系统(GIS)是在计算机硬、软件系统支持下,以地理空间数据库为基础,采用地理模型方法,适时提供多种空间的和动态的地理信息,对整个或部分地球表层(包括大气层)空间中的有关地理分布数据进行采集、储存、管理、运算、分析、显示和描述地理空间数据的技术系统,是一种为地理研究和地理决策服务的决策支持系统。地理信息系统处理、管理的对象是多种地理空间实体数据及其关系,包括空间定位数据、图形数据、遥感图像数据、属性数据等,用于分析和处理在一定地理区域内分布的各种现象和过程,解决复杂的规划、决策和管理问题。

不同的部门从不同的应用目的出发,对GIS的认识略有不同(田永中等,2017)。1988年,美国国家地理信息与分析中心认为,地理信息系统是为了获取、存储、检索、分析和显示空间定位数据而建立的计算机化的数据库管理系统(数据库观点)。也有很多学者认为,GIS是一种获取、存储、检查、操作、分析和显示地球空间数据的计算机系统。比如 DoE 认为,GIS 是"A System for capturing, storing, checking, manipulating, analyzing and displaying data which are spatially referenced to the Earth"。国内陈述彭等(1999)认为,GIS 是"由计算机系统、地理数据和 GIS 人员组成的,通过对地理数据的集成、存储、检索、操作和分析,生成并输出各种地理信息,从而为土地利用、资源管理、环境监测、交通运输、经济建设、城市规划和政府行政管理提供新的知识,为工程设计和规划、管理决策服务"。

从 GIS 的定义可以看出,GIS 具有以下特征。

(1) 从系统的角度看,GIS 以空间数据库为基础,具有数据采集、管理、分析和输出等多种功能,并能适时提供多种形态的空间动态信息,为地理研究和地理决策提供服务。

(2) 从学科的角度看,GIS 已经超越了技术与工具的范畴而成为一门科学。是描述、存储、处理、分析地理空间信息的一门新型交叉学科,属于空间信息科学,跨越了地理学、计算机科学、数学、管理学等学科。

(3) 从应用的角度看,GIS 被认为是一种服务。它的应用领域非常广泛,涉及所有基于位置分析的各种服务。从常规的测绘与制图、资源管理等领域,到商业服务、城市管理、环境监测等,只要与位置有关,均可用到 GIS。

图 1-2 所示为 GIS 相关的几个基本概念之间的关系。

图 1-2　GIS 相关的几个基本概念之间的关系

二、GIS 的组成

GIS 一般由四个部分组成,即计算机硬件系统、计算机软件系统、地理数据和 GIS 人员(系统管理、操作、使用人员与机构)。其中,计算机系统(硬件和软件)是基础,地理数据是核心,而 GIS 人员是系统的决策者,决定了系统的工作方式和信息表达方式。GIS 的组成如图 1-3 所示。

图 1-3　GIS 的组成

(一) 计算机硬件系统

计算机硬件是计算机系统中的实际物理装置的总称,可以是电子的、电的、磁的、机械的、光的元件或装置,是 GIS 的物理外壳,系统的规模、精度、速度、功能、形式、使用方法甚至软件都与硬件有极大的关系,受硬件指标的支持或制约。GIS 由于其任务的复杂性和特殊性,必须由计算机设备支持。构成的基本组件包括输入、输出设备,中央处理单元、存储器(包括主存储器、辅助存储器)等,这些硬件组件协同各种要素,向计算机系统提供必要的信息,使其完成任务;保存数据以备现在或将来使用,将处理得到的结构或信息提供给用户。图 1-4 所示为 GIS 硬件系统的常用配置。

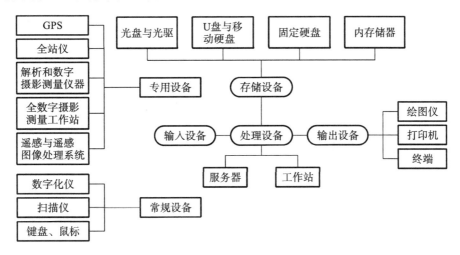

图 1-4 GIS 硬件系统的常用配置

(二) 计算机软件系统

计算机软件系统指 GIS 运行所必需的各种程序,通常包括以下三个方面。

1. 计算机系统软件

由计算机厂家提供的、为用户开发和使用计算机提供方便的程序系统,通常包括操作系统、汇编程序、编译程序、诊断程序、库程序以及各种维护使用手册、程序说明等,是 GIS 日常工作所需的,如 windows 等操作系统软件。

2. 地理信息系统软件和其他支撑软件

可以是通用的 GIS 软件也可包括数据库管理软件、计算机软件包、计算机辅助制图软件(CAD)、图像处理软件(Photoshop)等。

3. 应用分析程序

应用分析程序是系统开发人员或用户根据地理专题或区域分析模型编制的用于某种特定应用任务的程序,是系统功能的扩充与延伸。在优秀的 GIS 工具支持下,应用程序的开发应是透明的和动态的,与系统的物理存储结构无关,随着系统应用水平的提高而不断优化和扩充。应用程序作用于地理专题数据或区域数据,构成 GIS 的具体内容,这是用户最为关心的真正用于地理分析的部分,也是从空间数据中提取地理信息的关键。用户进行系统开发的大部分工作是开发应用程序,而应用程序的水平在很大程度上决定着系统的实用性、优劣和成败。

(三) 地理空间数据

地理空间数据是指以地球表面空间位置为参照的自然、社会和人文景观数据,可以是图形、图像、文字、表格和数字等,由系统的建立者通过数字化仪、扫描仪、键盘、磁带机或其他

通信系统输入 GIS,是系统程序作用的对象,是 GIS 所表达的现实世界经过模型抽象的实质性内容。不同用途的 GIS,其地理空间数据的种类、精度都是不同的,但基本上包括三种互相联系的数据类型。

1. 某个已知坐标系中的位置

某个已知坐标系中的位置,即几何坐标,标识地理实体在某个已知坐标系(如大地坐标系、直角坐标系、极坐标系、自定义坐标系)中的空间位置,可以是经纬度、平面、平面直角坐标、极坐标,也可以是矩阵的行数、列数等。

2. 实体间的空间相关性

实体间的空间相关性,即拓扑关系,表示点、线、面实体之间的空间联系,如网络结点与网络线之间的枢纽关系,边界线与面实体间的构成关系,面实体与内部点的包含关系等。空间拓扑关系对于地理空间数据的编码、录入、格式转换、存储管理、查询检索和模型分析都有重要意义,是地理信息系统的特色之一。

3. 与几何位置无关的属性

与几何位置无关的属性,即常说的非几何属性或简称属性,是与地理实体相联系的地理变量或地理意义。属性分为定性和定量两种,前者包括名称、类型、特性等,后者包括数量和等级,定性描述的属性如岩石类型、土壤种类、土地利用类型、行政区等,定量的属性如面积、长度、土地等级、人口数量、降水量、河流长度、水土流失量等。非几何属性一般是经过抽象的概念,通过分类、命名、量算、统计得到。任何地理实体至少有一个属性,而地理信息系统的分析、检索和表示主要是通过属性的操作运算实现的,因此,属性的分类系统、量算指标对系统的功能有较大的影响。

地理信息系统特殊的空间数据模型决定了地理信息系统特殊的空间数据结构和特殊的数据编码,也决定了地理信息系统具有特色的空间数据管理方法和系统空间数据分析功能,是地理学研究和资源管理的重要工具。

(四)专业人员

人是 GIS 中重要的构成因素。地理信息系统从设计、建立、运行到维护的整个生命周期,处处都离不开人的作用。仅有系统软、硬件和数据还构不成完整的地理信息系统,需要人进行系统组织、管理、维护和数据更新、系统扩充完善、应用程序开发,并灵活采用地理分析模型提取多种信息,为研究和决策服务。对于合格的系统设计、运行、使用来说,地理信息系统专业人员是地理信息系统应用的关键,而强有力的组织是系统运行的保障。一个周密规划的地理信息系统项目应包括负责系统设计和执行的项目经理、信息管理的技术人员、系统用户化的应用工程师以及最终运行系统的用户。

此外,网络也是组成 GIS 的重要部分。GIS 中网络的主要作用是信息传输。由于 GIS 数据的海量特征,对网络的要求也比较高。GIS 中的网络形式一般有局域网、广域网、无线网络和互联网、企业局域网和外联网等几种。

局域网是指由特定类型的传输媒体(如电缆、光缆和无线媒体)和网络适配器(亦称网卡)互联在一起的计算机组,并受网络操作系统监控的网络系统,适合于小区、区域内部等的网络建设。广域网是众多局域网的集合,其中有些局域网或者全部局域网使用跨越较长距离的点到点链路连接在一起,最大的特点是计算机分布范围广,不受区域限制,广泛采用电话通道或卫星信道,但传输效率较低。无线网络主要是针对移动 GIS 而言的,采用无线通信方法解决信息的传输问题。

互联网是一个由各种不同类型和规模的独立运行与管理的计算机网络组成的全球性计算机网络。组成互联网的计算机网络包括局域网、城域网以及大规模的广域网等。互联网网络互连采用的基本协议是 TCP/CP。企业局域网是指一个企业内部各组织互连所形成的网络,并使用与互联网相互协调的技术开发企业内部的各种应用系统。外联网是在互联网和企业局域网的基础上发展起来的,根据企业自身的体系结构和运作方式,使网络高层体系结构逐步与企业计算机模式相协调。

三、GIS 的功能

尽管目前商用 GIS 软件包的优缺点有所不同,而且所采用的技术也不一样,但多数商用 GIS 软件包都提供了如下功能:数据采集、数据处理、数据集成、数据分析与数据输出等。

(一)数据采集

数据采集是 GIS 的基本功能,主要用于获取空间数据,保证地理信息系统数据库中的数据在内容与空间上的完整性、数值逻辑一致性与正确性等。一般而言,地理信息系统数据库的建设占整个系统建设投资的 70% 或更多,并且这种比例在近期内不会有明显的改变。因此,信息共享与自动化数据输入成为地理信息系统研究的重要内容。目前可用于地理信息系统数据采集的方法和技术很多,有些仅用于地理信息系统,如手扶跟踪数字化仪;目前,自动化扫描输入与遥感数据集成最为人们关注。扫描技术的应用与改进,实现扫描数据的自动化编辑与处理仍是地理信息系统数据获取研究的主要技术关键之一。

(二)数据处理

采集到的空间数据还必须经过编辑处理等操作,以保证数据在空间上的准确性、内容上的完整性、逻辑上的一致性以及三者的统一性。初步的数据处理主要包括数据格式化、转换、概括。数据的格式化是指不同数据结构的数据间变换,是一种耗时、易错、需要大量计算的工作,应尽可能避免;数据转换包括数据结构、数据格式、数据坐标等的转换,以及数据比例尺的变化等。数据结构的转换主要是指数据在矢量结构和栅格结构之间的相互转换,在数据格式的转换方式上,矢量到栅格的转换要比起逆运算快速、简单。数据格式转换主要是指不同 GIS 软件或同一 GIS 软件所支持的不同数据格式之间的转换,如 Mapinfo 的 MIF 格式与 ArcGIS 的 Shapefile 格式之间的转换,ArcGIS 的 Shapefile 与 Coverage 格式之间的转换等。数据坐标转换包括数据平移、旋转、比例尺缩放等变换,以及投影变换。数据概化也称制图综合或地图概括,制图综合,包括数据平滑、简化、融合、特征集结等。目前地理信息系统所提供的数据概括功能极弱,与地图综合的要求还有很大差距,需要进一步发展。除了以上数据处理功能外,GIS 通常还具有数据裁切、拼接、提取等数据处理功能(田永中等,2017)。

数据处理也称数据操作,主要包括数据检验、编辑、转换、概化等。数据检验的内容很多,但通常是指按照数据的质量要求,对数据的空间特征、属性特征及时间等方面进行检验。

数据编辑是根据数据检验的情况对数据进行修改和调整。

（三）数据集成（数据存储与组织）

这是建立地理信息系统数据库的关键步骤，涉及空间数据和属性数据的组织。栅格模型、矢量模型或栅格矢量混合模型是常用的空间数据组织方法。空间数据结构的选择在一定程度上决定了系统所能执行的数据与分析的功能；在地理数据组织与管理中，最为关键的是如何将空间数据与属性数据融合为一体。目前大多数系统都是将二者分开存储，通过公共项（一般定义为地物标识码）来连接。这种组织方式的缺点是数据的定义与数据操作相分离，无法有效记录地物在时间域上的变化属性。ARCGIS软件将空间数据和属性数据采用通用关系型数据库管理信息系统（RDBMS）来管理，很好地弥补了这一缺点。

（四）数据分析

数据分析包括数据查询、检索、统计、计算等功能，也包括较为复杂的空间分析与模型分析等功能。空间查询是地理信息系统以及许多其他自动化地理数据处理系统应具备的最基本的分析功能；而空间分析既是 GIS 的核心功能，也是 GIS 与其他计算机系统的根本区别，模型分析是在地理信息系统支持下，分析和解决现实世界中与空间相关的问题，它是地理信息系统应用深化的重要标志。地理信息系统的空间分析的层次如下。

1. 空间检索

空间检索包括从空间位置检索、空间实体及其属性和从属条件检索空间实体。空间索引是空间检索的关键技术，如何有效地从大型的地理信息系统数据库中检索出所需信息，将影响地理信息系统的分析能力；此外，空间实体的图形表达也是空间检索的重要部分。

2. 空间拓扑叠加分析

实现了输入要素属性的合并以及要素属性在空间上的连接，本质是空间意义上的布尔运算。

3. 空间模型分析

其研究有：①地理信息系统外部的空间模型分析，将地理信息系统当作一个通用的空间数据库，而空间模型分析功能则借助于其他软件。②地理信息系统内部的空间模型分析，试图利用地理信息系统软件来提供空间分析模块以及发展适用于问题解决模型的宏语言，这种方法一般是给予空间分析的复杂性和多样性，易于理解和应用，但由于地理信息系统软件所能提供空间分析功能极为有限，这种紧密结合的空间模型分析方法在实际地理信息系统的设计中较少使用。③混合型的空间模型分析，其宗旨在于尽可能地利用地理信息系统所提供的功能，同时也充分发挥地理信息系统使用者的能动性。

（五）数据输出

地理信息系统为用户提供了许多用于地理数据表现的工具，如可以将空间数据制作成表格、报告、统计图、地图等，既可以采用计算机屏幕等软拷贝方式进行显示输出，也可采用打印机、绘图仪等方式进行硬拷贝输出，还可以以数字的方式输出成各种电子文件，以利于保存与运输。其形式既可以是计算机屏幕显示，也可以是诸如报告、表格、地图等硬拷贝图件，尤其要强调的是地理信息系统的地图输出功能。一个好的地理信息系统能提供一种良好的、交互式的制图环境，以供地理信息系统的使用者能够设计和制作出高质量的地图。

四、GIS 的研究内容及相关学科

（一）研究内容

地理信息系统是在地理学研究和生产实践的需求中产生的，地理信息系统广泛而深入的应用使技术系统不断完善，并逐渐发展了地理信息系统的理论；理论研究的开展、技术方法的更新和进步又进一步指导开发新一代高效地理信息系统，并不断拓展其应用领域，加深应用的深度；地理信息系统的应用，又对理论研究和技术方法提出了更高的要求。

1. 地理信息系统基本理论研究

地理信息系统基本理论研究包括研究地理信息系统的概念、定义和内涵；地理信息系统的信息论研究；建立地理信息系统的理论体系，包括研究地理信息系统的构成、功能、特点和任务，总结地理信息系统的发展历史，探讨地理信息系统发展方向等理论问题。

2. 地理信息系统技术系统研究

地理信息系统技术系统研究指对 GIS 软件开发、数据库开发等技术的研究。由于 GIS 具有多学科交叉的特征，它涉及的技术方法及内容将受到众多相关学科的影响和渗透，因此，地理信息系统技术系统研究的内容相当广泛，其发展也非常迅速。

地理信息系统技术系统研究包括地理信息系统硬件设计与配置；地理空间数据结构及表示；输入与输出系统；空间数据库管理系统；用户界面与用户工具设计；地理信息系统工具软件研制；微机地理信息系统的开发；网络地理信息系统的研制；专题地理信息系统的开发、3S 技术集成、三维可视化及多媒体动态显示。

3. 地理信息系统应用方法研究

地理信息系统应用方法研究指对应用模型、应用系统开发（二次开发）等的研究，包括应用系统设计和实现方法；数据采集与校验；空间分析函数与专题分析模型；地理信息系统与遥感技术相结合方法；地学专家系统研究等。

总之，地理信息系统的内容十分广泛，既包含地理信息系统的理论体系也包含其技术方法。主要有：有关的计算机软、硬件；空间数据的获取及计算机输入；空间数据模型及数字化表达；数据的数据库存储及处理；数据的共享、分析与应用；数据的显示与视觉化；地理信息系统的网络化等；不同来源和类型数据的采集、校验、应用效果和效益分析；各种应用分析模型，包括空间分析函数与专题分析模型等的研发、地理信息系统与遥感技术结合的方法、地学专家系统研究。

（二）相关学科

地理信息系统是一门综合的交叉型新型学科，具有多学科交叉融合的特点，其相关学科主要有：地理学、地图学、遥感、计算机科学、测量学、管理科学等。

1. 地理学

地理学是一门研究人类赖以生存的地理空间学科，地理学研究空间分析的传统历史悠久，它为地理信息系统提供了一些空间分析的方法和观点，成为地理信息系统的部分理论依托。地理学的许多分支学科，如地图学、大地测量学等都与地理信息系统有着密切关系。另一方面，地理信息系统也以一种新的思想和新的技术手段解决地理学的问题，使地理学研究

的数学传统得到充分发挥。

地理学是以地域单元研究人类居住的地球及其部分区域,研究人类环境的结构、功能、演化以及人地关系。空间分析是 GIS 的核心,地理学作为 GIS 的分析理论基础,可为 GIS 提供引导空间分析的方法和观点。测绘学和遥感技术不但为 GIS 提供快速、可靠、多时相和廉价的多种信息源,而且它们中的许多理论和算法可直接用于空间数据的变换、处理。

地理系统的内部及其外界,不仅存在着物质和能量的交流,还存在着信息流,这种信息交流将许多看似不相关的形态各异的系统要素联系起来,共同作用于地理系统。地理信息系统体现了一种信息联系,由系统建立者输入,而由机器存储的各种影像、地图和图表都包含了丰富的地理空间信息的数据,通过指针或索引等组织信息相关联;系统软件对空间数据编码和处理;用户对 GIS 发出指令,GIS 按约定的方式做出解释后,获得用户指令信息,调用系统内的数据提取相应的信息,从而对用户做出反应,这是信息按一定方式流动的过程。

由此可见,地理信息系统不仅要以信息的形式表达自然界实体之间物质和能量的流动,更为重要的是以最直接的方式反映自然界的信息联系,并可以快速模拟这种联系发展的结果,达到地理预测的目的。

总之,自然界与人类存在着深刻的信息联系,地理学家所面对的是一个形体的,即自然的地理世界,而感受到的却是一个地理信息世界。地理研究实际上是给予这个与真实世界并存而且在信息意义上等价的信息世界的,GIS 以地理信息世界表达地理现实世界,可以真实、快速地模拟各种自然的过程和思维的过程,对地理研究和预测具有十分重要的作用。

2. 地图学

地图是记录地理信息的一种图形语言形式,从历史发展的角度来看,地理信息系统脱胎于地图,地图学理论与方法对地理信息系统的发展有着重要的影响。GIS 是地图信息的一种新的载体形式,它具有存储、分析、显示和传输空间信息的功能,尤其是计算机制图为地图特征的数字化表达、操作和显示提供了一系列方法,为地理信息系统的图形输出设计提供了技术支持;同时,地图仍是目前地理信息系统的重要数据来源之一。但二者又有本质之区别:地图强调的是数据 Fenix、符号化与显示,而地理信息系统更注重信息分析。

地图是认识和分析研究客观世界的常用手段,尽管地图的表现形式发生了种种变化,但是依然可以认为构成地图的主要因素有地图图形、数学要素和辅助要素。地图图形是用地图符号所表示的制图区域内,各种自然和社会经济现象的分布、联系以及时间变化等的内容分布(又称地理要素),如江河山地、平原、道路或其他专题内容等,这是地图构成要素中的主体部分。数学要素是决定图形分布位置和几何精度的数学基础,是地图的骨架,其中包括地图投影及坐标网、比例尺、大地控制点等。地图投影是用数学方法将地球椭球面上的图形转绘到平面直角坐标网内,具有精确的地理位置。辅助要素是为了便于读者与用图而设置的。如图例就是现实地图内容的各种符号的说明,还有图名、地图编制和出版单位、编图时间和所用编图资料的情况、出版年月等。有的地图上还有补充资料,用以补充和丰富地图的内容。如在图边或图廓内空白处,绘制一些补充地图或剖面图、统计图等;有时还有一些表格或某一方面的重点文字说明。

从地理信息系统的发展过程可以看出,地理信息系统的产生、发展与制图系统存在着密切的联系,两者的相通之处是基于空间数据库的表达、显示和处理。从系统构成与功能上看，一个地理信息系统具有机助制图系统的所有组成和功能，并且地理信息系统还有数据处理的功能。地图是一种图解图像，是根据地理思想对现实世界进行科学抽象和符号表示的一种地理模型，是地理思维的产物，也是实体世界地理信息的高效载体，地图可以从不同方面、不同专题，系统地记录和传输实体世界历史的、现在的和规划预测的地理景观信息。

3. 计算机科学

地理信息系统技术的创立和发展是与地理空间信息的表达、处理、分析和应用手段的不断发展分不开的。20世纪60年代初，在计算机图形学的基础上出现了计算机化的数字地图。地理信息系统与计算机的数据库技术（DBMS）、计算机辅助设计（CAD）、计算机辅助制图（CAM）、计算机图形学（Computer Graphics）等有着密切的联系，但是它们无法取代地理信息系统的作用。

数据库管理系统是操作和管理数据库的软件系统，提供可被多个应用程序和用户调用的软件系统，支持可被多个应用程序和用户调用的数据库的建立、更新、查询、维护功能，GIS在数据管理上借鉴DBMS的理论和方法，非几何属性数据有时也采用通用DBMS或在其上开发软件系统管理；对于空间地理数据的管理，通用的DBMS的弱点是：第一，缺乏空间实体定义能力，目前流行的网状结构、层次结构、关系结构等，都难以对空间结构全面、灵活、高效地加以描述。第二，缺乏空间关系查询能力，通用的DBMS的查询主要是针对实体的查询，而GIS中则要求对实体的空间关系进行查询，如关于方位、距离、包容、相邻、相交和空间覆盖关系等，显然，通用DBMS难以实现对地理数据空间查询和空间分析。数据是信息的载体，对数据进行解释可提取的信息，通用数据库和地理数据库都是针对数据本身进行管理，而GIS则在数据管理基础上，通过地理模型运算，产生有用的地理信息，取得信息的多少与质量，与地理模型的水平密切相关。

计算机图形学是利用计算机处理图形信息以及借助图形信息进入人机通信处理的技术，是GIS算法设计的基础。GIS是随着计算机图形学技术的发展而不断发展完善的，但是计算机图形学所处理的图形数据是不包含地理属性的纯几何图形，是地理空间数据的几何抽象，可以实现GIS底层的图形操作，但不能完成数据的地理模型分析和许多具有地理意义的数据处理，不能构成完整的GIS。

GIS最初是从机助制图（计算机辅助制图）起步的，早期的GIS往往受到地图制图中在内容表达、处理和应用方面的习惯影响。但是建立在计算机技术和空间信息技术基础上的GIS数据库和空间分析方法，并不受传统地图纸平面的限制。GIS不应当只是存取和绘制地图的工具，而应当是存取和处理空间实体的有效工具和手段。计算机辅助设计是通过计算机辅助设计人员进行设计，以提高设计的自动化程度，节省人力和时间；专门用于制图的计算机辅助制图，采用计算机进行几何图形的编辑与绘制。GIS与CAD、CAM的区别在于：第一，CAD不能建立地理坐标系和完成地理坐标变换；第二，GIS的数据量要更多，结构更为复杂，数据间联系紧密，这是因为GIS涉及的区域广泛，精度要求高，变化复杂，要素众多，相互关联，单一结构难以完整描述；第三，GIS具备地理意义的空间查询和分析功能。

4. 遥感

遥感是20世纪60年代以后发展起来的一门新兴学科。由于遥感信息所具有的多源性，弥补了常规野外测量获取数据的不足和缺陷，以及在遥感图像处理技术上的巨大成就，

人们能够从宏观到微观的范围内,快速而有效地获取和利用多时相、多波段的地球资源与环境的影像信息,进而为改造自然、造福人类服务。GPS是新一代卫星导航和定位系统。美国于1993年完成了整个系统的部署,达到全效能服务的阶段。它在测量和勘测领域可以取代常规大地测量来完成各种等级的定位工作,在航空摄影和遥感领域,GPS很有发展前途,在舰船、飞机、汽车的导航定位、导弹的精确制导方面应用更为广泛,在地球动力学、重力场、磁场等的研究中也能发挥很大作用。

遥感作为一种获取和更新空间数据的强有力手段,能及时地提供准确、综合和大范围内进行动态检测的各种资源与环境数据,因此遥感信息就成为地理信息系统十分重要的信息源。另一方面GIS中的数据可以作为遥感影像分析的一种辅助数据。在两者集成过程中,GIS主要用于数据处理、操作和分析,遥感作为一种获取、维护与更新GIS中的数据的手段,此外,GIS可用于基于知识的遥感影像分析。地理信息系统与遥感是两个相互独立发展又相互交叉的技术领域,随着它们应用领域的不断开拓和自身的不断发展,即由定性到定量、由静态到动态、由现状描述到预测预报的不断深入和提高,它们的结合也逐渐由低级向高级阶段发展。最早的结合工作包括把航空遥感像片经目视判读和处理后编制成各种类型的专题图,然后将它们数字化和输入地理信息系统;从20世纪70年代中后期开始,各种影像分析系统得到了迅速而广泛地发展。大量的遥感数据以及图像分析系统图像分类所形成的各类专题信息,可以直接输入地理信息系统,整个过程能在全数字的环境下进行,图像数据能够在生成编辑地图的屏幕上显示,标志着遥感和地理信息系统的结合进入了新的阶段。

遥感作为空间数据采集手段,已成为地理信息系统的主要信息源与数据更新途径。遥感图像处理系统包括若干复杂的解析函数,并有许多方法用于信息的增强与分类。另外,大地测量为地理信息系统提供了精确定位的控制系统,尤其是GPS可快速、廉价地获得地表特征的熟悉位置信息。航空像片及其精确测量方法的应用使得摄影测量层为地理信息系统主要地形数据来源。总之,遥感是地理信息系统的主要数据源与更新手段,同时,地理信息系统的应用又进一步支持遥感信息的综合开发与利用。从数据角度上看,遥感与GIS的关系可以简单地理解为空间数据的"生产者"与"消费者"(田永中等,2017)。

5. 管理科学

传统意义上的管理信息系统是以管理为目的,在计算机硬件和软件支持下具有存储、处理、管理和分析数据能力的信息系统。这类信息系统的最大特征是它处理的数据没有或不包括空间特征,如财务管理信息系统。

另一类管理信息系统是以具有空间分析功能的地理信息系统为支持,以管理为目标的信息系统,它利用地理信息系统的各种功能实现对具有空间特征的要素分析处理以达到管理区域系统的目的,如城市交通管理信息系统。

地理信息系统与其他学科的关系可以形象地用一棵树来表示,树根表示GIS的技术基础,为GIS提供了扎实的基础,如计算机科学、测量学以及数学等;树枝表示GIS的应用,应用的需求从树根而来,同时应用的结果又返回到树根;雨滴代表GIS应用于各方面的数据来源,为GIS的发展提供有效手段,如地形测量以及环境测量等。随着社会的进步,许多新技术的发展与应用,GIS学科树(见图1-5)也在不断地发展变化中,毋庸置疑的是,这棵树会更加茂盛。

图 1-5　GIS 的学科树

五、GIS 的发展历程

(一) 国际发展状况

1. 地理信息系统的开拓阶段(20 世纪 60 年代)

计算机获得广泛应用以后,很快就被应用于空间数据的存储和处理,使计算机成为地图信息存储的设备。20 世纪 60 年代初,在计算机图形学的基础上出现了计算机化的数字地图,计算机技术开始用于地图量算、分析和制作。由于机助制图具有快速、廉价、灵活多样、易于更新、操作简便、质量可靠、便于存储、量测、分类、合并和覆盖分析等优点而迅速发展起来。1963 年,全球第一个可操作的 GIS,加拿大地理信息系统(CGIS)诞生,它是为处理加拿大土地调查获得的大量数据建立的,1971 年投入正式运行,被认为是国际上最早建立的、较为完善的大型应用型地理信息系统。

20 世纪 60 年代中期,随着对自然资源和环境规划管理日益增长的需要,计算机技术及其在自然资源和环境数据处理中应用的迅速发展,对地图进行综合分析和输出的系统也日益增多。60 年代中后期,许多与 GIS 有关的组织和机构纷纷成立,如美国城市和区域系统

协会(URISA)于 1966 年成立,1969 年成立了美国州信息系统全国协会(NASIS),城市信息系统跨机构委员会(UAAC)于 1968 年成立,国际地理联合会(IGU)的地理数据遥感和处理小组委员会于 1968 年成立等。这些组织和机构相继组织了一系列地理信息系统的国际讨论会,对于传播地理信息系统知识和发展地理信息系统技术起到重要的指导作用。

到 20 世纪 60 年代末期,由于计算机硬件系统功能较弱,限制了软件技术的发展。这一时期地理信息系统软件的研制主要是针对具体 GIS 应用,针对 GIS 一些具体功能的软件技术有了较大的发展。表现在:第一,栅格、矢量转换技术、自动拓扑编码以及多边形中拓扑误差检测等方法得以发展,开辟了分别处理图形和属性数据的途径。第二,其属性数据的单张或部分图幅可以与其他图幅或部分在图边自动拼接,从而构成一幅更大的图件,使小型计算机能够分块处理较大空间氛围的数据文件。第三,采用命令语言建立空间数据管理系统,对属性再分类、分解线段、合并多边形、改变比例尺、测量面积、产生图和新的多边形、按属性搜索、输出表格和报告以及多边形的叠加处理等。

在最早时期,软件开发较为简单,算法尚为粗糙,图形功能有限。这时地理信息系统的特征是和计算机技术的发展水平联系在一起的,表现在计算机存储能力小、磁带存取速度慢、机助制图能力弱、地学分析功能比较简单等。

2. 地理信息系统的巩固发展阶段(20 世纪 70 年代)

进入 20 世纪 70 年代后,由于计算机硬件和软件技术的飞速发展,尤其是大容量存取设备硬盘的使用,为空间数据的录入、存储、检索和输出提供了强有力的手段。用户屏幕和图形、图像卡的发展增强了人机对话和高质量图形显示功能,促使 GIS 朝着使用方向迅速发展。

一些发达国家先后建立了不同规模、不同类型的地理信息系统,如美国森林调查局开发了全国林业统一使用的资源信息显示系统。美国地质调查所开发了多个地理信息系统,用于获取和处理地质、地理、地形和水资源信息,较为典型的有 GIRAS。日本国土地理院从 1974 年开始建立数字国土信息系统,存储、处理和检索测量数据、航空像片信息、行政区划、土地利用、地形地质等信息,为国家和地区土地规划服务。瑞典在中央、区域和市不同级别区域建立了许多信息系统,比较典型的如区域统计数据库、道路数据库、土地测量信息系统、斯德哥尔摩地理信息系统、城市规划信息系统等。法国建立了地理数据库 GITAN 系统和深部地区物理信息系统等。

1970 年至 1976 年间,美国地质调查所建成 50 多个信息系统,分别作为处理地理、地质和水资源等领域空间信息的工具。其他如加拿大、联邦德国、瑞典和日本等国也先后发展了自己的地理信息系统。地理信息系统的发展,使一些商业公司开始活跃起来,软件在市场上受到欢迎。国际地理联合会先后于 1972 年和 1979 年两次召开关于地理信息系统的学术讨论会,1978 年国际测量协会(FIG)规定第三委员会的主要任务是研究地理信息系统,同年在联邦德国达姆施塔特工业大学召开了第一次地理信息系统讨论会。这期间,许多大学(如美国纽约州立大学布法罗校区等)开始注意培养地理信息系统方面的人才。

此外,探讨以遥感数据为基础的地理信息系统逐渐受到重视,如将遥感纳入地理信息系统的可能性、接口问题以及遥感支持的信息系统的结构和构成等问题。美国喷气推动实验室(JPL)在 1976 年研制成功兼具影像数据处理和地理信息系统功能的影像信息系统(IBIS,

Image Based Information System),可以处理 Landsat 影像多光谱数据。NASA 的地球资源实验室在 1979 年至 1980 年发展了一个名为 ELAS 的地理信息系统,该系统可以接受 Landsat MSS 影像数据、数字化地图数据、机载热红外多波段扫描仪以及海洋卫星合成孔径雷达的数据等,产生地面覆盖专题图。

由于这一时期 GIS 的需求正涨,许多团体、机构和公司开展了 GIS 的研制工作,推动 GIS 软件的发展,据 IGU 地理数据遥测和处理小组委员会 1976 年的调查,处理空间数据的软件已有 600 多个,完整的 GIS 有 80 多个。地图数字化输入技术有了一定的进展,采用人机交互方式,易于编辑修改,提高了工作效率,扫描输入技术系统开始出现。

地理信息系统在这一时期受到了政府部门、商业公司和大学的普遍重视。这个时期地理信息系统发展的总体特点是:地理信息系统在继承 20 世纪 60 年代技术的基础之上,充分利用了新的计算机技术,但系统的数据分析能力仍然很弱;在地理信息系统技术方面未有新的突破;系统应用与开发多限于某个机构;专家个人的影响削弱,而政府影响增强。

3. 地理信息系统技术大发展阶段(20 世纪 80 年代)

由于计算机技术的普及与发展,推出了图形工作站和个人计算机等性能价格比大为提高的新一代计算机,计算机和空间信息系统在许多部门广泛应用。随着计算机软硬件技术的发展和普及,地理信息系统也逐渐走向成熟。这一时期是地理信息系统发展的重要时期。计算机价格的大幅度下降,功能较强的微型计算机系统的普及和图形输入、输出和存储设备的快速发展,大大推动了地理信息系统软件的发展,并研制了大量的微机 GIS 软件系统。由于微机系统的软件环境限制较严,使得在微机 GIS 中发展的许多算法和软件技术具有很高的效率,GIS 软件技术在以下几个方面有了很大的突破。

(1) 在栅格扫描输入的数据处理方面。尽管扫描数据的处理要花费很长的时间,但是仍可大大提高数据输入的效率。

(2) 在数据存储和运算方面,随着计算机硬件技术的发展,GIS 软件处理的数据量的复杂程度大大提高,许多软件技术固化到专用的处理器中。

(3) 遥感影像的自动校正、实体识别、影像增强和专家系统分析软件也明显增加。

(4) 在数据输出方面,与硬件技术相配合,GIS 软件可支持多种形式的地图输出。

(5) 在地理信息管理方面,除了 DBMS 技术已发展到支持大型地图数据库的水平外,专门研制的适合 GIS 空间关系表达和分析的空间数据库管理系统也有了很大的发展。

地理信息系统的应用领域在这一时期迅速扩大,从资源管理、环境规划到应急反应,从商业服务区划分到政治选举分区等。涉及许多的学科与领域,如古人类学、景观生态规划、森林管理、土木工程以及计算机科学等。同时,许多国家制定了本国的地理信息系统发展规划,启动了若干科研项目,建立了一些政府性、学术性机构,例如,美国于 1987 年成立了国家地理信息与分析中心(NCGIA),英国于 1987 年成立了地理信息协会。商业性的咨询公司、软件制造商大量涌现,并提供系列专业化服务。地理信息系统引起了许多国家的普遍兴趣,例如,英国、法国、挪威、瑞典、荷兰、以色列、澳大利亚、苏联等。

这一时期的地理信息系统的发展的特点如下。

(1) 在 20 世纪 70 年代技术开发的基础上,地理信息系统技术全面推向应用。

(2) 开展工作的国家和地区更为广泛,国际合作日益增强,开始探讨建立国际性的地理信息系统,地理信息系统的应用由发达国家向发展中国家推广,如中国。

（3）地理信息系统技术进入多学科领域,从功能单一、分散的系统发展到多功能的、共享的综合性信息系统,并向智能化方向发展。新型的地理信息系统将运用专家系统知识,进行分析、预报和决策。

（4）微机地理信息系统蓬勃发展,并得到广泛应用。在地理信息系统理论指导下研制的地理信息系统具有高效率和更强的独立性和通用性,更少依赖于应用领域和计算机硬件环境,为地理信息系统的建立和应用开辟了新的途径。

4. 地理信息系统的应用普及阶段(20世纪90年代至今)

进入20世纪90年代,随着地理信息产业的建立和数字化信息产品在全世界的普及,地理信息系统已深入各行业乃至各家各户,成为人们生产、生活、学习和工作中不可缺少的工具和助手。地理信息系统已经成为许多机构尤其是政府决策部门必备的工作系统。社会对地理信息系统的认识普遍提高,需求大幅度增加,从而导致地理信息系统应用的扩大与深化。国家级乃至全球性的地理信息系统已经成为公众关注的问题。

地理信息系统的专业软件也得到了极大的发展,在强化桌面系统的功能外,加强了对手持移动系统、网络系统、数据库系统等的支持与应用。另外,随着各个领域对地理信息系统认识程度和认可程度的提高,应用需求大幅度增加,特别是在自然资源调查、环境监测保护、灾害监测、城市区域规划管理、市政管理维护、商务物流、金融保险、电子电信、军事等领域,表现出从地理信息系统走向地理信息服务的趋势。

随着空间理论和网络技术的飞速发展,组件式GIS、嵌入式GIS、网络GIS、移动GIS等纷纷得到应用,出现了网格GIS、三维GIS。GIS从技术上将向着更具有操作性和更加开放化、网络化、分布化、移动化、可视化的方向发展;从应用上将向着更高层次的数字地球、虚拟现实、地球信息科学及大众化方向发展。地理信息系统的应用领域,也不再局限于国土、测绘等部门,而是扩展到人们生活的各个方面,随着GIS、RS、GPS更加紧密地融合,毫无疑问,地理信息系统将发展成为现代社会最基本的服务系统。

（二）国内发展状况

1. 地理信息系统的起步阶段(20世纪70年代)

20世纪70年代初期,我国开始推广计算机在测量、制图和遥感领域中的应用。在1974年开始引进美国地球资源卫星图像,开展了遥感图像处理和解译工作。1976年召开了第一次遥感技术规划会议,1977年诞生了第一张由计算机输出的全要素地图。1978年,国家计划委员会在黄山召开全国第一届数据库学术讨论会。环境遥感资源调查的需求带动以及航空摄影测量和地形测图的发展,为我国GIS的发展奠定了良好的基础。

2. 地理信息系统发展阶段(20世纪80年代)

我国地理信息系统方面的工作自80年代初开始,以1980年中国科学院遥感应用研究所成立的全国第一个地理信息系统研究室为标志,在几年的起步发展中,我国地理信息系统在理论探索、硬件配置、软件研制、规范制定、局部系统建立、初步应用试验和技术队伍培养等方面都取得了进步,积累了经验,为全国范围内开展地理信息系统的研制和应用提供了支撑。

地理信息系统进入发展阶段的标志是第七个五年计划。作为政府行为,地理信息系统研究正式列入国家科技攻关计划,开始了有计划、有组织、有目标的科学研究、应用实验和工程建设工作。许多部门同时开展了地理信息系统研究与开发工作。例如,全国性地理信息系统(或数据库)实体建设、区域地理信息系统研究和建设、城市地理信息系统、地理信息系统基础软件或专题应用软件的研制和地理信息系统教育培训。通过近5年的努力,地理信息系统技术上的应用开创了新的局面,并在全国性应用、区域管理、规划和决策中取得了实际的效益。

3. 地理信息系统快速发展阶段(20世纪90年代至今)

自20世纪90年代起,地理信息系统步入快速发展阶段。执行地理信息系统和遥感联合科技攻关计划,强调地理信息系统的实用化、集成化和工程化,力图使地理信息系统从初步发展时期的研究实验、局部应用走向实用化和生产化,为国民经济重大问题提供分析和决策依据。努力实现基础环境数据库的建设,以推进国产软件的实用化、遥感和地理信息系统技术一体化。在地理信息系统的区域工作重心上,出现了"东移"和"进城"的趋势,促进了地理信息系统在经济相对发达、技术力量比较雄厚、用户需求更为迫切的地区和城市首先实用化。这期间开展的主要研究及今后尚需进一步发展的领域有:重大自然灾害监测与评估系统的建设和应用;重点产粮区主要农作物估产;城市地理信息系统的建设与应用;建立数字化测绘技术体系;国家基础地理信息系统建设和应用;专业信息系统与数据库的建设和应用;基础通用软件系统的研制和建立;地理信息系统规范化与标准化;基于地理信息系统的数据产品研制与生产。同时经营地理信息系统业务的公司逐渐增多,国产的GIS软件,如SuperMap、MapGIS、GEOWAY、GeoStar等,发展势头强劲,有的已经进入国际市场,占有了一席之地。

六、GIS的发展趋势

(一)网络GIS

对于GIS的发展,计算机网络技术是起到质变作用的重要技术。网络GIS(WebGIS)是指基于Internet平台,客户端应用软件采用WWW协议,运行在万维网上的地理信息系统。网络GIS是利用互联网技术扩展和开展GIS的一项新技术,能够实现互联网环境下的空间信息发布、查询、管理和维护等功能。各个数据库可以局部地进行生产、更新、维护和管理,而网络又使这些分布在局部的数据库相互之间可以连接起来实现共享使用。高速度的数据传输使得数据库之间的数据传输能够快速地实现。万维网的发展给GIS数据在更大范围内的发布、出版、获取和查询提供了有效的途径。网络浏览器的使用从视觉上给提供和使用地理数据的人们带来了方便。地理数据不仅可以按照地理位置、专题内容、生产机构、使用价格等进行搜索,甚至可以直接在网上进行数据的各类空间操作,使用网络提供的各类模型进行模拟,直接产生新的数据结果。

(二)"5S"集成

"5S"是指地理信息系统(GIS)、遥感(RS)、全球定位系统(GPS)、数字摄影(DPS)和专家系统(ES)。GPS为GIS的快速定位和更新提供了手段,RS的多谱段、多时相、多传感器和多分辨率的特点,为 GIS 不断注入"燃料",反过来又可利用 GIS 来支持从遥感影像数据中自动提取语义和非语义信息。DPS 为 GIS 提供精确、快速的地形等基础地理信息以及其他的地表特征。GIS 发展的另一重要方向是智能化的决策支持系统,其中最主要的表现是与专家系统的结合,相辅相成,是目前辅助决策的一个重要研究方向。"5S"技术集成所构成的系统具有高度自动化、实时化和智能化,这种系统不仅具有自动、实时地采集、处理和更新数据的功能,而且能够智能式地分析和运用数据,为各种应用提供科学的决策咨询。

（三）GIS 社会化

GIS 不仅在国际舞台上已经越来越受到人们重视,也潜移默化地改变着人们的生活。以往人们需要使用地图来定向、定位和导航,而现在地图已经存储在数据库中,从一个地点到另一个地点的最佳路线轻而易举地就可以使用 GIS 系统得到;对于游客而言,到一个新地方,不需要再费力寻找参观、旅店、旅游景点等,GIS 就是最好的向导。GIS 不仅是社会生产的需要,而且极大地方便了人们的生活,逐渐成为人们生产生活的重要组成部分。

（四）GIS 标准化

GIS 在各领域的普及,使人们意识到,只有软件、硬件、数据等要素的标准化,才能实现更有效地对 GIS 的使用。GIS 的标准化将在国际、国家、省、市、县和机构范围内多层次地进行,其内容可能包括 GIS 的各个组成部分、各个操作过程、各种数据类型、软件硬件系统等。标准化的真正实现将使人们共享信息和资源。

（五）云计算与 GIS

云计算依赖互联网进行数据交换运输,用户可以将数据存在网上,需要的时候,只要用过互联网连接至数据中心便可以对数据进行浏览、操作。云计算的应用将越来越广泛,也必将对 GIS 领域产生深远的影响。在 GIS 中,云计算的主要功能在于数据的储存、维护以及共享。有了云计算,用户就不再需要大容量的储存设备来储存数据,也不需要对软件进行维护与更新,所有这些都可以由云计算的服务供应商来完成。另外,云计算提高了用户操作系统的运行速度,这为 GIS 用户处理数据以及相关内容的操作节约了时间。云计算与 GIS 的结合,定会将 GIS 推向一个崭新的发展阶段。

（六）大数据与 GIS

GIS 产生的主要目的之一是对于空间信息进行更好的管理和处理,GIS 空间分析功能实际上是使用现有的数据来产生新的数据,所以数据是整个 GIS 的操作对象。没有数据,则谈不上信息系统。如果数据问题能够解决,信息系统才有意义和价值,才能够真正运行。鉴于大数据的兴起,数据的多源化和复杂化,地理信息产业服务的对象不再局限于政府部门或者对地理信息有特殊需求的企业和单位,而是面向所有对位置信息有需要甚至仅仅是有兴趣的个人,这就使得服务端的需求呈现大客户化。数量庞大、类型众多的服务需求将严重挑战传统服务模式的承受度,使得服务商在服务资源的可伸缩性、服务效率的平衡性、服务类别的兼顾性上,都需要改革和创新使新的地理信息服务模式能更加快速、友好、科学。

第二节　旅游地理信息系统

一、TGIS 的概念

（一）旅游数据与信息

与 GIS 一样，数据同样也是旅游地理信息系统的血液，是 TGIS 工作的前提和基础。TGIS 中的数据主要有空间几何数据、属性数据、图像数据、视频数据、音频数据、文本数据六大类。

空间几何数据和属性数据与 GIS 数据内涵一致，是 TGIS 功能得以实现的前提和基础，它们可通过地图数字化、数据输入而得到。图像具有形象、直观的特点，并且表达的信息量大，深受用户喜爱。图像数据可通过与旅游景点有关的图片、照片等进行彩色扫描处理得到。视频是一组运动的图像，由一系列连续显示的图像组成，由于是连续显示，因而给人以画面在"运动"的感觉，它能够提供更丰富的信息。视频数据可通过对与旅游景点有关的影视录像等经过剪辑、合成得到。音频数据包括语言、音乐等，可通过录音、编辑、合成得到。文本数据是将各类有关旅游点的文字资料等经录入、编辑而得到。在 TGIS 中，空间几何数据和空间属性数据是 TGIS 的基础数据和主数据，图像数据、视频数据、音频数据和文本数据是辅助数据，它们的引入是使 TGIS 的表现形式多样化、生动化和人性化。当然，这 6 类数据并不是孤立存在的，而是相互联系、紧密相关的。TGIS 应具有很强的管理这 6 类数据并建立它们之间的相关关系的能力。

信息在旅游功能系统中虽然不是直接创造经济效益的环节，但对开发旅游市场至关重要。旅游者在旅行以前需要了解旅游目的地的信息，到了目的地以后仍需要了解这方面的信息，随着旅游业日趋成熟，旅行者的要求日趋多样，客观上使得这种信息的提供越来越重要，也越来越困难。如果旅游信息易于获得，就可以降低在策划和组织旅游线路时所需的费用，从而使得旅游业的市场交易容易达成。因而关于旅游地与旅游设施的信息获取的难易程度成为衡量当地旅游业是否成熟以及游客是否满意的一个重要因素。可将旅游地理信息分为三类：①基础信息，包括各种平面和高程测量控制点、道路、水系、境界、地形、植被、地名以及社会经济信息等；②旅游专题信息，即用于表示旅游专业领域要素的地理空间分布及其规律的信息，具有专业性、统计性和空间性，如旅游资源信息和旅游服务设施信息等；③旅游决策信息，即为旅游管理部门旅游管理及市场决策提供辅助决策支持的数据。

（二）旅游地理信息系统

旅游是与地理相关性极强的行业，地理信息系统中的诸多要素，如图件、地区景观资源、交通路线等与旅游业密不可分。GIS 支撑下的旅游信息系统可以完成一般旅游信息传递中不能完成的一些特殊功能，如空间数据综合处理和分析功能。因此，如果有了 GIS 的空间数据检索功能，系统使用者不但可以查询出符合自己所需的信息，而且可以直观地从图中看到信息实体的分布，为管理和决策人员掌握旅游资源和环境定量定性动态变化、选择最佳路线设计、最优景点组合方案,提供有力的依据,所以将 GIS 技术应用于旅游业,可以为旅游管理部门提供有效服务,更好地为旅游者服务。

建立旅游地理信息系统是旅游业的内在需求。旅游业作为一项综合性极强的产业,它广泛涉及地理、地质、考古、生物、历史、民族、气象、建筑、环境、城市规划、经济、医学、文艺等方面的信息。建立旅游地理信息系统,可以对大量的空间数据进行快速搜索和复杂查询并通过地理相关性将不同数据集成在一起,使部门间、个人和企业的数据共享和交流成为可能,从而提高数据的利用价值,降低成本、共享成果、提高辅助决策。另一方面,由于地图在旅游中占有异乎寻常的地位,通过 GIS 可以制作高品质地图。借助地图进行信息的输入、预处理、管理、空间查询与分析、可视化表达输出等。因此,旅游地理信息系统具有数据管理上的空间性、时间动态性、因素多元性、定性与定量相结合的复杂性等优势,它能有效调节和控制旅游信息的运行,沟通旅游管理的各层次和各环节,辅助旅游计划与决策。

旅游地理信息系统是指将地理信息系统技术应用于旅游,首先它是一种决策支持系统,用以描述、采集、加工、分析、存储和输出旅游地理信息;同时,TGIS 也是一个技术系统,它是以旅游地理信息数据库为基础,在计算机硬软件支持下,采用地理模型分析方法,提供多种空间和动态的旅游信息,为管理员提供决策支持以及向游客提供服务的计算机技术系统。旅游地理信息系统具有以下几方面的特点。

1. 广泛的用户群体

随着计算机技术和网络通信技术的飞速发展,旅游地理信息系统所面向的用户群范围也越来越广,不仅包括旅游管理部门的决策者和管理者,还有更多的普通游客。

2. 强大的处理复杂数据的能力

旅游地理信息系统所处理的数据包括地理空间数据和属性数据,这些数据具有数据量大、来源广泛、类型复杂等特点,因此旅游地理信息系统必须具备强大的处理复杂数据的能力。

3. 图形处理和表达能力

使用传统的统计表格和文档来显示分析统计的结果已经不能满足目前用户的需求。旅游地理信息系统强调人机的交互,通过地图渲染工具直接将旅游目的地的空间信息以地图的形式显示给用户,更加直观、生动和贴近当前用户的操作需求。

二、TGIS 的结构

旅游信息系统是一种决策支持系统,它具有信息系统的特点。与其他信息系统的主要区别在于其存储和处理的信息是经过地理编码的旅游信息,地理位置及与该位置有关的地物属性信息成为信息检索的重要部分。在 TGIS 中,现实世界被表达成一系列的旅游地理要素和旅游地理现象,这些旅游信息特征至少由空间位置参考信息和非位置信息两个部分组成。按照对数据进行采集、加工、管理、分析和表达,可将其分为 7 个子系统,即旅游地理信息数据采集子系统、信息数据转换子系统、信息数据编辑子系统、信息数据库管理子系统、空间信息查询检索子系统、空间信息分析应用子系统、信息输出子系统(见图 1-6)。

(一)数据采集子系统

数据是旅游地理信息系统的血液,如何获取系统、详实的多信息源数据并进行快速采集

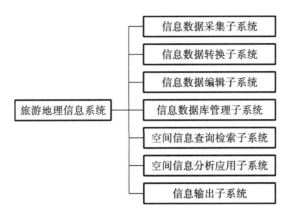

图 1-6　旅游地理信息系统结构

是建立旅游地理信息系统的关键之一。旅游地理信息的数据输入包括空间数据、图形数据、图像数据和属性数据的输入。空间数据可通过输入点位坐标、直接在屏幕上点击或连接 GPS 定位获得。图形数据指与旅游有关的各种地图数据。如行政区划图、交通图、旅游资源分布图、旅游服务设施图等。图形数据的输入一般通过自动扫描仪或数字化仪输入，经编辑处理，存入数据库。图像数据是指介绍、展示旅游资源、景点、服务设施的各种照片，其直观、形象性能起到文字资料不可替代的作用，这些资料通过彩色扫描仪输入。属性数据是通过弹出的属性输入框进行数据编辑（输入与修改）并存入数据库。属性数据包括旅游景点、旅游酒店、旅行社及旅游相关设施等的位置、服务内容、特点、电话号码等文字及表格数据，对它们进行分类编码。用键盘录入数据到数据库中。属性数据库的数据结构一定要统一标准，便于全国所有的属性数据库连接。

（二）数据转换子系统

数据转换是指将现有的旅游地图、航空相片、遥感影像数据等转换成计算机兼容的数字形式。例如数字化桌、人机交互终端、扫描仪、数字摄影测量仪器等，配备相应的软件，就可将得到的数据以图层的形式输入空间数据库管理系统中。把旅游景点、酒店、旅行社等点状地物作为一个矢量或栅格图层，将旅游交通线路，包括铁路、公路、河流等线状数据作为一个图层，将旅游景区、旅游城市等，在大比例尺地图上作为面状图层，在小比例尺上作为点状地物。许多计算机操纵的工具都可用于输入。但所有的从事空间数据输入的人员必须保证最终存储的数据格式一样，以便数据共享和检索。

（三）数据编辑子系统

通过空间数据和属性数据的输入与转换，TGIS 已经初步建立，但是还存在原始数据输入错误，需要编辑修改。一方面可以借助商用的 GIS 中较强的图形编辑处理功能来删除冗余的数据、增加遗漏的数据等。另一方面需要修饰图形，设计线型、颜色、符号、注记等，如以线的粗细表示公路的等级，线的虚实表示在建公路或已建公路等。还要建立拓扑关系，包括结点匹配、多边形建立、拓扑检验图幅接边，即把几幅图无缝拼接在一起，编辑修改属性数据等。

（四）数据库管理子系统

数据库管理子系统存储数据、管理数据。数据存储和数据管理涉及地理元素（地物的点、线、面）的位置，空间关系以及属性数据如何组织，使其便于计算机处理和系统用户理解等。可以把数据库管理子系统细分为空间数据库和属性数据库，后者包括旅游专题数据库、视频数据库和声音库。

（五）信息查询检索子系统

此子系统主要供游客了解旅游资源、服务设施、交通路线等旅游信息，例如查询穿过某条河流的旅游景点，查询某城市的三星级以上的酒店、国际旅行社等。查询功能包括通过图形、图像查属性，通过属性查图形、图像，通过空间分析查询，自定义查询，查询结果的保存、显示及打印。地图由系统软件对数据库中的数据做可视化处理在屏幕上显示出来，可通过开窗、缩放、漫游等手段做不同投影和比例尺的切换。

（六）信息分析应用子系统

空间信息应用子系统是比空间信息查询检索子系统更深层的应用，内容更加广泛。这也是系统的重点部分。它以数据库为基础，在空间分析（叠置分析、缓冲区分析、网络分析、统计分析、决策分析等）、空间操作（旋转、缩放、投影变换）等功能的支持下，利用模型库中的各种应用模型，对旅游信息进行分析、评估、预测，为旅游管理、规划、决策服务。空间分析包括旅游线路分析、线路周边环境分析、三维透视分析、统计分析。其中，旅游线路分析是在可行的旅游线路中选择最优的方案线路。周边环境分析主要是根据用户所选的旅游线路，在用户输入某一距离值后，系统统计出该旅游线路周围一定范围内的景点、道路、河流、服务设施等信息，便于决策部门修改旅游线路和重新规划旅游设施。决策支持分析必须选用或建立一个完善的数学模型，如 MAUT 多属性效用原理模型、回归分析模型、马尔科夫链模型、灰色系统模型、模糊综合评价模型、层次分析模型等，进而用这些模型来量化出决策目标。建立模型库是指在旅游资源评价模型、旅游开发条件评价模型、风景区容量模型、旅游需求预测模型、风景区人口规模计算模型、旅游经济效益分析模型、GIS 空间分析模型等的支持下，辅助旅游管理部门分析决策。

（七）信息输出子系统

TGIS 的主要功能之一就是计算机制图，即根据使用者的要求，将所需要的信息以屏幕显示、打印、绘图等多种方式输出，生成全新的旅游电子地图。TGIS 的制图包括旅游地图符号的设计、配置与符号化、旅游地图注记、图框整饰、统计图表制作、图例与布局等内容。一个好的 TGIS，可以实现空间图形的二维、三维显示，同时属性数据以报表输出，还可以实现景点漫游。并且这些输出结果可以在显示器、打印机、绘图仪或数据文件中输出。另外，使用者可对数据进行编辑处理，通过绘图机绘出地图，可通过对数据库的即时更新，利用照排机输出胶片，印刷成图，从而缩短制图的周期，增强地图的现势性。还可将有关数据与资料刻录制成多媒体光盘。

三、TGIS 的功能

（一）旅游信息查询与检索功能

周到的信息服务是吸引客流的主要途径。旅游地理信息系统可以提供强大的查询检索功能，这是普通旅游地图所不具有的。旅游者借助 TGIS 的查询检索功能，可以对各种旅游相关信息进行快速便捷的查询。旅游信息的查询是面向所有用户的 TGIS 的主要功能，主要包括以下旅游信息查询。

1. 旅游地概况信息查询

用户可查询到旅游景点的地理位置、名称、地址、乘车路线和主要介绍资料，包括图片、图像等其他相关的多媒体信息。

2. 旅游交通信息查询

可根据用户的查询条件搜索出指定的城市道路和公交路线，并在地图上显示出来。可计算该点与另外一点之间的距离，搜索出最佳路径和沿途的资料信息，可自动搜索出任意两点间的公交乘车路线、转车地点和站名等信息。

3. 餐饮娱乐信息查询和酒店预订

实现与电子商务系统的集成，可直接预订机票、车票、酒店房间或事先联系好旅游团。

4. 旅游企业机构信息查询

事先查询旅游景区的管理模式、经营模式、联系方式等，帮助旅游者详细了解该景区。

还可以根据查询对象类型的不同，旅游信息的查询在以上几个大的部分中还可以细分为一些小的种类的查询。

（1）文字查询。游客可对感兴趣的旅游资源和服务设施进行文字查询，点击光标，即可出现相应的文字和图像说明。

（2）地图查询。系统可以对地图进行分层显示，把道路、行政区划、主要景点、宾馆旅店、酒店等多个图层进行叠加，图层的显示或隐藏可根据需要自行控制，可以控制地图的显示比例，依据实际需要对地图进行放大、缩小和复原。提供地图漫游功能，可用鼠标拖拽地图来移动地图。此外，系统还提供地图浏览的鹰眼功能。具体包括：①点位查询，即具体查询某一目标点的情况等。在显示城市全部景点的地图上，通过移动光标选择一个景点，可以查询该点的旅游资源信息，包括文字说明和照片、地图等，或者查询某车站或途径该站车辆的发车班次、发往地点、出发时间等信息。②等距查询，即查询指定范围内的旅游信息。移动光标选择一个中心点，输入要求距该点的距离，可以查出在此距离内的全部景点，并依此给出各点的文字说明和图像。对每类查询结果可通过动画、文本、图像、视频等方式表现，也可通过几种方式相结合表现。如查询某一景点时，可以通过视频方式放一段预先录制好的录像，同时可以给出有关该景点的文本、音频介绍，以及图片显示等，使查询表现形式生动、多样。③等时查询，移动光标选择一个中心点并给出向外移动的小时数，系统可以识别出在经过某段时间后所达范围内的全部景点，并依此给出各点的文字说明和图像。

（3）图像查询。在菜单区内给出系统存储的图像清单，游客可在清单上选择一幅或多幅想看的图像，系统可以很快查询检索出这些图像，并在屏幕上显示出来，与此相应的文字

说明及该图像在地图上的位置,也可在相应的区域显示。

另外,也可以再分为按专题查询和按名称查询,按专题查询如查询旅游景点、交通、酒店、购物、娱乐、风俗民情等某一专题的地理分布及详细信息等;按名称查询是通过输入目标点的名称,查询目标点的位置、属性等信息。

详尽的旅游信息服务不但是吸引客流的主要途径之一,也是旅游业管理部门了解旅游发展状况,制定合理的建设和发展规划的辅助决策信息来源。TGIS 可以为游客和旅游管理部门提供各种关于旅游地的信息。因此,旅行社、酒店等接待单位可以通过 TGIS 查询客源、客流量、游客消费情况,来安排旅游路线、制定服务设施建设规模规划;建设部门可以通过 TGIS 了解景区规划和现状情况,实时掌握开发进度。

(二) 空间数据分析功能

空间分析功能是旅游地理信息系统最重要的一个功能,也是它的一个标志性功能,是旅游地理信息系统区别于一般管理型信息系统的根本标志。空间分析主要有以下几种。

1. 通视分析

通视分析包括两点间是否通视和指定观察点对指定观察区域的通视情况两个方面的分析。通过通视分析可以确定某一观察点的最大可观察范围,帮助旅游者选定理想的观察点。这样,旅游者在规划自己的游程的时候,就可以事先选定理想的旅游景区,同时在该旅游景区视野范围内不会有高山或者建筑物的观景障碍。另外,对于旅游规划部门来说,此功能可以帮助更完美地规划旅游景区,合理的选择观景台,建造或拆除一些不必要的建筑物。

2. 路径分析

路径分析是在给定的限制条件下,在路网中寻找最佳路径,如给定几个必经的旅游点,通过路径分析功能帮助旅游者确定一条最佳的旅游路线、选定乘车车站等。这种功能对不熟悉景点路线的自助游旅游者选择公交线路方面有很大帮助,比如可根据用户输入的查询条件搜索出指定的城市道路和公交路线,并在地图上显示出来;可计算地图上任一点与另外一点之间的距离,并搜索出最佳路径和沿途的资料信息;可以自动搜索出任意两点间的公交乘车路线、转车地点和站名等信息;可以帮助旅游规划管理部门规划景区观光路线和为游客选定风景名胜区的最佳观光路线等。将通视分析和路径分析相结合,可以帮助旅游目的地管理部门规划景区观光路线等。

3. 断面分析

断面分析是在数字高程模型的支持下分析指定断面的高低起伏形态。通过断面分析可以了解地形断面的起伏信息、最高点和最低点的位置和高程,两点间的距离等信息。这是由于 TGIS 中的旅游地理信息数据库管理子系统中储备着空间数据,即一些诸如高程、地势、投影等方面的几何数据。这些数据往往受专业人士的青睐。同时,这些地理方面的信息对爱好越野、另辟蹊径的游客很有帮助。

4. 缓冲区分析

缓冲区分析就是建立空间地理实体周围一定宽度的多边形,即对给定的空间目标,确定它的某个邻域,邻域的大小由邻域的半径决定。根据空间地理实体的类型,缓冲区分析可分为点实体缓冲区、线实体缓冲区、面实体缓冲区和复杂实体缓冲区 4 种类型。TGIS 中通过缓冲区分析功能可分析车站或酒店周围一定范围内的旅游景点和旅游设施等情况,从而选定车站或酒店等。此项分析功能可以帮助旅游者快速准确地决定要预订哪一家酒店,或是在陌生的旅游区内找到交通线路。同时,缓冲区分析功能也可以对旅游点所处的区位进行分析,协助旅游规划部门对旅游景点周围的基础设施进行完善,并可以确定旅游区的保护区域、道路红线等。

除此之外,利用TGIS的拓扑叠加功能,通过环境层(地形、地质、气候、内外交通等)与旅游资源评价图叠加,可以分析旅游优先发展区域。

(三)空间量算功能

旅游地理信息系统还提供一项基本的地理方面的功能,即空间量算功能。该功能包括坐标量算、方位量算、距离量算、面积量算等。

1. 坐标量算

在某一具体旅游景点,旅游地理信息系统可以直接量算出该地的坐标位置,精度依据该地的偏僻程度而异。随着旅游地理信息系统的不断完善,其包含的旅游地信息也会相应增多。坐标量算功能对于在一些陌生的旅游地进行自助游的游客来说有着不可忽视的作用,当游客想要确定自己所在的位置的时候,而恰巧此时又没有旅游景区提供的线路图示时,使用旅游地理信息系统就可以快速确定自己所处的位置,进行相应的移动。

2. 方位量算

旅游者在确定了自己所处的具体位置以后,若要进一步移动位置,必须找准方位,否则可能会偏离自己行进的目标,甚至反方向行进,造成时间和精力的损失。旅游地理信息系统可以在提供具体坐标后,为旅游者下一步要行进的地点量算出比较准确的方位,指导旅游者的下一步行进方向。

3. 距离量算

旅游者在确定了自己所处的位置和将要行进的方位以后,若要事先估计下一个目标景点与自己所处位置的距离,旅游地理信息系统的距离量算功能就发挥出作用了。在普通的旅游景区线路图示上,一条线路的长短只能根据目测来估计,这样往往得出的结果并不准确,造成旅游者旅游时间成本的浪费,同时也可能破坏了旅游者的游玩兴致。而旅游地理信息系统提供的距离量算功能,由于是根据两个目标旅游点的坐标,高程等数据精确计算得出的,所以计算的距离比较准确。

4. 面积量算

旅游地理信息系统的面积量算功能主要是服务于旅游规划管理部门。对于景区的开发与规划,要事先对景区的面积大小做到精确量算。通常的做法是旅游规划部门到实地进行量算,使用的工具也是一些诸如测距仪等常规测量工具。由于旅游景区并不都是平地,而且高山起伏,水深程度等往往会影响实际的测量结果。旅游地理信息系统提供的面积量算功能,凭借其数据库子系统中储有的庞大的地理信息,如高程、坐标等,可以较准确地为旅游景区量算出其实际面积,以及可开发的实际面积等,给旅游规划管理部门带来方便。

(四)旅游专家咨询功能

旅游专家咨询功能是面向游客的一个发展方向,它依托模型库、知识库、专家库、数据库等,根据"旅游最大效益原则"和"旅游可持续发展"原则,建立专家咨询子系统。

旅游地理信息系统采用目前国内比较流行的专家咨询系统,主要包括知识库、数据库、模型库、方法库等。知识库采用旅游学界知名的专家学者作为知识对象数据库,包括旅游景点信息(景点分布、门票价格、平均客流量、景点风光图片、景点内容介绍、景点视频点播、旅游景点三维真实效果图)、旅游路线图、酒店分布等模型库,采用目前地理信息系统通用分析方法,实现上述如路径分析、缓冲区分析等。通过方法库可以实现游客路线智能设定,如根据游客旅行时间、消费档次、希望游览的旅游点等级、个人兴趣爱好、参与的活动、下榻酒店等,自动模拟出最佳旅游线路,同时实现全真动态显示,呈现虚拟旅游效果,并可相应做出日程安排。

因此,旅游专家咨询系统的作用,除具备传统的旅游信息显示、查询及检索功能外,还可实现对旅游目的地旅游资源评价、预测、规划与决策功能。以旅游规划为例,在系统知识库和模型库的支持下,可替旅游目的地制定相应的旅游总体规划,同时,在旅游总体规划的基础上,制定相应的旅游详细规划,以适应当今信息时代旅游智能咨询应用的发展要求。

(五)辅助旅游开发决策功能

TGIS可以将自然过程、决策和倾向的发展结果,以命令、函数和程序等不同形式,作用在相关的基础数据上,对未来的结果做出定量的趋势预测,并对比不同决策方案的效果以及特殊倾向可能产生的后果,最终做出最佳决策,避免和预防不良后果的发生。TGIS的空间分析功能在旅游开发规划中发挥着重大作用:利用 TGIS 的拓扑叠加功能,通过环境层(地形、地质、气候、内外交通等)与旅游资源评价图叠加,从系统的访问量获取数据进行游客人次的汇总分析,图示各旅游地物不平衡发展的数据结果,为旅游主管部门旅游评价、预测、规划、决策支持提供依据,根据此分析优先发展区域;利用 TGIS 的网络分析功能进行游路布局;利用 TGIS 的缓冲区功能(即在地图上围绕点、线或面等要素,划出一定宽度的"影响地带"),来确定风景区的保护区域等。另外,还可通过与数学分析模型的集成来发挥其空间分析功能。例如,将旅游资源评价模型、旅游开发条件模型、景区环境容量模型、旅游需求预测模型、旅游经济效益模型等嵌入 TGIS 中,对这些数学模型集成进行空间和网络分析,系统运行使用时只需修改其中的参数,即可得到评价分析的结果,这样可辅助旅游规划管理部门选择合理的开发决策。

(六)旅游信息输出功能

旅游地理信息系统的一个不可或缺的功能就是旅游信息的输出功能。输出包括两个方面:一是对用户所关心的区域借助绘图机或打印机制作成普通旅游地图;二是能对各种查询、分析的结果以文字、图表、专题图的形式进行屏幕显示、打印或绘图输出。

TGIS具有很强的图形和文本编辑功能,数据维护也非常便捷,可大大降低旅游地图的出图成本,避免传统制图的繁琐工序。由于 TGIS 的实时更新功能完善,由 TGIS 编制的旅游专题地图的时效性高,即使打印出来的地图上发现有相关信息的错误或疏漏,也可以立即在系统中进行修改、添加并再次打印成图,这样重复编制地图的成本就相对较低。

此外,由于 TGIS 中图形数据库是分层存储的(如行政区划图、道路交通图、景点分布图、用地现状图、电力网分布图等),因此它不仅可以为用户输出全要素图,而且可以根据用户需要分层或叠加输出各种专题图。如将景点分布图、道路交通图、服务设施分布图和地形图叠加，可以为游客提供一幅详细的导游图。在信息的输出上，能做到风格多样，形式不一，并可以制作旅游景区光盘、胶片等多种形式。

（七）动态监测功能

动态监测可以为旅游地理信息系统的建设提供基础数据，并辅助旅游部门的管理及决策。旅游流是动态监测和分析的一个主要方面，从不同的空间尺度来看，有跨省市旅游热点城市的旅游流，也有较小范围在旅游景区的游客动态监测。以旅游流为主要研究对象的全国旅游流信息系统的设计，以县级行政单位为最基本单位，建立数据库，实现时空分布规律综合分析以及生态环境、经济社会综合因素分析、旅游流监控预测的决策等功能，为旅游管理及相关政府部门提供科学决策依据。

（八）虚拟现实功能

目前国内许多旅游电子商务网站对景区景点的宣传介绍都局限于图片加文字说明的方式，由于静态的风景图片只能表现从一个固定的地点、按一个固定的角度所见到的景观，这种宣传方式所能产生的效果是非常有限的。在 TGIS 中，运用计算机虚拟现实建模技术，将旅游空间信息数据库储存的景区景点地形数据和建筑物、道路等矢量数据，以及相应的纹理图片、实景图像、音频视频等多媒体数据资料生成逼真的虚拟旅游景区景点三维场景或全景图像，可以实现游客在线的虚拟现实旅游。在虚拟化旅游场景中，旅游者可以任意地在其中漫游，或以走动、飞行等不同方式从上下左右任意角度进行游览，或者"走进"建筑物，甚至能够"潜入"海底世界。同时，游客还能免费听到幕后导游悉心的介绍，这将给旅游者以全新的旅游体验。而且对于决策者，我们也可以在对各类景区的规划设计中进行模拟和仿真，得到相应的效果图，以便进一步完善设计方案。

（九）数据挖掘功能

数据挖掘技术是从大量的数据中，抽取出潜在、有价值的知识、模型、规则的过程或发现模型和数据间关系的过程。目前大多数的地理信息系统可以高效地实现数据的录入、修改、统计、查询等功能，却无法发现隐藏在数据背后的关系、规则和发展趋势等知识。在旅游地理信息系统中，我们对已有的数据，通过采用数据挖掘技术，获得有利于商业运作、提高竞争力的信息，旅游规划管理部门可以根据这些信息对旅游景区的发展和扩建做出进一步规划和预测。

（十）应急预案处理功能

利用旅游地理信息系统建立相关模型，及时掌握信息对"黄金周"、突发事件等进行预测预报，就能实时调整策略，做好应急预案，并及时处理游客的难题。

四、TGIS 的发展趋势

（一）基于 Web 技术的网络旅游地理信息系统

GIS 与 Internet 结合称为 WebGIS，从软件技术上讲，许多大型 GIS 软件都有 WebGIS 的功能。WebGIS 的基础是万维网地理信息系统，它是指基于 Internet 平台、客户端应用软

件,采用 WWW 协议运行在万维网上的地理信息系统。它是利用互联网技术来扩展和完善地理信息系统的一项新技术,其核心就是在地理信息系统中嵌入 HTTP 和 TCP/IP 标准的应用体系,实现互联网环境下的空间信息管理等地理信息功能。Internet 用户可以浏览 TGIS 站点中的各类信息(空间数据、属性数据、专题图表)以及进行各种空间查询和空间分析。用户在任何地方都可以访问系统,了解景点及其周围相关的信息,制订出游计划,使之真正成为一种大众化的工具。随着通信技术的迅猛发展,在未来,旅游地理信息系统可以嵌入掌上电脑、手机以及车载系统中,更加方便、快捷地满足消费者全方位、多方面的需要。

（二）运用多媒体技术的旅游地理信息系统

由于用户对旅游信息数据直观性、生动性和丰富性的特殊要求,旅游地理信息系统区别于一般的信息查询系统,要求系统能够有效地管理地理空间图形、多媒体数据和旅游要素属性数据,使游客能够方便快速地实现三者之间的检索查询。开发基于 GIS 和多媒体集成模式的旅游地理信息系统,将大大增强旅游信息系统的表达能力。如计算机屏幕上显示从数据库中检索出的某一目标时,能够同时检索出该目标的图像、解说的声音和解释文本,做到同屏和同步。也就是说,引用多媒体技术将图形、图像、文本、视频、音频等多媒体信息融入系统,既丰富、充实了旅游地理信息系统的内容与功能,增强了系统的可视性效果,同时也更有利于旅游者的信息获取。例如,在旅游地理信息中对每类查询结果可通过动画、文本、图像、视频、音频某一方式表现,也可通过几种方式相结合表现。在查询某一景点时,我们可以通过视频方式放一段预先录好的录像,同时给出有关该景点的文本、语音介绍,以及图片显示等,使查询表现形式更加直接、生动和形象。

（三）与遥感和全球定位系统集成的旅游地理信息系统

3S 技术与传统的地面调查方法相结合可用于自然旅游资源的调查、开发和规划等,也可用于部分人文旅游资源的研究,如对古都名城、古代工程、古代建筑的调查评价等。目前,3S 技术主要应用在旅游资源调查评价与开发、旅游规划、旅游资源动态监测和保护、遥感影像旅游地图制作、旅游信息系统设计与开发和虚拟旅游等。遥感影像能反映景区的全貌,通过它,规划人员可以从整体上了解旅游区概况,在风景区整体规划、基础设施及旅游项目开发方面具有重要的指导意义。利用遥感技术多时相周期性观测的特点,掌握旅游资源动态变化过程,并运用最新变化资料,对旅游资源实行动态管理和再开发,及时地更新旅游信息基础数据库。另外,遥感调查也可直观地反映区域环境现状,通过对旅游景点、景区环境的多时相周期性遥感监测,可获得相应的环境状况和变化信息,有助于生态旅游项目开发及对旅游资源的环境保护。3S 技术集成应用于 TGIS,能自动、实时地采集、处理和更新旅游信息数据,随时对数据库中的信息进行动态更新,保持数据的时效性。另外,利用 GPS 测量技术可以精确测定旅游区的高程,建立数字高程模型,结合遥感影像图,通过 TGIS 软件制作旅游区三维景观图。

（四）结合虚拟现实(VR)技术的旅游地理信息系统

虚拟现实技术采用计算机发展中的高科技手段构造出一个虚拟的境界,使参与者获得与现实世界一样的感觉,可以对虚拟世界中的虚拟实体进行操纵和考察,通过将虚拟现实技术引入地理空间数据的服务领域,可以做到以非常直观的方式为用户服务。虚拟现实技与旅游地理信息系统结合不但可以使旅游者产生身临其境的感觉，更加直观地了解旅游信息，而且对于旅游规划决策部门来说也很有意义，如在规划决策中，可以在对各类景区的规划设计中进行模拟和仿真，得到相应的效果图，预先体验旅游感受，以便进一步完善设计方案，减少规划方案的主观性。目前三维技术在城市研究中已得到了初步应用。如建立三维城市模型进行城市规划。随着存储技术、网络技术的进步，它们必将在TGIS的建设发展中得到应用。

（五）将时空效率引入旅游地理信息系统

空间、时间和属性构成地理信息的3种基本要素。现实世界的数据不仅与空间相关，而且与时间相关，空间数据会随着时间的变化而变化，也就是说是动态的空间数据要在原来的空间数据域的基础上加上时间域，使得在原本海量数据的基础上，呈N倍增长，当时间片很小时，趋近无穷大。这样一个超海量的数据，如何存储、查询和分析，如何处理数据随时间变化的动态特性，即TGIS中的动态信息，是目前计算机专家和地理信息专家面临的新课题。这种能在时间与空间两方面全面处理地理信息的系统强调的是利用时空分析的工具和技术来模拟动态过程，探究和挖掘隐含于时空数据中的信息和规律。

（六）与专家系统技术相结合的旅游地理信息系统

专家系统是用基于知识的程序设计方法建立起来的计算机系统，它综合集成了某个特殊领域的专家知识和经验，能像人类专家那样运用这些知识，通过推理模拟人类专家做出决定的过程，来解决只有人类专家才能解决的复杂问题。在旅游地理信息系统中，为了更好地合理开发和利用旅游资源，借助专家系统建立了旅游资源评价系统、景观评价与恢复系统，以及生态环境保护监测系统。

（七）与大数据产业相结合的旅游地理信息系统

2015年，国务院印发《促进大数据发展行动纲要》，系统部署大数据发展工作，该纲要指出，要加快政府数据开放共享，推动资源整合，提升治理能力；推动产业创新发展，培育新兴业态，助力经济转型；强化安全保障，提高管理水平，促进健康发展。大数据为旅游地理信息系统的数据管理、数据挖掘提供了技术支撑，同时也为旅游精准营销、旅游决策提供支撑。

本章案例

基于"天地图"的旅游地理信息系统

"天地图"是目前中国区域内数据资源全面的地理信息服务网站，一些学者以"天地图"为基础地理信息平台，实现了旅游资源与"天地图"的结合，利用"天地图"的二次开发接口，构建了旅游地理信息系统。下面以蒙印、蒋红兵设计的四川旅游地理信息系统为例进行说明。

传统的旅游地理信息系统建设需要花费大量的人力、物力和财力进行基础地理信息数据制作,还需要考虑这些底层数据的现势性问题,严重制约了地理信息数据在旅游行业中的应用,成熟的旅游地理信息系统尚不多见。目前,有了开放的"天地图"门户网站,可以提供现实性强、信息丰富的地理信息资源,同时还提供了服务接口,只需要组织旅游专题相关数据,实现与"天地图"空间地理信息的聚合,就能够以较低的成本搭建满足旅游需要的地理信息服务平台。

四川旅游地理信息系统网络架构采用 B/S 模式,逻辑上划分为数据层、应用层和表现层三部分。该系统总体架构设计如图 1-7 所示。

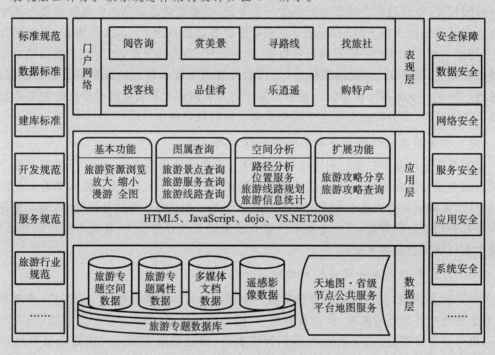

图 1-7　四川旅游地理信息系统总体架构设计

该系统以旅游目的地为核心,为游客提供食、住、行、游、购、娱全方位的空间位置服务,提供的功能包括旅游地理信息浏览、旅游地理信息查询和检索、旅游地理信息空间分析和统计、旅游信息上传和发布等,面向"天地图"的 TGIS 功能设计如图 1-8 所示。

旅游专题信息数据库涵盖旅游景点、旅游景区、旅行社、酒店、餐饮、娱乐、购物等旅游专题信息。旅游数据包括旅游专题空间数据、属性数据以及多媒体数据。旅游专题数据是面向旅游应用需求进行数据的采集(收集)、提取、对象化处理、信息化加工处理而形成的面向旅游服务的专题信息产品。

通过基于"天地图"的旅游空间数据与专题属性数据聚合,顺利完成了"天地图·四川"旅游频道专题数据收集、旅游专题数据库建设,并基于"天地图"提供的二次开发接口实现了四川省旅游地理信息系统示范项目的建设,网站如图 1-9 所示。

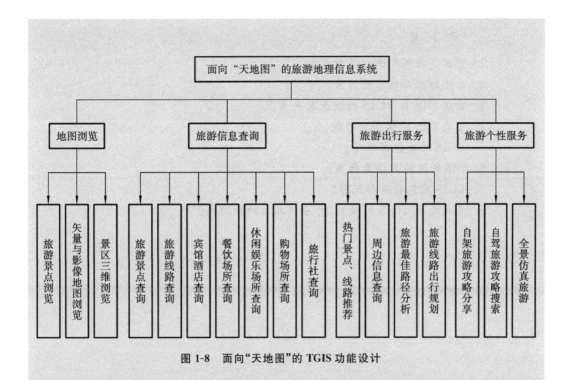

图 1-8　面向"天地图"的 TGIS 功能设计

图 1-9　四川省旅游地理信息系统网站截图

思考题

1. 什么是数据？什么是信息？
2. 论述数据与信息的关系。
3. 论述 GIS 与 TGIS 的概念及关系。
4. 论述 GIS 的结构与功能。
5. TGIS 的功能有哪些？
6. GIS 的发展趋势是什么？
7. TGIS 有何特点和优势？
8. 查询更多 TGIS 的案例，并分析其结构和功能。

第二章

地图投影与坐标系

内容提要

地图投影与坐标是 GIS 的数学基础。本章介绍了地球椭球体、地理空间建模、坐标系统以及我国常用的坐标系统。同时,还介绍了地图投影的相关知识,如基本概念、原理及常用的投影类型等。在上机实践中,要求学会用 GIS 软件进行投影定义、坐标转换及地理配准等操作。

学习目的

1. 了解地理空间的建模常识。
2. 了解常用的坐标系及其参数设置。
3. 掌握投影的基本类型及变形规律。
4. 掌握高斯投影的定义、分带及变形规律。

第一节 地理空间的数学模型

一、地球的大小

公元前 3 世纪,希腊地理学家埃拉托特尼成功地计算出地球的周长约 39600 km,与实际长度只差 340 km,可以说他是最早测量出地球大小的人了。随着科学技术的发展,人们对地球正圆形的说法产生了质疑。1672 年法国天文学家李希通过测定,提出大地是扁球体的主张。17 世纪末,牛顿研究了地球自转对地球形态的影响,从理论上推测出地球是一个赤道略微隆起、两极略为扁平的椭球体。20 世纪 50 年代后,科学技术发展迅速,为大地测量开辟了多种途径,高精度的微波测距、激光测距,特别是人造卫星上天,再加上电子计算机的运用和国际合作,使人们可以精确地测量地球的大小和形状。通过实测分析,确定了地球的大小:地球赤道半径为 6738.14 km,极半径为 6356.76 km,赤道周长和子午线方向的周长分别为 40076 km 和 40000 km。

二、大地水准面

地球表面起伏不平,有高山、丘陵和平原,又有江、河、湖、海,其中约 71% 的面积是海洋,29% 的面积是陆地。陆地上最高点珠穆朗玛峰与海洋上最低点马里亚纳海沟,高程相差近 20 km,可见其表面是不规则的曲面。地球起伏不平的不规则表面无法用数学公式表达,也无法进行运算,无法满足人们生活中的定位需要。为了测量和制图的需要,必须找一个规则的曲面代替地球的自然表面。当海洋静止时,海水面必定与该面上各点的重力方向(铅垂线方向)正交,这个面叫作水准面。但水准面有无数个,其中有一个与静止的平均海水面重合。可以设想这个静止的平均海水面穿过大陆和岛屿形成一个闭合的曲面,这就是大地水准面(见图 2-1)。大地水准面所围成的球体即为大地球体。大地水准面实际上是一个起伏不平的重力等位面,因此它是一个地球物理表面。

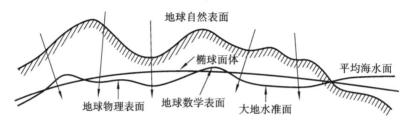

图 2-1　大地水准面

由于地球内部质量不均,重力线并不全都指向地心,因此大地水准面也仍然是一个具有高低起伏的不规则表面,不能用数学模型来进行定义和表达。但是,大地水准面比地球自然表面平滑了许多,在重力场研究、高程测量等方面有很好的应用。

三、地球椭球体

地球并不是一个正球体,而是一个两极稍扁、赤道略鼓的不规则球体。为了从数学上定义地球,在大地水准面的基础上,必须建立一个地球表面的几何模型,地球的数学表面更为平整,较为接近地球形状,即地球椭球体。地球椭球体表面是一个规则的数学表面,椭球体的大小,它的定义如下:椭球体短轴上的半径为 c,它表示从极地到地心的距离;椭球体长轴和中轴上的半径记为 a 和 b,分别是赤道上的两个主轴,如图 2-2 所示。

三者关系用数学公式表示为:

$$\frac{x^2}{a^2}+\frac{y^2}{b^2}+\frac{z^2}{c^2}=1 \qquad (2.1)$$

依据不同水准面测量数据,可以得到不同的三轴椭球体数学模型。大量的研究结果表明,赤道的扁率比极地扁率小得多。因此为了方便计算,假定赤道面为圆形,把用 a 代替 b 的双轴椭球体作为地球形体的参考模型(图 2-2(b))。双轴椭球体又称为旋转椭球体,相当于将一个椭圆绕地轴旋转所形成的椭球体。因此,式(2.1)就变为:

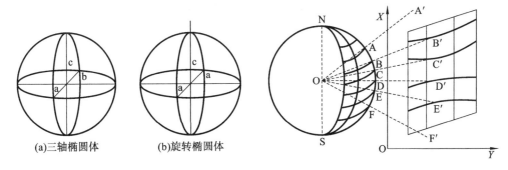

图 2-2 地球椭球体

$$\frac{x^2}{a^2} + \frac{y^2}{a^2} + \frac{z^2}{c^2} = 1 \tag{2.2}$$

因此,影响旋转椭球体的参数主要有长半径 a(即赤道半径)、短半径(即极半径),以及表示椭球体扁平程度的椭球体扁率 f,其中 $f=(a-c)/a$,这三个参数被称为地球椭球体的三要素(蔡孟裔等,2000)。由于推求的年代、使用的方法以及测定的地区不同,其结果并不一致,故椭球体的参数值有很多种。

我国在 1952 年以前采用海福特椭球体,1953—1980 年采用克拉索夫斯基椭球体。1980年以后,采用了第 16 届国际大地测量与地球物理学联合会(1975 年)决议中公布的地球椭球体,称为 GRS。常用的地球椭球体的数据见表 2-1。

表 2-1 地球椭球体模型参数

椭球体名称	年份	长半轴/m	短半轴/m	扁率
白塞尔(Bessel)	1841	6377397	6356079	1∶299.15
克拉克(Clarke)	1880	6378259	6356515	1∶293.5
克拉克(Clarke)	1866	6378206	6356584	1∶295.0
海福特	1910	6378388	6356912	1∶297.0
克拉索夫斯基(Krasovaky)	1940	6378245	6356863	1∶298.3
GRS(1967)	1967	6378160	6356775	1∶298.25
GRS(1975)	1975	6378140	6356755.288	1∶298.257
GRS(1980)	1980	6378137	6356752.314	1∶298.25722

第二节 地理空间坐标系

一、地理坐标系

地理坐标系是为了确定地面点在地球椭球体表面的位置而定义的空间参照系,通常用经纬度来表示。如图 2-3 所示,经过地球表面的某点 P 与地轴(南、北两极的连线)的面与地球表面相交的线为子午线。过 P 点的子午面与通过英国格林尼治天文台的本初子午面的夹角,就是 P 点的地理经度(简称经度),通常用字母 L 来表示。国际规定通过英国格林尼治天文台的子午线为本初子午线(或叫首子午线),作为计算经度的起点,该线的经度为 0°,向东 0°—180°称为东经,向西 0°—180°称为西经。垂直于地轴,并通过地心的平面叫作赤道平面,赤道平面与地球表面相交的大圆圈(交线)称为赤道。平行于赤道的各个圆圈称为纬圈或纬线,显然赤道是最大的一个纬圈。通过 P 点作椭球面的垂线,称之为过 P 点的法线。法线与赤道的交角,称为 P 点的地理纬度(简称纬度),通常以字母 B 表示。纬度从赤道起算,在赤道上纬度为 0°,纬线离赤道越远,纬度越大,至极点纬度为 90°。赤道以北称北纬,以南称南纬。因此,P 点的地理坐标定义为 60°E,55°N。

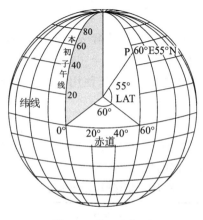

图 2-3 地理坐标系

二、平面坐标系

根据旋转椭球体参数,采用一定的地图投影变换方法,可以将球面空间转换成平面空间,建立平面坐标系,形成球面上的点与平面上的点的一一对应关系。虽然从球面坐标到平面坐标的转换,存在着长度变形、面积变形及角度变形,但通过一定的方法,可以将这种变形限制在一定的范围之内。更为重要的是,平面坐标具有较好的视觉感,并易于进行距离、面积、方向等量算,以及空间数据处理和分析。

三、高程系

点的高程通常用该点至某一选定的水平面的垂直距离来表示,不同地面点间的高程之差反映了地形起伏。高程基准定义了陆地上高程测量的起算点。区域性高程基准可以用验潮站处的长期平均海面来确定,通常平均海面的高程为零。利用精密水准测量方法测量地面某一固定点与该平均海面的高差,从而确定这个固定点的海拔高程。该固定点就称为水准原点,其高程就是区域性高程测量的起算高程。

我国高程基准采用黄海平均海平面(见图 2-4),验潮站是青岛大港验潮站,在其附近有"中华人民共和国水准原点"。1987 年以前,我国采用"1956 国家高程基准",原点在青岛观

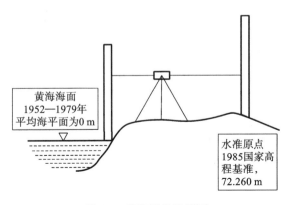

图 2-4 黄海平均海平面

象山,水准原点高程为 72.289 m。1988 年 1 月 1 日,我国正式启用"1985 国家高程基准",重新计算得水准原点高程为 72.2604 m。"1985 国家高程基准"的平均海水面比"1956 年黄海平均海水面"高 0.029 m,即 29 mm。

我国的高程系统采用正常高系统。正常高的起算面是似大地水准面。由地面点或考虑点,沿垂线向下至似大地水准面之间的垂直距离就是该点的正常高,即该点的高程。如图 2-5 所示,$p_0 p_0'$ 为大地水准面,地面点 A 和点 B 到 $p_0 p_0'$ 的垂直距离 H_A 和 H_B 分别为 A、B 两点的高度。地面点到任一水准面的高程称为相对高程。在图 2-5 中,A、B 两点至任一水准面 $P_1 P_1'$ 的垂直距离 H_A' 和 H_B' 即为 A、B 两点的相对高程。

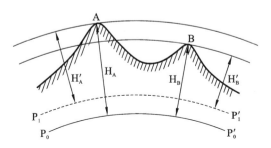

图 2-5 地面点的高程系统

四、我国常用的大地坐标系

为了对我国地理范围进行空间位置表达,需要选用与我国最密切的椭球体,对其进行椭球定位和椭球定向,并以此为基础进行空间位置的表达。由于历史的原因,我国曾先后采用不同的椭球体,并产生了不同的坐标系统。

目前我国常用的坐标系有 1954 年北京坐标系(北京 54 坐标系)和 1980 年西安坐标系(西安 80 坐标系)以及 WGS84 坐标系。采用的椭球体参数不同,地球表面位置的大地坐标也不同。

(一) 1954 北京坐标系

1954 北京坐标系是我国曾经广泛采用的大地测量坐标系。20 世纪 50 年代,在我国天文大地网建设初期,沿用了苏联克拉索夫斯基椭球体要素,经计算建立的大地坐标系。

我国所测的4万个一、二等三角点和十几万个三、四等三角点,以及根据所测绘完成的各种基本地形图均属于北京54坐标系。该坐标系存在的主要缺陷如下。

(1) 克氏椭球的长半径比用现代方法精确测定的长了109 m。

(2) 定位后的参考椭球面与我国大地水准面符合较差。由西向东存在系统性倾斜,东部经济发达地区的差值可达到几十米,对距离造成的影响约为1/10万。

(3) 该系统提供的大地点坐标是通过分区局部平差逐渐控制求得,往往使不同年代、不同单位、不同手段测算出的成果出现矛盾,累积误差较大。

(4) 几何大地测量和物理大地测量应用的参考面不统一。我国处理重力数据时采用赫尔默特1900—1909年正常重力公式,与公式相应的赫尔默特扁球和克拉索夫斯基椭球不一致。

(5) 采用的椭球只有两个几何参数(长半径、扁率),缺乏物理意义,不能反映地球的几何和物理特征。

(二) 1980西安坐标系

1978年4月,在西安召开全国天文大地网平差会议,确定重新定位,建立新的坐标系,为此有了1980西安坐标系。大地坐标原点设在我国中部陕西省西安市西北约60公里的泾阳县永乐镇石际寺村,又称西安大地原点。其参考椭球采用1975年IUGG第16届大会推荐的椭球参数(简称IAG-75椭球)。长半轴$a=6378140$米,短半轴$b=6356755.2882$米,扁率为$1:298.257$。基准面采用青岛大岗验潮站1952—1979年确定的黄海平均海水面,即1985高程基准。

IAG-75椭球参数经度精度较高,与IAU(国际天文学联合会,1976年)天文常数系统中的地球椭球体参数完全一致,在椭球定位上,与我国大地水准面吻合较好。与北京1954坐标系相比,西安1980坐标系椭球体有4个参数,是一套完整的数值,既确定了几何形状,又表明了地球的基本物理特征,从而将大地测量学与大地重力学的基本参数统一起来。

(三) WGS84坐标系

WGS84坐标系是全球统一的地心坐标系,是一种协议地球坐标系。WGS84坐标系的定义:原点是地球的质心,空间直角坐标系的Z轴指向BIH(1984.0)定义的地极(CTP)方向,即国际协议原点CIO,它由IAU和IUGG共同推荐。X轴指向BIH定义的零度子午面和CTP赤道的交点,Y轴和Z、X轴构成右手坐标系。WGS84椭球采用国际大地测量与地球物理学联合会第17届大会测量常数推荐值。4个基本常数为:长半轴a、地心引力常数CGM、正常化带谐系数J2、地球自转速度ω。由该4个常数可进一步计算出第一、第二偏心率和扁率。GPS单点定位的坐标以及相对定位中解算的基线向量属于WGS84大地坐标系,因为GPS卫星星历是根据WGS84编制的。

总体而言,1954北京坐标系和1980西安坐标系实质上是二维平面与高程分离的坐标系统,某一个1954年北京坐标系或1980年西安坐标系下的控制点可能有平面坐标,而没有高程信息,且其高程信息并不是基于椭球面,而是基于似大地水准面,WGS84世界大地坐标系则是完全意义上的真三维坐标系统。

第三节 地图投影

一、地图投影的概念

地图就是经过概括的客观世界的模型,表达各种自然和社会现象的空间分布、联系和时间的发展变化,典型的地图就是地球表面事物空间分布和联系的符号。投影是一个数学概念,是指建立两个点集间一一对应的映射(函数)关系。

地球椭球体表面是曲面,而地图通常是要绘制在平面图纸上,因此,制图时首先要把曲面展为平面,然而,球面是个不可展的曲面,如果直接展开,会不可避免地发生破裂或褶皱,这样必然有些区域重叠,而这些本来连续的地方却分离,这显然是不实用的,所以,必须采用一种特殊的方法将曲面展开,使其成为没有破裂或褶皱的平面,这种方法就是地图投影。

综上所述,地图投影就是指建立地球表面上的点与投影平面上点之间的一一对应关系,其实质就是利用一定的数学法则把地球表面上的经纬线网表示到平面上,这个转变过程的结果就是经纬线在平面上系统排列来代表地理坐标系统。

地图投影的使用保证了空间信息在地域上的连续性和完整性,所以,地理信息系统必须考虑地图投影,在建立地理信息系统的过程中,选择适当的地图投影系统是首先要考虑的问题。

二、地图投影的变形

使用地图投影可以将地球表面完整地表示在平面上,但这种"完整"是通过对投影范围内某一区域的均匀拉伸和对另一区域的均匀压缩而实现的,图 2-6 是几种不同投影的经纬线网形状。通过地图投影并按比例尺缩小制成的地图,仍存在长度、面积和性状(角度)的变化,这些变化在地图投影中称为投影变形,投影变形包括长度、面积和角度 3 个方面。

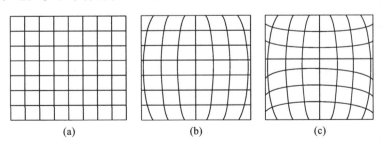

图 2-6 几种不同的经纬线形式

(一)长度变形

在地球仪上,经纬线的长度具有以下特点:第一,纬线长度不等,其中赤道最长,纬度越高,纬线越短,极地纬线最短为零;第二,在同一条纬线上,经差相同的纬线弧长相等;第三,所有的经线长度都相等。

在图 2-6(a)中,各条纬线长度都相等;而在图 2-6(c)中,同一条纬线上经差相同的纬线弧长不等,从中央向两边逐渐缩小,各条经线的长度也不等,中央的一条经线最短,从中间向两边逐渐增大。因此,可以说地图上的经纬线长度与地球仪上经纬线长度特点并不相同,即发生了长度变形。

(二)面积变形

在地球仪上经纬线网格的面积具有以下特点:第一,在同一纬度带内,经差相同的网格面积相等;第二,在同一经度带内,纬线越高,网格面积越小。

在图 2-6(a)中,同一经度带内,纬度相同的网格面积相等;而在图 2-6(c)中,同一纬度带内,经差相同的网格面积不等。地图上经纬线网格面积与地球仪上经纬线网格面积的特点不同,可以说地图上具有面积变形。

(三)角度变形

在地球仪上,经线与纬线垂直,即夹角等于 90°,而在图 2-6(b)和图 2-6(c)中,只有中央经线和各纬线相交成 90°,其余的经线和纬线均不呈直角相交,这表明地图具有角度变形。

地图投影的变形随地点的改变而改变,在椭球面向可展面投影时,无法保证长度、面积、角度均不变形,在一幅地图上,很难笼统地说它有什么变形,变形有多大。在实际投影中,只能保证其中一个几何量不变形。

三、地图投影的分类

地图投影的种类很多,分类标准不同,分类方法也就不同。从使用地图的角度出发,需要了解以下几种分类。

(一)按变形性质分类

按变形性质可以分为三类,即等角投影、等积投影和任意投影。

1. 等角投影

等角投影指任何点上两微分线段组成的角度投影前后保持不变,即投影前后对应的微分面积保持图形相似,故又称为正形投影。投影面上某点的任意两方向线夹角与椭球面上相应两线段夹角相等,即角度变形为零。这类投影根据等角条件提出,主要通过牺牲面积保持角度,所以,面积变形相对于别的投影一般会比较大。等角投影在图上量测方向和距离比较方便,适合用来作为导航地图,比如用来编制洋流图、航海图和风向图等。市面上买的世界地图采用的就是等角投影,确切地说我国出版的世界地图采用的是等差分纬线多圆锥投影(也属于等角投影),可以很好地表现我国形状及与四邻的对比关系,但投影的边缘地区变形较大。

2. 等积投影

等积投影指某一微分面积投影前后保持相等,即其面积比为 1。在投影平面上,任意一块面积与椭球面上相应的面积相等,即面积变形等于零。这类投影可以保持面积大小不变,很方便在图上进行面积量算和对比,所以常常用来编制对面积精度要求高的社会经济地图和自然地图,比如土壤图、地质图和行政规划图等。

3. 任意投影

任意投影是指地图上长度、面积和角度都有变形,既不等角,也不等积。在任意投影中,有一种比较常见的等距投影,定义为沿某一特定方向的距离,投影前后保持不变,即沿着该特定方向长度比为1。在这种投影地图上并不是不存在长度变形,只是在特定方向上没有长度变形。等距投影的面积变形小于等角投影,角度变形小于等积投影。这类投影方法有很多种,应用也比较广泛。任意投影多用于对投影变形要求适中或者区域面积较大的地图,比如科学参考图、教学地图和世界地图等。联合国标注的中心即突出北极中心地位的等距方位投影世界地图,它打破传统认知中"上北下南、左西右东"的方位格局,呈现各大洲围绕北极的集中状态。

经过投影后地图上所产生的长度变形、面积变形和角度变形是相互联系、相互影响的。它们之间的关系是:在等积投影上不能保持等角特性,形状变形比较大,在等角投影上不能保持等积特性,面积变形比较大,这两种性质相互排斥,但都具有全局性质,即可应用于整幅地图投影;在任意投影上不能保持角度和等积的特性,具有局部性质,只能在距地图投影中心较近的地方实现。要选择一种适当的地图投影制作专题地图时,其所保留的性质就显得十分重要。

(二)按构成方法分类

地图投影最初建立在透视的几何原理上,它是把椭球面直接透视到平面上,或透视到可展开的曲面上,比如圆柱面和圆锥面。它们的面虽然不是平面,但可以展开为平面,这样就得到了具有几何意义的方位、圆柱和圆锥投影。随着科学技术的发展,为了使地图变形尽量减小,产生了一系列按照数学条件构成的投影。因此,按照构成方法,可以把地图投影分为两大类:几何投影和非几何投影。

1. 几何投影

几何投影是把椭球面上的经纬线网投影到几何面上,然后将几何面展开为平面而得到。根据几何面的形状,可以进一步分为以下3类(见图2-7)。

(1)方位投影。以平面作为投影面,使平面与球面相切或相割,将球面上的经纬线投影到平面上。

(2)圆柱投影。以圆柱面作为投影面,使圆柱面与球面相切或相割,将球面上的经纬线投影到圆柱面上,然后将圆柱面展为平面。

(3)圆锥投影。以圆锥面作为投影面,使圆锥面与球面相切或相割,将球面上的经纬线投影到圆锥面上,然后将圆锥面展为平面。

可将方位投影看作圆锥投影的一种特殊情况,假设当圆锥顶角扩大到180°时,圆锥面就成为一个平面,再将地球椭球体上的经纬线投影到此平面上。圆柱投影也可以看成是圆锥投影的一种特殊情况,假设圆锥顶点延伸到无穷远时,即成为一个圆柱,投影的原理都是一致的。

2. 非几何投影

非几何投影是不借助几何面,而是根据某些条件用数学解析法确定球面与平面之间点与点的函数关系。在这种投影中,一般按经纬线形状分为以下4类。

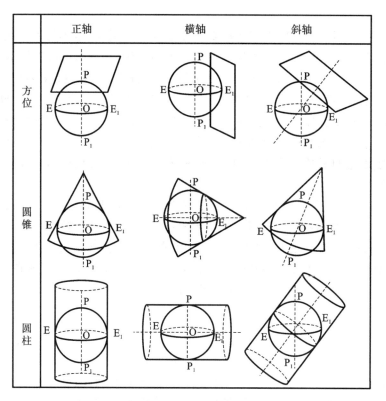

图 2-7　几何投影示意

（1）伪方位投影。根据方位投影修改而来，纬线为同心圆，中央经线为直线，其余的经线均为对称于中央经线的曲线，且相交于纬线的共同圆心。

（2）伪圆柱投影。纬线为平行直线，中央经线为直线，其余的经线均为对称于中央经线的曲线。

（3）伪圆锥投影。纬线为同心圆弧，中央经线为直线，其余的经线均为对称于中央经线的曲线。

（4）多圆锥投影。纬线为同周圆弧，其圆心均位于中央经线上，其余的经线均为对称于中央经线的曲线。

（三）按照投影面与地球相切或相割分类

1. 割投影

以平面、圆柱面或圆锥面作为投影面，使投影面与球面相割，将球面上的经纬线投影到平面上、圆柱面上或圆锥面上，然后将该投影面展开为平面（见图 2-8）。

2. 切投影

以平面、圆柱面或圆锥面作为投影面，使投影面与球面相切，将球面上的经纬线投影到平面上、圆柱面上或圆锥面上，然后将该投影面展开为平面（见图 2-9）。

此外，还可以按照投影面与地球自转轴间的方位关系分为正轴投影、横轴投影和斜轴投影 3 类。

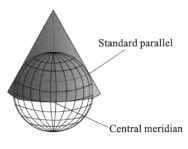

图 2-8　割投影

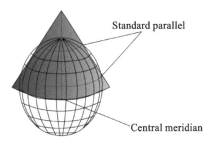

图 2-9　切投影

四、地图投影的选择

地图投影选择是否恰当,直接影响地图的精度和使用价值。地图投影的选择,主要指中、小比例尺地图,不包括国家基本比例尺地形图。因为国家基本比例尺地图的投影、分幅等,是由国家测绘主管部门研究制定,不容许任何改变。另外,编制小区域大比例尺地图,无论采用什么投影,变形都很小。

(一) 一般原则

选择地图投影时,要考虑多种因素及其之间的影响,主要有制图范围、形状、地理位置、地图的用途、出版方式及其他特殊要求等。

1. 制图区域的范围、形状和地理位置

制图区域的形状和地理位置可以决定投影的类型,因而也是影响选择投影的重要因素。一般近似圆形的地区投影宜采用方位投影,在两极附近采用正轴方位投影;以赤道为中心的区域采用横轴方位投影,在中纬度地区采用斜轴方位投影。当地图区域延伸但仍在中纬度地区时,一般采用正轴圆锥投影;当制图区域沿南北方向延伸时,一般采用横轴圆柱投影和多圆锥投影。

2. 地图的用途

主要按变形性质分类选择投影,行政区划图、人口密度图和经济地图一般要求面积正确,故选择等积投影。航海图、航空图、天气图和军用地形图等要求正确的表示方向,且在小区域内保持图形与实地相似,因此多采用等角投影。

3. 出版方式

单独出版的地图只要考虑上述几个因素就可以了,因此其投影比较简单;地图集成一组图中的一副地图,其投影选择比较复杂,因此地图集作为一个统一的整体,各图组或图幅又有各自的主题和内容,对投影内容的要求不可能一样。但一本图集中的投影不可能有很多种,因此应考虑与其他图幅的关系,才能取得协调或采用统一系统的投影。

4. 其他特殊要求

地图的一些特殊要求也可能影响地图投影的选择,例如时区图要求经线成平行直线,只能选择正轴圆柱投影。中国政区图不能将南海诸岛作为插图,需要用斜方位投影或彭纳投影。另外,编制新图时选择投影需要考虑转绘技术问题。目前编制新图多采用照相剪贴法,新编图与基本资料所采用的投影经纬线形状要尽可能近似,否则将会给工作带来很大的不便。

(二)投影选择举例

1. 小比例尺地图的常用投影

(1)世界地图的投影。世界地图的投影主要考虑要保证全球整体变形不大,根据不同的要求,需要具有等角或等积性质的投影,主要包括等差分纬线多圆锥投影、正切差分纬线多圆锥投影、任意伪圆柱投影、正轴等角割圆柱投影。

(2)半球地图的投影。东、西半球有横轴等面积方位投影、横轴等角方位投影;南、北半球有正轴等面积方位投影、正轴等角方位投影、正轴等距离方位投影。

(3)各大洲地图投影。亚洲地图的投影多采用斜轴等面积投影、彭纳投影;欧洲地图多采用斜轴等面积方位投影、正轴等角圆锥投影;北美洲地图多采用斜轴等面积方位投影、彭纳投影;南美洲地图多采用斜轴等面积方位投影、桑逊投影;大洋洲地图多采用斜轴等面积方位投影、正轴等角圆锥投影;拉丁美洲地图多采用斜轴等面积方位投影。

2. 大比例尺区域图的投影选择

大中比例尺地图投影的选择,主要根据区域位置和形状确定投影类型,如形状近似圆形的区域,都可用方位投影,位于极地的用正轴方位投影,中纬度地区用斜轴方位投影,我国大部分地区的地图多采用正轴割圆锥投影。

五、常用的地图投影

(一)高斯-克吕格投影

1. 概念

我国基本系列地形图除1:100万地形图采用等角圆锥投影外,其余均采用高斯-克吕格投影。高斯-克吕格投影是由德国数学家、物理学家、天文学家高斯于19世纪20年代拟定,后经德国大地测量学家克吕格于1912年对投影公式加以补充,因此称为高斯-克吕格投影(以下简称高斯投影),该投影属于横轴切圆柱等角投影(见图2-10)。

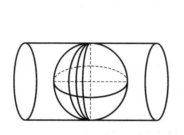
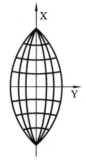

图2-10 高斯投影示意

高斯投影的中央经线和赤道投影为互相垂直的直线,而且为投影的对称轴,经线为凹向并对称中央经线的曲线,纬线为凸向并对称于赤道的曲线,经纬线成直角相交。该投影无角度变形;中央经线长度比等于1,没有长度变形;其余经线长度比均大于1,长度变形为正;距离中央经线越远,变形越大;最大变形在边缘经线与赤道的交点上,但最大长度变形、面积变形分别仅为+0.14和+0.27%(6度带),变形极小。

2. 投影带的划分

为了限制长度面积变形,保证地图的精度,高斯投影采用分带投影方法,即将投影范围的东西界加以限制,使其变形不超过一定的限度,这样把许多带结合起来,可成为整个区域的投影(见图2-11)。

我国规定1:1万、1:2.5万、1:5万、1:10万、1:25万、1:50万比例尺地形图,均采用高斯投影。1:2.5万—1:50万比例尺地形图采用经差6°分带。1:1万比例尺地形图采用经差3°分带。

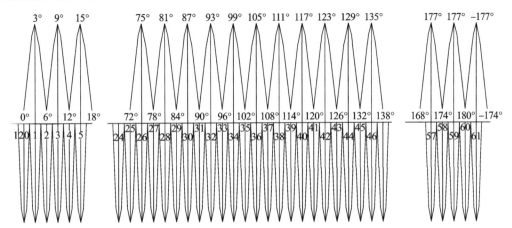

图2-11 高斯投影的分带

6°分带是从零度子午线起,自西向东每隔经差6°为一投影带,全球分为60带,各带的带号用自然序数1,2,3,4,…,60表示。即以东经0°—6°为第一带,其中央经线为3E,东经6°—12°为第二带,其中央经线为9E,以此类推。我国位于东经72°—136°,共包括11个投影带(13—23带)。

3°分带,是从东经1°30′的经线开始,每隔3°为一带,全球划分为120个投影带。即以东经1°30′—4°30′为第一带,其中央经线的位置为3°,东经4°30′—7°30′为第二带,其中央经线的位置为6°,以此类推。

这样分带的目的在于使6°带的中央经线均为3°带的中央经线,即3°带中有半数的中央经线同6°带重合,在从3°带转换成6°带时,可以直接转用,不需任何计算。

3. 高斯平面直角坐标网

为了便于地形图的量测作业,在高斯投影带内布置了平面直角坐标系。具体构成方法是以中央经线为X轴,赤道为Y轴,中央经线与赤道的交点为坐标原点。同时规定,x值在北半球为正,南半球为负;y值在中央经线以东为正,中央经线以西为负。由于我国疆域均在北半球,x值皆为正值。为了避免y值出现负值,还规定各投影带的坐标轴均西移500 km,中央经线上原横坐标值由0变为500 km,在整个投影带内y值就不会出现负值了。60

个投影带构成了60个相同的平面直角坐标系,为区分之,在地形图南北的内外图廓间的横坐标标记前,均加注投影带带号。为应用方便,在图上每隔1 km、2 km或10 km绘出中央经线和赤道的平行线,即坐标纵线或坐标横线,构成地形图方里网(公里网)。

高斯投影是具有国际性的一种全球范围的地图投影,适合于幅员广阔的国家或地区,它按经线分带进行投影,各带坐标系、经纬网形状、投影公式及变形情况都是相同的,也利于全球地图拼接。1952年以来,我国采用高斯投影建立了布满全国的平面直角坐标系,并作为我国基本比例尺地形图的数学基础。

(二) 横轴墨卡托投影

通用横轴墨卡托投影(Universal Transverse Mercator Projection,即UTM投影)(见图2-12),从投影的几何方式及中央经线的长度比上来看,高斯投影是等角横切圆柱投影,投影后中央经线长度保持不变,即比例系数为1;UTM是等角横割圆柱投影,圆柱割地球于南纬84°、北纬84°两条等高圈,投影后两条割线上没有变形,中央经线上长度比为0.9996。因此,投影带内的变形差异更小,其最大长度变形不超过0.04%。从分带方式上来看,带的划分相同而带号的起算不同。高斯投影的分带是从零子午线向东6°为一带,通用横轴墨卡托投影的分带是从180°起向东每6°为一带。此外,两投影的东偏移都是500 km,高斯投影北偏移为0,UTM北半球投影北偏移为0,南半球则为10000 km。

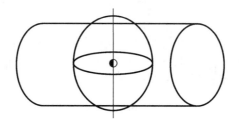

图2-12 横轴墨卡托投影

将6°带中的UTM投影与高斯投影相比较,其长度变形不再是大于或等于零,而是有正负值,并且显著地减小了边缘地区的长度变形,尤其在低纬度地区。但就3°带而言,UTM投影的最大长度变形发生在中央子午线上,达到万分之四,普遍高于高斯投影中发生在边缘处的最大长度变形,而且UTM投影的长度变形均为负值。因此,若按照3°带来分带,采用UTM投影未必更佳。所以,UTM投影的最大缺点在于不能投影全球地图。

UTM投影系统,原先的计划是为全球范围设计的,但由于统一分带等原因未被世界各国采用。目前有美国、德国等60多个国家以此投影作为国家基本地形图的数学基础,但由于各国使用的地球椭球体不同,而略有差异。

(三) 兰勃托投影

兰勃托投影,又名"等角正割圆锥投影",由德国数学家兰勃特在1772年拟定。设想用一个正圆锥割于球面两标准纬线,应用等角条件将地球面投影到圆锥面上,然后沿一母线展开,即为兰勃特投影平面(见图2-13)。兰勃托投影后纬线为同心圆弧,经线为同心圆半径。墨卡托投影是它的一个特例。兰勃托投影采用双标准纬线切割,与采用单标准纬线相切比较,其投影变形小而均匀。兰勃托投影的变形分布规律如下。

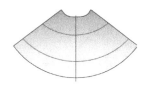

图 2-13　兰勃特等角投影

（1）角度没有变形，即投影前后对应的微分面积保持图形相似，故亦称为正形投影。
（2）等变形线和纬线一致，即同一条纬线上的变形处处相等。
（3）两条标准线上没有任何变形。
（4）在同一条经线上，两标准纬线外侧为正方形（长度比大于1），而两标准纬线之间为负变形（长度比小于1）。因此，变形比较均匀，变形绝对值也比较小。
（5）在同一条纬线上等经差的线段长度相等，两条纬线间的经纬线长度处处相等。

我国1∶100万地形图采用了兰勃托投影，其分幅原则与国际地理学会规定的全球统一使用的国际百万分之一的地图投影一致。纬度按纬差4°分带，从南到北共分为15个投影带，每个投影带单独计算坐标，每带两条标准纬线，第一标准纬线为图幅南端纬度加30′的纬线，第二标准纬线为图幅北端纬度减30′的纬线，这样处于同一投影带中的各图幅的坐标成果完全相同，不同带的图幅变形值接近相等，因此每投影带只需计算其中一幅图（纬差4°，经差6°）的投影成果即可。

第四节　ArcGIS 中的应用

一、投影文件

投影文件是一个文本文件，它存储了数据集所基于的坐标系统的信息，举例如下。
ARCGIS 保存的 NAD1983UTM11N 分带坐标系上的信息：
PROJCS["NAD_1983_UTM_ZONE_11N",GEOGCS["GCS_North_American_1983",DATUM ["D_North_American", SPHEROID ["GRS_1980", 6378137.0, 298.257222101]],
PRIMEM["Greenwich",0.0],UNIT["Degree",0.0174532925199433]],
PROJECTION["Transverse_Mercator"],PARAMETER["False_Easting",500000.0],
PARAMETER["False_Northing",0.0],PARAMETER["Central—Meridian",−117.0],
PARAMETER["Scale_Factor",0.9996],PARAMETER["Latitude_of_Origin",0.0],
UNIT["Meter",1.0]

上述信息包括三个部分：第一部分定义地理坐标系统，大地基准面定义为 NAD83，椭球体定义为 GRS80，本初子午线为格林尼治 0°经线，单位为度。文件也列出了椭球体长半轴

(6378137.0)和扁率分母(298.257222101)。数值0.0174532925199433是度到弧度(电脑编程常用的角度单位)的转换系数。第二部分列明了个投影参数,投影名称、横坐标东移假定值、纵坐标北移假定值、中央经线、比例系数和纬度原点。第三部分定义线单位为m。

二、坐标系统运作工具

ArcGIS中含有预定义和自定义的坐标系。预定义坐标系统,无论是地理坐标系或投影坐标系统,其参数值已知或在软件包中已被编码。用户选择预定义坐标系统而无须定义参数。自定义坐标系统要求用户制定参数值。

ArcGIS为用户提供以下方式定义坐标系统:选择预定义坐标系统;从现有数据集中选择一个坐标系导入为预定义坐标系;或者新建一个(自定义)坐标系统。预定义地理坐标系统主要有:world,continent 和 spheroid-based 等选项。WGS84是其中一个世界坐标系。当地基准用于大陆坐标系,如印度基准面和东京基准面适用于亚洲大陆。Spheroid-based选项包括 Clarke1866 和 GRS80。预定义投影坐标系统的选项主要有 world,continent,polar,national grids,UTM,State Plane 和 Gauss Kruger 等。

自定义地理坐标系统必须有一个包括椭球体及其长半轴、短半轴的大地基准。投影坐标系统的定义必须包括大地基准和投影参数,如标准纬线和中央经线。

本章案例

ArcGIS中定义投影

在对未知坐标系的数据进行投影时,需要先使用定义投影工具为其添加正确的坐标信息。此外,如果某一数据集的坐标系不正确,也可以使用该工具进行校正。定义投影的操作步骤如下。

(1)启动 ArcToolbox,在 ArcToolbox 中双击【数据管理工具】→【投影和变换】→【定义投影】,打开定义投影对话框,如图2-14所示。

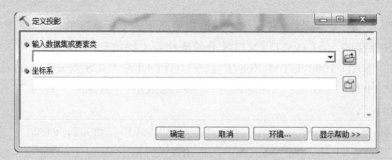

图2-14 定义投影

(2)在【定义投影】对话框中,输入【输入数据集或要素集】数据。

(3)单击【坐标系】文本框右边的 按钮,打开【空间参考属性】对话框,【XY坐标系】的【名称】文本框显示为"Unknown",表明原数据没有定义坐标系统。

(4) 定义投影的方法有以下三种。

①单击【空间参考属性】对话框中的【选择】按钮,打开【浏览坐标系】对话框,其中坐标系分为两类:地理坐标系统和投影坐标系统。地理坐标系统使用地球表面的经度和纬度表示;投影坐标系统利用数学换算将三维地球表面的经度和纬度坐标转换到二维平面上。

②当已知原数据与某一数据的投影相同时,可单击【空间参考属性】对话框中的 按钮,在下拉菜单中选择【导入】,浏览具有该坐标系统的数据,用该数据的投影信息来定义原始数据。

③单击【空间参考属性】对话框中的 按钮,在下拉菜单中选择【新建】,即可新建地理坐标系统或投影坐标系统。图 2-15 所示为【新建地理坐标系】对话框,定义地理坐标系统包括定义或选择基准面、角度单位和本初子午线等。图 2-16 所示为【新建投影坐标系】对话框,定义时需要选择投影类型、设置投影参数及线性单位等。因为投影坐标系统是以地理坐标系统为基础的,所以在定义投影坐标系统时还需要选择或新建一个地理坐标系统。

图 2-15　新建地理坐标系

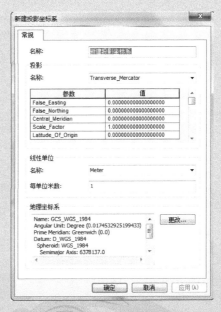

图 2-16　新建投影坐标系

(5) 定义投影坐标系统后,单击【完成】按钮,即可返回上一级对话框,在【详细信息】文本框中可以浏览坐标系的详细信息。

(6) 单击【确定】按钮,完成定义投影坐标系的操作。

思考题

1. 什么是地球椭球体？
2. 简述地图投影的实质。
3. 地图投影变形表现在哪几个方面？
4. 地图投影的分类方法有几种？它们是如何进行分类的？
5. 何谓高斯投影？其投影的基本条件是什么？高斯投影中为什么要采取分带投影的方法？
6. UTM投影和高斯投影相比有什么区别？

第三章

GIS 的数据结构

内容提要

数据结构是数据在 GIS 中的组织形式,矢量数据和栅格数据是最基本的两种数据结构。本章首先学习空间实体的类型及其表达,了解点、线、面、体等实体要素在计算机中的表达形式,其次重点掌握矢量数据、栅格数据的特点及表达方式,了解两种数据结构在 GIS 分析与运算中的各自优势与不足。在上机操作环节,需掌握矢量数据与栅格数据的相互转换方法。

学习目的

1. 了解空间实体及其表达。
2. 掌握矢量数据表达方式、拓扑数据结构。
3. 掌握栅格数据表达方式、表达精度与数据结构。
4. 对比分析矢量数据与栅格数据的优缺点,并掌握其相互转换方法。

地球本身是一个复杂的空间系统,人们为了便于认识和分析现实世界中的现象和规律,需要把现实的世界抽象为地理空间。把现象或者事物抽象为要素或者实体,这个抽象的方法、过程和结果称为空间数据模型。在计算机中对空间数据模型进行逻辑的描述、数据的组织和编排方式称为空间数据结构。

第一节 空间实体及其类型

一、空间实体的类型

(一)空间实体

空间实体指具有形状、属性和时序特征的空间对象,是对存在于自然世界中地理实体的抽象。通常分为点状实体、线状实体、面状实体和体状实体,以表示它的位置、形状、大小、高低等特征。

1. 点状(point)实体

只有特定的位置,没有长度的实体。如旅游资源点、各级行政区政府所在地、村庄等。

2. 线状(line)实体

有长度,但无宽度和高度的实体,通常用来描述线状地物,如河流、道路、境界线、旅游线路等,线状实体是进行网络分析的主要对象。

3. 面状(polygon)实体

面状实体也称多边形,是对湖泊、岛屿、地块等面状现象的描述,有长度、宽度。用来表示旅游区、土地利用类型、湖泊、行政区等要素。

4. 体状(volume)实体

用于描述三维空间中的现象与物体,它具有长度、宽度及高度等属性,如等高线、建筑、矿体等。

(二)空间数据

空间数据记录的是空间实体的位置、拓扑关系和形态、大小等几何特征,表示地理要素的空间数据可分为以下 7 种类型(见图 3-1)。

(1)类型数据。如居民点、道路线、河流、植被类型分布等。

(2)面域数据。如行政区域、行政单元、旅游区范围等。

(3)网络数据。如道路交叉点、街道和街区等。

(4)样本数据。如气象站、航线、野外样方的分布区等。

(5)曲面数据。如高程点、等高线和等值区域等。

(6)文本数据。如地名、河流名称和区域名称等。

(7)符号数据。如点状符号、线状符号和面状符号。

二、空间实体的表达

(一)空间实体的矢量表达和栅格表达

在计算机中,现实世界以各种数字和字符形式来表达和记录,GIS 不能直接识别和处理各种以图形形式表达的特征实体,要使计算机能识别和处理它们,必须对这些特征实体进行

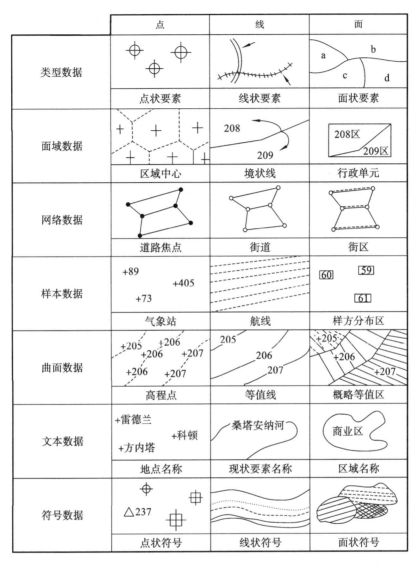

图 3-1 空间数据类型和表示方法(Jack Dangermond,1984)

数据表达。

在计算机中,地理实体有两种表达方式,矢量数据和栅格数据。两种数据表示方法,以点为例,矢量数据采用没有大小的点(坐标对)来表示,而栅格数据则采用一个有固定大小的点(面元)来表示。矢量数据线要素由点要素构成,面要素则由线要素构成。两种数据的表达方式见图 3-2。

(二)空间实体的描述

空间实体的描述通常需要以下几个方面。

1. 编码

用于区别不同的实体,有时同一个实体在不同的时间具有不同的编码,用以反映实体的

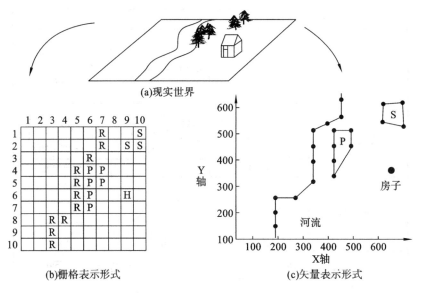

图 3-2 矢量数据和栅格数据表达方式

时间属性,如高铁道路,建设阶段和通车阶段需要不同的编码。编码包括分类码和识别码。分类码标识实体所属的类别,识别码对每个实体进行标识,是唯一的,用于区别不同的实体。

2. 位置

用坐标值的形式或拓扑相关关系给出实体的空间位置。坐标可以是二维的(x,y)坐标,也可以是三维的(x,y,z)坐标。拓扑相关关系是用地理实体之间相互位置关系来表达,比如湖北省地处中国中部,东邻安徽,南接江西、湖南,西连重庆,西北与陕西接壤,北与河南毗邻,介于东经 108°21′42″至 116°07′50″、北纬 29°01′53″至 33°6′47″之间。

3. 属性

属性指明该地理实体所对应的非空间信息,如道路的宽度、路面质量、车流量、交通规则等;旅游资源点的位置、等级、开发保护情况等。

4. 说明

用于说明实体数据的来源、质量等相关的信息,相当于元数据。

5. 关系

主要指与其他实体的关系信息。

三、TGIS 数据来源

数据是 GIS 的核心,也称之为 GIS 的血液。TGIS 中的数据来源和数据类型繁多,用以构建旅游地理信息系统数据库,概括起来主要有以下几种。

(一)地图数据

来源于各种类型的普通地图和专题地图,这些地图的内容丰富,图上实体间的空间关系直观,实体的类别或属性清楚,实测地形图还具有很高的精度,是地理信息的主要载体,同时也是地理信息系统最重要的信息源。常用的有行政区划图、土地利用现状图、土地利用规划图、旅游景区分布图、旅游交通图、地形图等。

（二）影像数据

主要来源于卫星遥感和航空遥感，包括多平台、多层面、多种传感器、多时相、多光谱、多角度和多种分辨率的遥感影像数据，构成多源海量数据，也是 GIS 的较有效的数据源之一。旅游规划中常用到的遥感数据包括美国 Landsat TM 影像、法国 Spot 卫星影像、Pleiades 影像、美国 Iknos 高分辨率影像等。

（三）地形数据

来源于地形等高线图的数字化、已建立的数字高程模型（DEM）和其他实测的地形数据等。

（四）属性数据

来源于各类调查报告、实测数据、文献资料、解译信息等。如旅游资源调查报告、统计数据等。

（五）元数据

元数据即数据的数据，如数据来源、数据权属、数据产生的时间、数据精度、数据分辨率、源数据比例尺、数据转换方法等。

第二节 矢量数据

一、矢量数据的表达

矢量数据是一种通过记录空间"坐标对"的方式，以点、线、面等形式来描述空间目标对象位置，以标识符表达对象属性的一种数据模型。例如，用点来表示一个城市、村镇、景区等；用线来表达一条公路、河流等；用面来表示一个湖泊、水库、旅游区、行政区等。这些实体的属性则通过标识符来记录和连接。矢量数据模型能够直观地表达地理空间，适合表达离散的空间实体。它能精确地表示地理实体的空间位置及属性，还能够方便地进行比例尺变换、投影变换和图形的输入和输出。

（一）点实体的矢量表达

矢量数据只记录点在特定坐标系下的坐标和属性代码，点实体没有大小、方向。在二维空间中用唯一的实数对(x,y)来表示，在三维空间中用唯一的坐标对(x,y,z)来表示。

（二）线实体的矢量表达

线实体为一维矢量，具有长度，没有宽度和高度，如河流、道路、境界线等。在二维空间中用一组离散的实数点对来表示，如$(x_1,y_1),(x_2,y_2),\cdots,(x_n,y_n)$，其中 n 为大于 1 的整数。在三维空间中，则表示为$(x_1,y_1,z_1),(x_2,y_2,z_2),\cdots,(x_n,y_n,z_n)$。$(x_1,y_1)$或$(x_1,y_1,z_1)$成为起始点，$(x_n,y_n)$或$(x_n,y_n,z_n)$为终止点。起始点和终止点统称为结点。位于起始点和终止点之间的点成为拐点。一维矢量的方向起于起始点，结束于终止点。一维矢量的长度等于

在矢量方向上相邻两点之间的距离之和。在欧式空间中,其距离 d 可以表示为:

$$d = \sum_{i=2}^{n} \sqrt{(x_2 - x_1)^2 + (y_2 - y_1)^2}$$

在三维空间中,一维矢量的距离概念有两种,一种是平面投影的距离,与欧氏距离的定义一致;另一种则是沿路程的实际距离,可以表示为:

$$d = \sum_{i=2}^{n} \sqrt{(x_i - x_{i-1})^2 + (y_i - y_{i-1})^2 + (z_i - z_{i-1})^2}$$

(三)面状实体的表达

二维矢量实体是空间中的一个面,通常用来表示空间中的面状要素,如岛屿、湖泊、行政区域、土地利用类型等。在二维欧氏空间中面实体是由一系列弧段(线)所围成的闭合区域,也称为多边形(polygon)。面实体用一组坐标对来表示,如(x_1, y_1),(x_2, y_2),…,(x_n, y_n),(x_1, y_1)或(x_1, y_1, z_1),(x_2, y_2, z_2),…,(x_n, y_n, z_n),(x_1, y_1, z_1),即终结点与起始结点重合,形成闭合区域。二维矢量数据具有长度、宽度,参数有周长、面积等。

(四)三维矢量体的表达

三维矢量是指三维空间中的实体,由一组或多组空间曲面所包围的空间对象,它具有体积、长度、宽度、高度、空间曲面的面积、空间曲面的周长等属性,如对建筑、矿体等三维目标的表达。

二、矢量数据结构

(一)Spaghetti 数据结构

Spaghetti 数据结构又称实体数据结构、面条数据结构、简单数据结构,是指构成多边形边界的各个线段,以多边形为单元进行组织。Spaghetti 数据结构是指构成多边形边界的各个线段,以多边形为单元进行组织。按照这种数据结构,边界坐标数据和多边形单元实体一一对应,各个多边形边界都单独编码并记录坐标。例如对于图 3-3 所示的多边形 A、B、C、D、E,可以用表 3-1 的数据来表示。

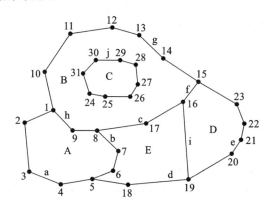

图 3-3 Spaghetti 数据多边形

表 3-1 Spaghetti 数据结构编码文件

多边形	数 据 项
A	$(X_1,Y_1),(X_2,Y_2),(X_3,Y_3),(X_4,Y_4),(X_5,Y_5),(X_6,Y_6),(X_7,Y_7),(X_8,Y_8),(X_9,Y_9),(X_1,Y_1)$
B	$(X_1,Y_1),(X_9,Y_9),(X_8,Y_8),(X_{17},Y_{17}),(X_{16},Y_{16}),(X_{15},Y_{15}),(X_{14},Y_{14}),(X_{13},Y_{13}),(X_{12},Y_{12}),(X_{11},Y_{11}),(X_{10},Y_{10}),(X_1,Y_1)$
C	$(X_{24},Y_{24}),(X_{25},Y_{25}),(X_{26},Y_{26}),(X_{27},Y_{27}),(X_{28},Y_{28}),(X_{29},Y_{29})(X_{30},Y_{30}),(X_{31},Y_{31}),(X_{24},Y_{24})$
D	$(X_{19},Y_{19}),(X_{20},Y_{20}),(X_{21},Y_{21}),(X_{22},Y_{22}),(X_{23},Y_{23}),(X_{15},Y_{15}),(X_{16},Y_{16}),(X_{19},Y_{19})$
E	$(X_5,Y_5),(X_{18},Y_{18}),(X_{19},Y_{19}),(X_{16},Y_{16}),(X_{17},Y_{17}),(X_8,Y_8),(X_7,Y_7),(X_6,Y_6),(X_5,Y_5)$

Spaghetti 编码方式的特点如下。

(1) 数据按点、线或多边形为单元进行组织,数据编排直观,文件结构简单,易于实现以多边形为单位的运算和显示。

(2) 每个多边形都以闭合线段存储,多边形的公共边界被数字化两次和存储两次,造成数据冗余和不一致。

(3) 点、线和多边形有各自的坐标数据,但没有拓扑数据,互相之间不关联,不易检查拓扑错误,这种方法只可用于简单的粗精度制图系统中。

(4) 岛只作为单个图形,没有与外界多边形的联系。

(二) 拓扑数据结构

1. 拓扑属性

拓扑(topology)一词来源于希腊文,意思是"形状的研究"。拓扑学是几何学的一个分支,它研究在拓扑变换下能够保持不变的几何属性——拓扑属性。矢量数据有的具有拓扑属性,有的具有非拓扑属性。拓扑是研究几何对象在弯曲或者拉伸等变换下仍保持不变的性质。例如,一个橡皮圈只要在其弹性限度内拉伸弯曲都不失去其仍是一个闭合圆环的固有性质。为将其应用于地理空间数据,拓扑常常被解释为通过图论这一数学分支,用图表或者图形来研究几何对象排列及其相互关系。如图 3-4 所示,点与经纬网的相对位置关系及经纬线的相对位置关系均不会因为投影的变形而变化。

地铁线路图(见图 3-5)是拓扑地图的最佳例子,地铁线路图恰当地描述了各线路和每条线上站点之间的连接性,却使得距离和方向失真。

对矢量数据来说重要的是有向图,包括点和有向线。有向线又被称为弧段,弧段相交处的点成为节点。如果一条弧段连接两个节点,则称这两个节点与弧段呈邻接和关联。表 3-2 是非拓扑属性与拓扑属性的区别。

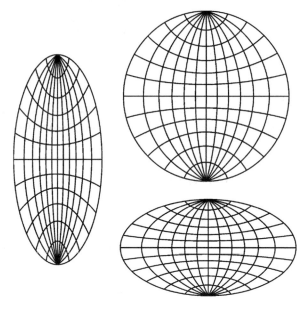

图 3-4 拓扑属性

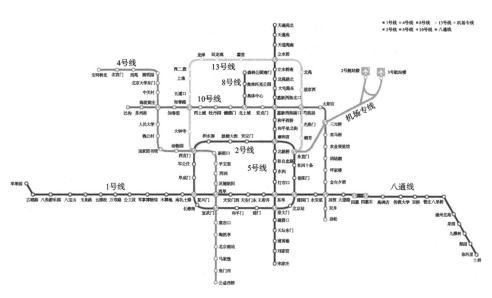

图 3-5 北京市部分线地铁路图

表 3-2　欧氏平面上实体对象所具有的拓扑属性和非拓扑属性

属　　性	特　　点
拓扑属性	一个点在一个弧段的端点 一个弧段是一个简单弧段(弧段自身不相交) 一个点在一个区域的边界上 一个点在一个区域的内部 一个点在一个区域的外部 一个点在一个环的内部 一个面是一个简单面(面上没有"岛") 一个面的连续性(给定面上任意两点,从一点可以完全在面的内部沿任意路径走向另一点)
非拓扑属性	两点之间的距离 一个点指向另一个点的方向 弧段的长度 一个区域的周长 一个区域的面积

2. 拓扑关系

拓扑关系是指网结构元素结点、弧段、多边形之间的空间关系,主要有以下三种关系。

(1) 拓扑邻接,指存在于空间图形的同类图形实体之间的拓扑关系,如结点间的邻接关系和多边形的邻接关系。在图 3-6 中,结点 N_1 与结点 N_2、N_3、N_4 相邻,多边形 P_1 与 P_2、P_3 相邻。

(2) 拓扑关联,指存在于空间图形实体中不同类图形实体之间的拓扑关系,如弧段在结点处的联结关系和多边形与弧段的关联关系。在图 3-6 中,N_1 结点与弧段 C_1、C_3、C_6 相关联,多边形 P_2 与弧段 C_2、C_4、C_5 相关联。

(3) 拓扑包含,指不同级别或不同层次的多边形实体之间的拓扑关系。在图 3-6 中,P_2 与 P_4 是包含关系。

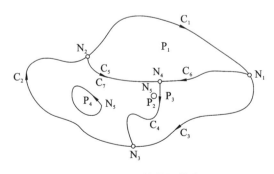

图 3-6　空间实体的拓扑关系

3. 拓扑数据结构

这里主要是指矢量数据模型和矢量数据结构有关的空间实体拓扑关系表的建立,表 3-3 表明了图 3-7 点、线(弧段)的拓扑数据结构的关系。

图 3-7 点的拓扑数据结构见表 3-3。

表3-3 拓扑数据结构表

(a) 结点拓扑表

结 点	弧 段	坐 标
1	Ⅰ、Ⅳ、Ⅵ	(X_1, Y_1)
3	Ⅰ、Ⅱ、Ⅶ	(X_3, Y_3)
6	Ⅱ、Ⅲ、Ⅷ	(X_6, Y_6)
9	Ⅲ、Ⅳ、Ⅴ	(X_9, Y_9)
11	Ⅴ、Ⅵ、Ⅶ、Ⅷ	(X_{11}, Y_{11})

(b) 中间点拓扑表

中 间 点	弧 段	坐 标
2	Ⅰ	(X_2, Y_2)
4	Ⅱ	(X_4, Y_4)
5	Ⅱ	(X_5, Y_5)
7	Ⅲ	(X_7, Y_7)
8	Ⅲ	(X_8, Y_8)
10	Ⅳ	(X_{10}, Y_{10})
12	Ⅷ	(X_{12}, Y_{12})
13	Ⅷ	(X_{13}, Y_{13})

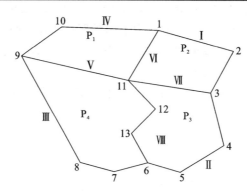

图 3-7 空间实体拓扑数据结构

(图中,1,2,3……为结点编号;Ⅰ,Ⅱ,Ⅲ……为弧段编码;P_1,P_2,P_3……为多边形编号)

拓扑数据结构具有如下优点。

(1) 相邻弧段、多边形之间没有空间坐标的重复,只需矢量化一次,消除了重复线,压缩了数据。

(2) 拓扑数据有利于空间要素的查询,例如,一条公路穿过哪些地区,检索与湖北省相邻的省份,某景区周边的土地利用类型有哪些等。

(3) 拓扑关系清晰地反映了地理实体之间的逻辑关系。通过它不需要利用坐标或距离,就可以确定一种空间实体相对于另一种空间实体的位置关系,它比几何数据有更大的稳定性,不随地图投影的变化而变化。

(4) 可以利用拓扑数据作为工具,重建地理实体。例如,用弧段构建多边形,根据景区、车站与公交线路构建旅游公交网络等。

此外,利用拓扑数据可以检查数据错误,比如查询线路的闭合、空间数据编辑、属性数据输入、空间分析等。但拓扑数据也存在数据结构复杂,创建拓扑需要花费一定的时间等问题。

(三) 曲面数据结构

曲面是指连续分布现象的覆盖表面,如地形、降水量、温度、磁场等要素。表示和存储这些要素的基本要求是必须便于连续现象在任一点的内插计算,因此经常采用不规则三角网来拟合连续分布现象的覆盖表面,称为 TIN(Triangulated Irregular Network)数据结构。

不规则三角网模型采用一系列相连接的三角形拟合地表或其他不规则表面,常用来构造数字地面模型(Digital Terrain Model,DTM),特别是数字高程模型(Digital Elevation Model,DEM)。生成 TIN 的一般方法是(狄洛尼算法):首先取任意一点 P,在其余各点中搜寻与此点最近的点 P2,连接 P1 与 P2 构成第一条边;然后在其余所有点中寻找与这条边最近的点,找到后即可构成第一个多边形;以三角形新生成的两边为底边,在其余各点中分别寻找与他们最近的点构成第二、第三个三角形;依次类推,直到把所有的点都连入三角网中,这些三角形尽可能地接近等边三角形。图 3-8 所示为 TIN 生成示意图。

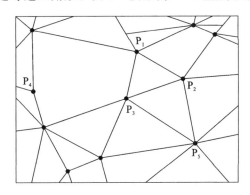

图 3-8　TIN 生成示意图

TIN 的一个优点是其三角形大小随点密度的变化而变化。当数据点密集时生成的三角形小,对不规则表面的拟合精度高。例如,由等高线数字化得到点时,等高线的密度越高,采样点的密度也相应提高,比如陡坡上的三角形比缓坡上的三角形小而且更密。在表示不连续对象如悬崖、断层、海岸线时,TIN 也比较方便,有其优势。当需要把 TIN 转化为栅格数据 DEM 时,可以通过线性或非线性内插的方法,生成平滑的平面来消除三角面之间的不连续性。

三、矢量数据的特点

(一) 定位明显、属性隐含

矢量数据模型定位可根据坐标直接存储,而属性则一般存于文件夹或者数据结构中某些特定的位置上。这种特点使得图形运算的算法总体上比栅格数据结构复杂得多,有时甚

至难以实现,当然有些地方也有其便利和独到之处,比如矢量数据在计算长度、面积、形状和图形编辑、几何变换操作中,矢量结构有很高的效率和精度,而在叠加运算、邻域搜索等操作时则比较困难。

(二)形象直观

矢量数据用点、线、面来描述空间实体,如用点描述独立的树、寺庙、酒店等,用线描述道路、河流等,用面描述湖泊、旅游区等区域,用体描述建筑等。这种描述与实体对象的形态类似,易于被理解和接受,因而形象直观。

(三)适合模拟离散的现象

离散数据,如土壤、森林、草原、土地利用等,它们在空间上的变化不是连续变化的,属性变化发生在边界上,面的内部是同质的,因此用矢量数据来进行描述比较方便。

(四)精度高

由于矢量数据模型模拟空间对象时通过记录坐标表达其空间位置,因此其表达数据的精度较高。矢量数据的模拟精度与坐标点的数量、质量有直接关系。坐标点的数量越多、取点位置越精确,模拟精度就越高。

四、矢量数据的获取

矢量数据的获取有多种途径,矢量化是其中主要的方法之一。即根据栅格数据利用GIS软件进行矢量化,可得到空间实体的矢量数据。除此之外,还有以下几种方法。

(一)利用各种定位仪器设备获取

如GPS、全站仪、经纬仪等采集空间实体坐标数据,可以快速地测得地球表面上任意一点的坐标,用以描述地理实体点、线、面等空间位置,并可直接将坐标数据输入计算机。

(二)以硬拷贝数据方式获取

硬拷贝数据获取主要有两种方式:一是通过对纸质地图的数字化得到;二是通过图表或文字数据中的坐标数据利用GIS生成。

(三)通过间接转换的方式获取

比如利用栅格数据矢量化转换而来,栅格数据包括遥感影像、扫描的各种专题地图等,矢量化的方法有自动矢量化和手动矢量化。此外,利用已有的数据通过空间分析运算也可以得到新的矢量数据,如叠加分析、缓冲区分析等。

第三节 栅 格 数 据

一、栅格数据的表达

(一)栅格数据及其表达

栅格数据是按网格单元的行与列排列、具有不同灰度或颜色的阵列数据。栅格数据结构是最简单、最直观的空间数据结构,它将地球表面划分为大小、均匀、紧密相邻的网格阵列。每一个单元(像素)的位置由它的行列号定义,所表示的实体位置隐含在栅格行列位置中,数据组织中的每个数据表示地物或现象的非几何属性或指向其属性的指针。根据所表示的实体信息,各个像元可用不同的"灰度值"来表示,但每个像元被认为是内部一致的基本单元。栅格像元都有一个值,它代表由该行该列所决定的该位置上的空间现象的特征。如果像元在底图上空间现象范围之外,其像元值为 no data 或 null。根据像元值的编码格式,像元值可以是整形或浮点型数据。整形数据,如土地利用类型用 1 表示耕地,2 表示林地,3 代表水域等。浮点型数据常用于表示连续的数值性数据,如降水量栅格数据,20.15、22.32 等。

栅格像元最常用的形状是正方形,但也可以是长方形、三角形或六边形。

栅格数据结构中,点实体由一个栅格像元来表示;线实体由一定方向上连接成串的相邻栅格像元表示,每个栅格像元最多只有两个相邻像元在线上;面实体(区域)由具有相同属性的相邻栅格像元的块集合来表示,每个栅格像元可以有多于两个的相邻单元属于同一区域。

(二)栅格数据精度

像元的大小决定了栅格数据的分辨率。10 m 像元大小意味着每个像元为 100 m²(10 m×10 m)。一个 30 m 的像元意味着每一个像元为 900 m²(30 m×30 m)。10 m 的栅格比 30 m 的栅格数据具有更高的分辨率,但也需要更大的存储空间。因为像元增大会增加在一个像元中存在混合要素(如林地、牧场和水域)的机会,采用较小的像元,这些问题会有所解决。

栅格的精度依赖于每个栅格单元所实际代表的地面区域的大小,栅格代表的区域越小,精度越高。栅格划分越小,精度越高,其存储空间也会越大。合理的格网尺寸为研究区最小图斑的 1/2 长(见图 3-9),即

$$H = \frac{1}{2}\sqrt{\min\{A_i\}}$$

其中,H 为栅格的边长;A_i 为图斑的面积。

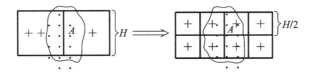

图 3-9 栅格像元边长的确定

(三)栅格数据与矢量数据表达比较

图 3-10 明确表示了矢量数据与栅格数据在表达线上的区别。在矢量数据中,曲线由一个顺序点列的 X,Y 坐标值给出,并可通过对每相邻的两点作连线而予以再现;而在栅格形式表示中,曲线是通过对其经过的所有像元赋以特定的数值而给出,即"线上"与"线外"的像元具有不同的灰度值。

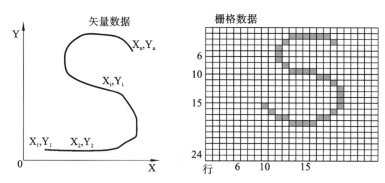

图 3-10　矢量数据与栅格数据表达差异(线实体)

二、栅格数据结构

(一)逐个像元栅格编码

逐个像元栅格编码结构,也可以理解为直接栅格结构,指对栅格数据不用压缩而采取的编码形式。步骤如下:栅格像元组成栅格矩阵,用像元所在的行列号来表示其位置。通常以矩阵左上角开始逐行逐列存储,记录代码可以从左到右逐像元记录,也可以奇数行从左到右而偶数行从右到左来记录(见图 3-11)。直接栅格编码可以将栅格数据看作一个矩阵,逐行或逐列记录属性代码。常用的方法是限制一个栅格只存储栅格的一种属性,并且把属性限制在 0—255 的整数范围内(一个字节对应一个像元)。

像元顺序一般以行为序,以左上角为起点,按从左到右、从上到下的顺序扫描。

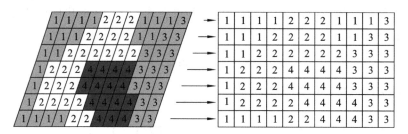

图 3-11　完全栅格结构编码

简单栅格结构的数据存储简单,数据无压缩、无损失,但数据冗余量大。文件数据存储量大,如果每个像元用一个字节表示,存储空间为 $m(行) \times n(列) \times 1(字节)$。数字高程模型及卫星影像采用这种方法存储数据。

(二)游程编码结构

游程指相邻同值网格的数量,游程编码结构时逐行将相邻同值的网格合并,并记录合并后网格的值及合并网格的长度,其目的是压缩栅格数据量,消除数据间的冗余。也就是说在游程编码中以行为单位,将栅格数据矩阵中属性相同的连续栅格视为一游程,根据每个游程数据结构(编码方式)的不同,游程编码又分为游程终点编码和游程长度编码。游程编码是具有块状地物的栅格数据进行压缩编码的一种简单可行的方法。游程长度编码方法,数据多,且有重叠时,可用游程编码压缩数据量。其主要规则是:有相同属性值的邻近像元被合并在一起称为一个游程,游程用一对数字表达;每个游程对中的第一个值表示游程属性值(类别),第二个值表示游程长度,如图 3-12 所示。

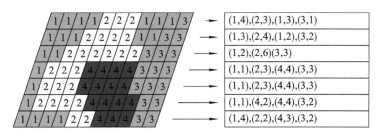

图 3-12　游程编码

一幅 7.5 分标准图幅土壤图的二值扫描文件,以 300dpi 扫描,按逐个像元进行存储,则其数据量可达 8MB 以上。但是,若使用游程编码法,同一文件以 10∶1 压缩率可减小为 0.8 MB 字节。因此,游程编码不仅是一种编码方法,而且可用于压缩栅格数据(Kang-tsung Chang,著,陈健飞等译)。

(三) 其他编码结构

栅格数据编码还有链式编码、块码、四叉树编码等方式。链式编码亦称作弗里曼链码或者边界编码,是一种二分图像边缘编码方法,基于八个邻域的思想,适用于对曲线和边界进行编码。八个基本方向自 0 开始,按顺时针方向代码分别为 0,1,2,3,4,5,6,7。单位矢量的长度默认为一个栅格单元。

块式编码是将游程长度编码扩大到二维的情况,把多边形范围划分成由像元组成的正方形,然后对各个正方形进行编码。块式编码的数据结构由初始位置(行号,列号)、半径和属性,再加上记录单元的代码组成。

四叉树编码方法是指将一幅栅格地图或图像等分为四部分,逐块检查其格网属性值。如果某个子区的所有格网值都具有相同的值,则这个子区就不再继续分割,否则还需按该子区再分割成四个子区,这样依次地分割,直至每个子区都具有相同的属性值或灰度为止。采用四叉树编码时,为了保证四叉树分解能不断地进行下去,要求图像必须为 $2^n \times 2^n$ 的栅格阵列,对于非标准尺寸的图像需首先通过增加背景的方法将图像扩充为 $2^n \times 2^n$ 的图像。

四叉树结构按其编码的方法不同分为常规四叉树和线性四叉树。常规四叉树,除了记录叶节点之外,还要记录中间节/结点(非叶节点)。节点之间借助指针联系,每个节点需要用六个量表达,即四个叶节点指针,一个父节点指针和一个结点的属性或灰度值。这些指针不仅增加了数据贮存量,而且增加了操作的复杂性。常规四叉树主要应用于数据的索引和图幅的索引,为了减少编码时间,在数据压缩和 GIS 数据结构中通常采用自下而上生成的线性四叉树。线性四叉树,只存贮最后叶结点的信息,包括叶结点的位置、深度和本结点的属性或灰度值。所谓深度是指处于四叉树的第几层上。由深度可推知子区的大小。线性四叉树叶结点的编号需要遵循一定的规则,这种编号称为地址码,它隐含了叶结点的位置和深度信息。

对数据的压缩编码是以增加运算时间为代价的。直接栅格编码简单明了,可直观地反映栅格图像数据,但数据冗余太大;游程压缩编码在很大程度上压缩数据,也可较大限度地保留原始栅格结构,而且编码解码容易。链式编码的压缩效率较高,已接近矢量结构,对边界的运算比较方便,但不具备区域的性质,区域运算较困难。四叉树编码有区域性质,压缩效率比较高,可进行大量的图形图像运算,且效率较高,使用日益广泛。

三、栅格数据的获取

(一)通过遥感影像获取

通过遥感手段获取的数字图像,从概念上讲,就是一种栅格数据。它是遥感传感器(卫星、航天飞机、无人机等)在某个特定的时间、对某一地区地面景象的辐射和反射能量进行扫描抽样,并按不同的光谱段分光并量化后,以数字形式记录下来的像素亮度值序列。遥感数据已成为GIS重要的数据元,是栅格数据获取的主要方式之一。

(二)由图像、图片扫描而来

利用扫描仪,可以把光学模拟图像(如一张像片或底片)或图件(如手工制图原稿或现有地图)提供的资料转换为栅格数据。扫描可以提供黑白栅格数据及彩色栅格数据。

(三)由矢量数据转换而来

栅格数据也可以通过计算机,由矢量数据转换而来。GIS软件提供了矢量数据与栅格数据相互转换的功能,尤其是在空间分析中,许多基于栅格数据的分析需由矢量数据转换而来。

(四)由平面上行距、列距固定的点内插或抽样而来

假定图3-13是地形图的一部分,如果我们在它的上面覆盖上行距、列距固定的矩形网格,并将每个网格线交点处的高程值通过内插读出来,按不同的高程值逐行逐列进行编码,就能得到一个栅格阵列数据。

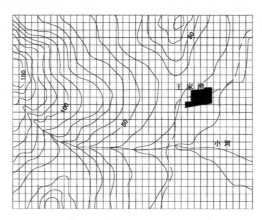

图3-13 内插法获取栅格数据

四、栅格像元属性的决定方式

在栅格数据中,通常一个栅格像元用一种属性表示,但是当栅格数据分辨率低或属性所表示的空间现象很细微时,常出现一个栅格像元同时具有多个属性的现象,这时需要对栅格

像元进行属性取值判断。对于遥感影像而言,栅格图像中的混合像元(一个像元内存在不同类型的地物,主要出现在地物的交界处。)是影响分类识别精度的主要因素之一,特别是对线状地物和细小地物的分类识别影响较为突出。如何通过一定方法找出组成混合像元的各种典型事物的比例是目前遥感应用研究的热点与难点。在矢量数据转为栅格数据时,如何对栅格像元进行赋值也是十分重要的。矢量数据转为栅格数据,像元的取值方法主要有以下几种。

（一）中心点法

该方法主要用于将矢量多边形转换成栅格数据的过程。每一栅格像元的值由占据该像元中心的特征值决定。该方法可以用于离散的或连续的数据,但尤其适用于连续数据的编码,如高程、噪声、污染等数据。由于像元中心点相对于各要素而言具有随机性,所以各种类型的多边形的面积误差都不会很大(见图3-14)。

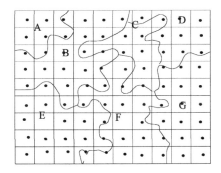

图 3-14 中心点取值法

（二）长度占优法

每个栅格单元的值,根据栅格中线(水平或垂直的)在不同面域中的最长部分对应的面域特征值来确定(见图3-15)。

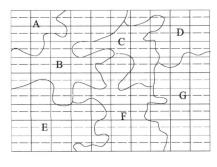

图 3-15 长度占优法

（三）主要类型法

若某一特征值是该栅格像元内的主要类型,则把该值赋给这个像元。若是点要素,则按其出现次数最多的类型作为其属性;对线而言,则按长度最长的那条(类)线的属性取值;若是多边形,按面积最大的那个(类)多边形属性取值。此种方法对于次数出现较多的点、长度较长的线以及大图斑而言会出现正误差;对于出现次数较少的点、长度较短的线以及小图斑(如土地利用类型中的农村居民点)而言会出现负误差。主要类型法一般用于以下两种情况:一是数据是离散的或不连续的数据(如土地利用、植被分布、土壤)时;二是当需要表现某一区域的主要特征时。图3-16表示了面积占优法栅格像元的赋值结果。

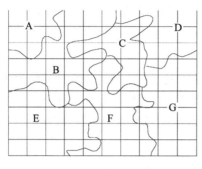

图3-16 主要类型法(面积占优法)赋值

(四)重要性法

根据栅格像元内不同特征值的重要性,选取最重要的特征值作为该栅格像元的属性值。重要性法常用于具有特殊意义而面积较小的地理要素。如在评估濒危物种研究中,只要一种濒危物种(动物)曾经被记录在一个像元中,无论该物种在该格网像元占据的比例为多少,此像元都会被编码为"出现"。又如一个像元覆盖了地面上的森林、牧场和水域,虽然牧场的比例不是最大,但如果牧场认为最重要,那么这个像元就要被编码为牧场。

(五)比例分成法

根据栅格像元内不同特征值所占面积的比例(百分比、万分比)来确定该像元的属性值。与前述几种方法相比,该方法最大的不同在于每种类型的要素需要单独生成一个栅格数据,各栅格数据中每一个像元的值源于该类型要素在本像元中所占的面积比例。由于该方法无面积信息损失,常用于对面积等属性精度要求较高的情况。如图3-17所示,存在A、B、C三个类型的多边形,因此转换时分别生成A、B、C三个栅格数据,各数据中同一位置的像元值为该类型的面积比例(35,45,20)。

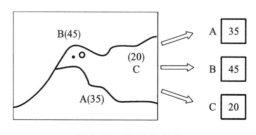

图3-17 比例分成法

五、栅格数据与矢量数据比较

矢量数据和栅格数据是GIS中两种主要的数据模型。它们具有不同的特征,矢量数据适合描述实体的离散现象,栅格数据则适合描述连续现象。二者的主要区别见表 3-4(陈述彭等,1999)。

表 3-4 矢量数据与栅格数据比较

比 较 内 容	矢 量 数 据	栅 格 数 据
数据结构	复杂	简单
数据量	小	大
图形精度	高	低
图形运算	复杂	简单
与遥感影像格式匹配性	不一致	一致
输出表示	抽象、昂贵	直观、便宜
数据共享	不易实现	容易实现
拓扑与网络分析	容易实现	不易实现
叠加与组合	不容易	容易
技术	复杂、高费用	简单、低费用
数字模拟	不方便	方便
投影变换	快	慢
适合实体特征	离散现象	连续现象
出图质量	优,分辨率高	差,分辨率较低

栅格数据与矢量数据均有不同的优势,在实际应用中,应根据应用目的、数据精度、GIS 软件及硬件配置等情况,进行合理选择。如在旅游网络分析、旅游规划选址应用中通常采用矢量数据。在与遥感数据集成及进行空间模拟计算等应用中,一般采用栅格数据。

第四节 矢量数据与栅格数据转换

一、矢量化

矢量化是指将栅格数据转换成矢量数据的过程。矢量化通常要经过扫描、图像处理、地理配准、数据分层、矢量化等几个步骤。

(一) ArcScan 矢量化

在 ArcMap 中,自动矢量化 ArcScan 需在扩展模块 Tools-extension 中激活,即勾选。使用 ArcScan 模块时,栅格图像必须符号化成二值(bi-level)的图像,例如黑白两色。ArcScan 进行矢量化有两种方式:一种是交互式的矢量化(raster tracing),一种是自动即批处理方式的矢量化。跟踪矢量化的步骤如下。

(1) 将扫描的待矢量化的图形输入计算机(灰度图像)。

(2) 确定分层方案,生成新的 Shapefile(或 Geodatabase)点文件或线文件。

(3) 打开 ArcMap,加入扫描的图像文件及生成的点、线文件。

(4) 打开 Editior 工具条,启动编辑,将点图层设为编辑对象,并点击工具条上的草图工具 ,对图上的点要素进行矢量化。

(5) 打开 ArcScan 工具条(见图 3-18)。

图 3-18　ArcScan 工具条

(6) 对图像进行预处理:ArcScan 工具条,点击 Raster Cleanup(栅格清理),在其下拉菜单中选择 Start Cleanup(开始清理),并再次点击该菜单上的 Raster Painting Toolbar(栅格绘画工具条),打开 Raster Painting(栅格绘画)对图像进行预处理(如消除噪声、连接断线等)。

(7) 矢量化环境设置:点击 ArcScan 工具条上 Vectorization(矢量化),点击 Vectorization Setting(矢量化设置),进行矢量化设置。

(8) 矢量化预览:Vectorization—Show preview(预览),再次点击则取消预览。

(9) 将现图层设为编辑对象,分别按以下方式对线要素进行矢量化,并比较各种方式之间的差异。①直接利用编辑器工具条上的 Sketch Tool(草图工具)进行屏幕矢量化。②全自动矢量化:ArcScan—Vectorization—Generate Features(生成要素)。③跟踪矢量化:ArcScan—Vectorization Trace(矢量化追踪) 。④在选择的区域内进行矢量化:ArcScan—Generate Features Inside Area 。⑤两点之间的矢量化:ArcScan—Generate Features Between Points 。⑥对选定的对象进行矢量化:Cell Selection 。

(10) 保存矢量化后得到的数据:点击编辑器工具条上的保存工具。

(11) 在 ArcCatalog 中,浏览矢量化后产生的数据。

(二) 手动矢量化

手动矢量化精度高,制图精确,虽然工作量较大,但仍是目前主要的矢量化方法。

1. 扫描

扫描是矢量化的第一步,它将纸质地图转换为计算机可以识别的数字形式,扫描分辨率一般采用 300dpi 或更高的分辨率。配置好扫描仪和计算机的连接之后就可以扫描图纸了,扫描的结果文件可以保存为 tiff、jpeg 或 bmp 等常用图像格式,并且图像底边尽量保持水平。

2. 图像预处理

图像预处理主要包括几何校正和投影变换。

几何校正:由于受地图介质及存放条件等因素的影响,地图的纸张容易发生变形,或者遥感影像本身就存在着几何变形,通过几何校正可以在一定程度上改善数据质量。几何校正最常用的方法是仿射变换法(属于一阶多项式变换),可以在 X 轴和 Y 轴进行不同比例的缩放,同时进行旋转和平移。仿射变换的特性是:直线变换后仍为直线,平行线变换后仍为平行线,不同方向上的长度比发生变化。

投影变换是将数据源转变为统一的地图投影,主要方法有正解变换、反解变换、数值变幻。正解变换:通过建立严密的或近似的解析关系式,直接将数据由一种投影的坐标(x,y)变换到另一种投影的坐标(x,y)。反解变换:由一种投影的坐标反解出其他地理坐标,然后将地理坐标代入另一种投影的坐标公式中,从而实现由一种投影的坐标到另一种投影的坐标转换。数值变换:采用插值法、有限差分法、最小二乘法、待定系数法等,实现由一种投影到另一种投影的变换。数值变换是常用的投影变换方法,如三参数法和七参数法。

3. 地理配准

扫描得到地图数据通常不包含空间参考信息,航片和卫片的位置精度也往往较低,这就需要通过具有较高位置精度的控制点将这些数据匹配到用户指定的地理坐标系中,这个过程称为地理配准。即通过建立数学函数将栅格数据集(扫描后的图像)中的各点的位置与标准空间参考中的已知坐标点的位置相连接,从而确定图像中任一点的地理坐标。地理配准中控制点的选择要遵循以下原则。

(1) 变换公式是 n 次多项式,则控制点的个数最少为 $(n+1)(n+2)/2$。

(2) 应选取图像上易分辨且较细密的特征点。

(3) 特征变化的区域应多选点。

(4) 图像边缘处要尽量选点。

(5) 要尽可能满幅、均匀地选点。

4. 数据分层

数据分层是当前 GIS 软件处理空间数据最基本的策略,数据分层过程中一般应遵循以下原则。

(1) 不同类别的要素分布在不同的图层,如河流、桥梁、公路、居民地等。

(2) 不同几何形状的要素分布在不同的图层,如图行政区域面状地图、旅游景点点状地物等。

(3) 同种性质、不同类别的地物分布在不同图层,如同为交通线,铁路和公路需要分层设置;自然旅游资源与人文旅游资源需要分层存放。同种类型,不同级别的地物需要放在同一图层,如五级旅游资源、四级旅游资源、三级旅游资源等,可以置于同一图层中,通过子类(属性)来加以区分。

(4) 不同时间段的数据分布在不同的图层上。

此外,不同比例尺的地图中地物的几何类别可能不同,如在小比例尺的行政区图中,学校是一个点,而在大比例尺图中,学校则可能为面。在分层时,要充分考虑地图比例尺对地物表现形式的影响来选择点、线、面类别,避免将点状地物误当作面状地物数字化使矢量化工作变得繁琐。

矢量化工作开始前,就应该制定详细的分层方案。一般的,矢量化过程中可以划分较多的图层,以便对某一类地物的属性统一赋值,需要时可以对图层进行合并。

5. 图形数据追踪

图形数据追踪分为点图层、线图层、面图层矢量化,一般面图层矢量化需要由线生成面。

点图层矢量化较简单,只需将底图上的点放大到合适的大小,然后在其中处定位即可。

线的矢量化需要将线条放大到合适的宽度,按栅格图像中线条的整体走势进行矢量化,而且尽量使线条平滑,矢量化过程中通常会用到捕捉工具来捕捉结点。

面的矢量化,需要用线生成面,ArcMap 中用 features to polygon 来完成。

6. 属性录入

属性数据主要由键盘输入或属性表连接完成,在属性表中通过添加字段,输入不同格式的属性数据,如短整型、长整型、双精度、文本型等。通常是空间数据与属性数据同时录入,即完成一个图层,就应建立其对应的属性数据库。

二、矢量数据转为栅格数据

在空间叠加与计算中,栅格数据有很大的优势。有时,需要将矢量数据转换为栅格数据。ArcMap 软件中,矢量数据转为栅格数据的命令在工具箱中,点击转换工具,再点击转为栅格就可以出现对话框。如将省会城市转为栅格,对话框设置如图 3-19 所示。

图 3-19 矢量数据转栅格数据对话框

转变之后,栅格效果如图 3-20 所示。

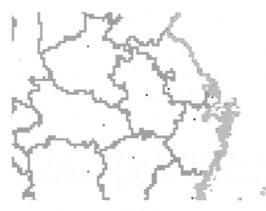

图 3-20 矢量数据转为栅格数据

本章案例

栅格数据压缩

栅格数据一般需要相当多的存储空间。平均文件大小为：30 m 的 DEM 为 1.1 MB，10 m 的 DEM 为 9.9 MB，7.5 分的数字栅格图（DRG）需要 5 MB；以黑白显示 1/4 幅的 3.75 分数字正射图像（DOQ）则需要 45MB。一幅未压缩的标准七波段 TM 图像需要大约 200 MB 的存储空间（Sanchezhe Canton, 1999）。而高分辨率卫星图像要求的存储空间会更多。

数据压缩指数据量的减少，这对数据传递和网络制图尤其重要。目前有多种技术可以用于图像压缩。压缩技术又可以分为无损压缩和有损压缩。无损压缩（lossless compression）方法保留像元或者像素值，允许原始栅格或者图像被精确重构。因此，无损压缩是可取的栅格数据，它用来分析或产生新的数据。游程编码方法（RLE）就是无损压缩的一个实例。其他方法包括 PackBits（是一种更为有效的游程编码方法的变体）、LZW（Lempel-Ziv-Welch）和它的变体（如 LZ77）。TIFF 格式是可以提供用于图像压缩的 PackBits 和 LZW。

有损压缩方法虽不能完全重构原始图像，但是可以达到很高的压缩率。因此，有损压缩在栅格数据中非常有用，它用于背景图像而不是分析。常用的 JPEG 格式使用的就是有损压缩方法。该法将图像分解成大小为 64（8×8）的斑块，然后对各个斑块进行独立处理。各个斑块中的颜色被代换并简化，以减少数据编码量。这种基于斑块的处理过程到出现块状（blocky）现象。通过有损压缩方法的图像退化可能影响 GIS 相关的任务，例如从航空相片或卫星图像中提取用作地理坐标参照的地面控制点。

新的图像压缩技术结合了有损压缩和无损压缩。例如由 LizardTech 公司授予的 MrSID（多分辨率无缝图像数据库）技术。多分辨率意味着 MrSID 有以不同分辨率或比例尺恢复图像数据的能力。无缝意味着 MrSID 可压缩大图像（数字正射图像和卫星图像），并可在压缩过程中消除人为方块辩解。很多 GIS 软件可以读取 MrSID。

MrSID 使用小波变换进行数据压缩。流行的开放格式的更新版本 JPEG 2000，也是用小波变换。因此，小波变换被认为是用于图像压缩的最新选择。小波变换将一幅图像看作一个波，并且逐渐将该波分解为更简单的小波。该变换使用小波（数学的）函数不断重复地求取临近像元组（如 2、4、6、8 或者更多）的平均值，同时记录原始像元值与平均值之间的差异。这里所指的差异也成小波系数，可以等于 0、大于 0 或者小于 0。在一幅图像中仅有少数变异的部分，其大多数像元的系数为 0，或者非常接近 0。为了节省存储空间，图像中的这些部分通过把较低系数四舍五入为 0，从而以较低分辨率将其进行存储。但是，同一幅图像中具有明显变化的部分则需要高分辨率的存储空间。

MrSID 和 JPEG 2000 都可以执行无损或者有损压缩。无损压缩方式保存小波系数并使用他们对原始图像进行重构。另一方面,有损压缩方式仅仅存储平均值和那些未四舍五入为 0 的系数。行业报道表明,JPEG 2000 压缩率达到 20∶1 时,没有图像质量上的可察觉差异(即视觉无损)。如果 JPEG 2000 压缩率为 10∶1 或低于 10∶1,那么它将有可能从航空相片或卫星图像中提取地面控制点用于地理坐标参照。

(案例来源:Kang-tsung Chang.地理信息系统导论[M].陈健飞,等,译.北京:电子工业出版社,2014.)

思考题

1. 空间实体有哪些类型?其表达形式有哪些?
2. 什么是矢量数据?其表达实体的方式是什么?
3. 矢量数据结构有哪些?
4. 什么是拓扑属性?拓扑数据结构有什么优点?
5. TIN 数据及其常用的狄洛尼算法是什么?
6. 栅格数据的表达方式是什么?
7. 如何认识栅格数据的精度?
8. 简述栅格数据游程编码方法和四叉树编码方法。
9. 栅格数据与矢量数据的优缺点有哪些?
10. 矢量化的一般步骤是什么?

第四章

空间数据的管理

内容提要

空间数据是 GIS 的操作对象。本章首先介绍了空间数据的输入与编辑,包括图形数据和属性数据的输入和编辑、拓扑查询与拓扑编辑等;其次介绍了空间数据的转换,并以 ArcGIS 软件为例,讲解了数据裁剪与拼接。最后,讲解了空间数据查询的方法与类型,以 ArcGIS 为工具,介绍了空间查询的多种方法。

学习目的

1. 了解空间数据的输入方法与流程,包括空间图形数据和属性数据。
2. 掌握空间数据编辑的方法、拓扑创建与编辑。
3. 掌握空间数据处理的方法,包括数据转换、拼接与裁剪。
4. 基于 ArcGIS 软件,掌握空间数据的查询方法。

第一节 空间数据的输入

空间数据的输入是指将系统外部的原始数据传输给系统内部,并将这些数据从外部格式转换为便于系统处理的内部格式的过程。旅游地理信息系统需要多种数据源,如专题地图、地形图、遥感数据等,对不同形式、不同来源的数据,可以采用不同的方式进行输入。

一、图形数据的输入

图形数据主要来自各种纸质地图以及影像数据等。如何有效地将这些数据输入系统是 TGIS 面临的首要任务,同时,数据输入又是十分琐碎、费事、代价昂贵的。图形数据的输入实际上是将图形转换成系统所能识别和处理的数字,然后在输入的基础上进行矢量化。常用的数字化方法有手扶跟踪矢量化和扫描跟踪矢量化两种。

（一）手扶跟踪矢量化

手扶跟踪数字化仪是用来记录和跟踪图形中点、线位置的手工数字化设备，主要由电磁感应板、游标和相应的电子电路组成。根据其采集数据的方式分为机械式、超声波式和全电子式三种，其中，全电子式数字化仪精度最高，应用最广。

如图4-1所示，游标中装有一个线圈，当使用者在电磁感应板上移动游标到图件的指定位置，并将十字叉丝的交点对准数字化仪的点位，拖动相应的按钮时，线圈中就会产生交流信号，十字叉丝的中心便会产生一个电磁场，当游标在电磁感应板上运动时，板下的印刷线上就会产生感应电流。印制板周围的多路开关等线路可以检测出最大信号的位置，即十字叉丝中心所在的位置，从而得到该点的物理坐标值，最后根据定向参数进一步转换成实际的地图坐标。

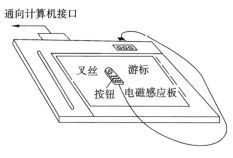

图4-1 手扶跟踪数字化仪

数字化作业时，把待数字化的图件固定在电磁感应板上，连接数字化仪与计算机，配置好通信参数之后即可进行数字化。首先，在数字化地图区域之外的三个角分别选取三个参考点，用以确定数字化文件相对于数字化板的位置；其次，选择几个控制点并将其数字化，以便确定从平面坐标到输入地图的投影坐标的转换参数；最后，分别对点、线、面要素进行采集。在点模式下，地图上各个孤立的点的位置通过将光标定位于点位置上，并按下游标上相关按钮予以记录。在线采集时，直线段通过数字化线段的两个端点来记录，曲线采集则是通过对于组成它的一系列折线的数字化来记录。需要注意的是，在线的弯曲或拐点处，应增加采点的数量，以保证数据录入的精度。由于面是由线要素构成，因此，对于面要素的采集，其方式和线要素相同。

（二）扫描跟踪矢量化

目前地图数字化一般采用扫描跟踪矢量化的方法。扫描跟踪矢量化是指在对地图扫描处理后，将栅格数据转为矢量数据的过程，其操作步骤见第三章第四节，这种方式也是旅游规划制图、旅游研究最常用的方式。常用的矢量化方法有以下几种。

1. 屏幕鼠标跟踪矢量化

这是一种纯手工方法的矢量化。首先，在计算机上显示扫描图像，利用图像的放大、缩小等工具，显示待数字化的要素；其次，加载该要素的图层，并将其设置为可编辑状态；最后，以底图为背景，对要素直接进行矢量化。对点要素，使用鼠标直接对点进行逐个采集；对线要素,使用鼠标沿线划的位置和特征逐一取点,生成该线的矢量坐标串。该矢量化方法与手扶跟踪数字化类似,只不过是将图形从手扶跟踪数字化仪上搬到了计算机屏幕上。该方法操作简单,不需要依靠专门的矢量化工具或软件,但矢量化速度慢,效率低,工作强度大。

2. 软件自动矢量化

软件自动矢量化具有无须细化处理、处理速度快、不会出现细化过程中常有的毛刺现象、矢量化的精度高等特点。全自动矢量化对于那些图面比较整洁、线条比较分明、干扰因素比较少的图,跟踪出来的效果比较好,但是对于那些干扰因素比较大的图件(如注释、标记等特别多的图件)效果较差。全自动矢量化一般用于以下两种情况:一是精度要求不高,比例尺相对较小,所需的数据仅用作背景数据;二是数据已经分层清绘,图面整洁。一般来说,分层清绘后采用全自动矢量化往往是效率最高的矢量化方法。

3. 交互式矢量化

该方法也称为人工导向自动识别跟踪矢量化。矢量化跟踪的基本思想就是沿着栅格数据线的中央进行跟踪,将其转换为矢量线数据,屏幕上即显示出追踪的踪迹。每跟踪一段遇到交叉地方就会停下来,让用户选择下一步跟踪的方向和路径。当一条线跟踪完毕后,即可以终止矢量化,此时可以开始下一条线的跟踪。

4. 其他矢量化方法

有时并不需要对一幅图件完全矢量化,只需要对感兴趣的某一区域或某一要素进行矢量化,因此,某些矢量化工具还提供了对选定的区域和对选定的对象进行矢量化的方式。例如,要对地形图上某一水库进行研究,只需选择水库的边线进行矢量化,无需对图中的等高线进行矢量化;又如,在研究某一流域时,只需将流域内的要素进行矢量化,无需对整个图像中的要素进行矢量化。当选定区域或选定对象后,一般是通过全自动矢量化的方法来进行。

通过手扶跟踪矢量化采集的数据量小,数据结构简单,一般适用于小规模数据的采集。但由于该方法的速度慢,精度低,工作量大,自动化程度低,且精度易受控制点的数量和精度、操作者的技术认真程度、原始地图的质量等诸多因素的影响,所以目前已很少使用。扫描跟踪矢量化输入速度相对较快,可大大减轻人工劳动强度,提高工作效率,适用于数据量化、数据类型单一的情况。随着扫描仪用途的日益广泛和技术的日趋成熟,扫描跟踪矢量化将是空间数据采集输入的主要手段,也是旅游地理信息系统所采用的主要手段。

(三)其他的图形数据输入方法

GIS 中输入的空间数据除了来源于已有图形(如地图)外,还可以通过全站仪进行数字化野外测量直接采集、通过 GPS 等空间定位测量获取、通过数字化摄影测量系统或通过遥感图像处理系统生成。由于这些方式产生的数据源往往是电子形式的,因此可以通过格式转换工具等直接输入 GIS 中。

二、属性数据的输入

(一)属性数据类型

属性数据又称为语义数据、非几何数据,是描述旅游空间实体属性特征的数据,包括定

性数据和定量数据。定性数据用来描述要素的分类或对要素进行标名,如旅游景区等级分类,是世界级(世界遗产地、世界地质公园、世界人与生物圈保护地等)、国家级(国家风景名胜区、国家文物保护单位、国家级地质公园等)、省级(森林公园、地质公园等);国家 AAAAA 级景区、AAAA 级景区、AAA 级景区等。定量数据是说明要素的性质、特征和强度的,如旅游区与主要城镇的距离、景区面积、旅游收入、旅游接待人数以及高程等。属性数据有时直接记录在栅格或矢量数据文件中,有时则单独输入数据库存储为属性文件,通过关键码与图形数据相联系。属性数据的输入主要通过键盘直接输入,有时也可以借助于字符识别软件或编制程序进行输入。

(二) 属性数据的输入

属性数据的输入主要有两种方式:一种是对照图形直接输入;另一种是预先建立属性表输入属性或从其他统计数据库中导入属性,然后根据关键字与图形数据自动连接。

不同的 GIS 软件,属性数据的输入方法略有不同。ArcGIS 中属性数据输入主要有以下四种。

1. 逐要素输入法

逐要素输入法是对某一属性,逐一对要素输入其属性值。这种方法主要适用于数据量较小或数据无规律的情况,采用键盘输入,费时费力,效率较低且容易出错。例如,行政区划代码的输入,由于各个地区的行政代码是不一样的,对这些属性项的录入,必须逐要素进行。在 ArcGIS 中,首先在属性表(Attribute Table)中添加字段(Add Field),然后启动编辑,通过直接在属性表中逐一输入或在所选要素的属性对话框中输入的方式来实现。

2. 计算法

计算法是通过对所有要素或所选定要素采用相同的方法进行计算而获得属性值。例如,要为某一空间数据(如各区县)输入地区人均旅游收入时,若属性表中已有人口数量和地区旅游总收入两个字段,则人均旅游收入字段中的值可以通过这两个字段的计算而取得。在 ArcGIS 中,该输入方法可以通过字段计算器(Field Calculator)来实现。

3. 条件输入法

条件输入法只对满足某些条件的要素输入属性值,主要是通过 SQL 查询语句或其他方式检索到符合条件的要素,然后通过键盘输入或计算的方法而获得属性值。例如,在土地利用现状图上要将地类代码为 1110 的灌溉水田规划为一般农田(代码设为 1),那么首先数据表中检索到地类代码为 1110 的灌溉水田,然后在其规划代码中输入属性值为 1。

在 ArcGIS 中空间数据检索的实现过程可以通过打开属性表(Select by Attributes)来实现。此外,还可以利用字段计算器中的高级选项功能,通过编写 If 或 Select Case 等条件语句来实现相应属性的输入。

4. 外部表格连接法

外部表格连接法是通过公共字段,将外部表格(如 INFO 表、dBASE 表、Excel 表)的数据连接到属性表中的一种属性数据输入方法。通常情况下,空间数据的属性表中往往只有一些关键字段,如代码、名称等,而要素的其他属性数据则保存在外部表格之中。例如,各地统计年鉴中记录了所辖各行政单位的几十、上百项统计数据,这些数据往往保存在 Excel 表中,要将这些数据输入至行政区划多边形数据的属性表中,采用前面的输入方法是很难实现的,因此必须通过公共字段、采用外部表格连接的方法进行输入。公共字段(如要素的代码)是判断连接关系的基础,公共字段的名称可以不同,其内容可以是一一对应的关系,也可以是多对一的关系。

除了以上常用的输入方法外,对批量数据、多个字段中的属性数据的输入,往往需要通过空间图解建模或脚本语言来实现。

第二节 空间数据的编辑

在空间数据的输入过程中,无论是图形数据还是属性数据,都不可避免地存在错误或者不完善的地方。为了得到满足用户条件要求的数据,在这些数据录入数据库之前或进行空间分析之前,必须对其进行编辑和处理。空间数据编辑即是对空间数据进行处理、修改和维护的过程。

一、图形数据的编辑

图形编辑是纠正数据采集中出现的各种空间位置错误的重要手段,包括图形位置编辑及图形间关系的编辑,其基本的功能要求:①具有友好的人机界面,即操作灵活、易于理解、响应迅速等;②具有几何数据和属性数据的修改功能,如点、线、面的增加、修改、删除等;③具有分层显示和窗口功能,便于用户的使用。

常见的空间数据图形问题主要有以下几种(见图 4-2)。

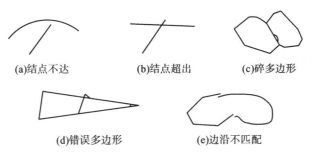

(a)结点不达　　(b)结点超出　　(c)碎多边形

(d)错误多边形　　(e)边沿不匹配

图 4-2　常见的数字化错误

(一)结点不达或结点超出(Undershoot/Overshoot)

结点不达是在线的端点和结点之间存在间隙,结点超出是线的端点超过结点,在端点附近产生多余的小弧段。结点不达或超出是图形数字化过程中最容易产生的问题,它会直接影响多边形的生成或网络中的连接。

(二)碎多边形(Sliver Polygon)

它是形成于两个多边形之间、面积非常细小、数量较多的多边形,它主要是由于多边形的邻接关系处理不当导致的(如重复数字化、叠加不准确等)。

（三）错误多边形（Erroneous Polygon）

它在结点附近形成，并经常显得很小且难以识别，主要是由于错误数字化所致（如自相交）。

（四）边沿不匹配（Edge Matching Problem）

即逻辑上原本是一条弧段但被分成了两部分，且两部分的端点不连接。它主要形成于相邻图幅之间或相邻区域之间（如乡镇）。

对于上述问题的修改，GIS 软件大多提供了图形编辑功能，可以通过删除（目标、属性等）、修改（平移、拷贝、剪切、延长、分解、合并）、插入等方法进行处理。另外，一些 GIS 软件（如 ArcGIS）还提供了自动纠错功能，可以通过设置合适的容差，改正结点不达或超出、碎多边形以及边沿不匹配等问题。具体来讲，所有图形的修改，首先需要启动编辑，使数据处于可编辑状态，然后对不同的问题采用不同的编辑方法。对结点不达或超出，可以在捕捉状态下，对结点进行移动或删除，也可以采用延长或剪切弧段的方式进行修改。对于拓扑数据结构，还可以通过 Clean 工具，合理设置悬挂弧段及模糊容差以自动处理。对碎多边形及错误多边形，可以采取剪切、删除或连接弧段的方式来处理，也可以采用 Clean 工具自动处理。此外，在生成多边形之后，利用其面积很小的特点，将碎多边形和错误多边形查找出来，再通过 Merge 或 Eliminate 等工具进行处理。但更重要的是，在矢量化过程中，要避免公共边重复输入，对边缘不匹配的情况，一般通过移动结点的办法来解决。

在 ArcGIS 中，进行图形数据的编辑一般需要以下过程：第一，在 ArcMap 中加载需要编辑的数据；第二，打开"编辑"工具条；第三，点击开始编辑，使数据处于可编辑状态，必要时还需要设置捕捉参数；第四，执行数据编辑；第五，保存数据并停止编辑。其基本的编辑任务除了以上所述之外，还包括要素的复制、要素的合并、要素的分割、要素的延长与裁剪、要素的变形与缩放、结点编辑等。

二、属性数据的编辑

属性数据中主要存在两类问题：一是属性要素与地理要素不关联；二是属性数据不准确。前者主要是指属性数据所描述的地理要素并不是其标识码所代表的要素，这种问题往往具有群发性的特点，即不是一个错误出现，而是大量的同样错误同时存在。后者主要是指某项属性不能准确反映要素的真实情况。前者产生的原因主要是数据输入过程中存在"跳行"等问题。例如，将上一个要素的属性数据输入给了下一个要素。后者产生的原因更多，有的是因为要素的属性发生改变需要修改，例如，一块耕地变为林地，需要将土地类型代码及名称等属性数据进行修改；有的是由于本身输入错误，例如，将耕地输成林地、将道路的宽度输为 10000 m（超出取值范围）；还有的是因为遗漏造成属性数据缺失（空值）。

属性数据编辑处理的一般过程为：首先使数据处于可编辑状态，在图形上选定编辑对象，打开属性表，找出要修改的属性字段，然后输入正确的属性（或直接在属性表中找到需要修改的地方进行编辑），保存后关闭属性表。属性数据编辑的具体方法，可根据问题的来源或状况，参照属性数据的输入方法进行修改和编辑。对属性字段较多、数据量大（相同结构的多个数据）的空间数据，属性表中存在的问题难于查找，采用常规方法编辑很困难，可以采用建模工具或脚本来检验属性错误并修改。

广义的属性编辑还包括对属性字段的添加和删除、属性数据的输入、属性表的关联与连接、属性表的导出、属性数据的复制等。

三、拓扑创建与编辑

在地理信息系统中,地理数据库支持对不同要素类型的地理问题进行建模,也支持不同类型的主要地理关系。拓扑实际上就是一个规则和关系的集合,结合编辑工具支持地理数据库精确模拟现实世界的几何关系。

拓扑关系是对空间数据进行查询和分析的重要基础,因此,空间数据编辑的另一重要任务就是通过建立拓扑关系,查找拓扑错误并进行修改。在创建拓扑关系后,拓扑关联要素之间就具有共享边或共享点。在进行数据更新时,还需要进行拓扑编辑,以使共享边或共享点的移动或修改不会影响要素之间的相对空间关系。创建拓扑能更真实地表示地理要素,更完美地表达现实世界的地理现象。拓扑管理能清晰地反映实体之间的逻辑结构关系,它比几何数据更具稳定性,不随地图投影的变化而变化。

创建拓扑时,需按照以下约定指定从要素数据集中参与拓扑的要素类。

(1) 一个拓扑可以使用同一要素数据集中的一个或多个要素类。

(2) 一个要素数据集可具有多个拓扑。

(3) 一个要素类只能属于一个拓扑。

(4) 一个要素类不能被一个拓扑和一个几何网络同时占有。

(一) 拓扑参数

拓扑关系中存储了许多参数,如拓扑容差、等级、拓扑规则等。

1. 拓扑容差

拓扑容差是不重合的要素顶点间的最小距离,它定义了顶点间在接近怎样的程度时可以视为同一个顶点。位于拓扑容差范围内的所有顶点被认为是重合的并被捕捉到一起,在实际应用中,拓扑容差一般是一段很小的实际地面距离。

在 ArcGIS 中,拓扑容差可分为 XY 拓扑容差和 Z 拓扑容差。XY 拓扑容差是指当两个要素顶点被判定为不重合时它们之间的最小水平距离;Z 拓扑容差限定高程上的最小差异,或重合顶点间的最小 Z 值。

默认的拓扑容差值是根据数据的准确度和其他一些因素,由系统计算出来的。在大多数情况下,默认拓扑容差是 X、Y 分辨率(定义用于存储坐标的数值精度,又称坐标精度)的 10 倍。用实际单位表示的默认拓扑容差为 0.001 米;如果以英尺为单位记录坐标系,默认值便为 0.003281 英尺;如坐标以经纬度表示,则默认值为 0.0000000556 度。

2. 等级

等级是当要素需要合并时,用来控制哪些要素被合并到其他要素上的参数。

在拓扑中指定要素类等级用来控制在建立拓扑和验证拓扑过程中,当捕捉到重合顶点时哪些要素类将被移动。即不同级别的顶点落入拓扑容差中,低等级的要素顶点将被捕捉到高等级要素的顶点位置上;同一等级的要素落入拓扑容差中,它们将被捕捉到其几何平均位置进行合并。

在拓扑中,最多可以设置 50 个等级,1 为最高等级,50 为最低等级。设立要素等级的原则是,将准确度较高(数据质量较好)的要素类设置为较高的等级,准确度低(数据质量较差)的要素类设置为较低的等级,保证拓扑验证时将准确度较低的数据整合到准确度较高的数据。等级是精度的相对量度,两个要素类在等级上的差异并不相关,即将其等级设置为 1 和 2 与设置为 1 和 3 或 1 和 10 是一样的。

3. 拓扑规则

拓扑规则通过定义拓扑的状态,控制要素之间存在的空间关系。在拓扑定义中的规则可控制一个要素类中各要素之间、不同要素类中各要素之间以及要素子类之间的关系。

例如,"不能重叠"拓扑规则用于控制同一多边形要素类中或线要素类中要素之间的关系。如果两个要素存在重叠,重叠的几何部分会被标识出来并以黑色显示,并在拓扑中存储为错误或异常要素。

(二)创建地图拓扑

ArcGIS 提供了多种定义和创建拓扑的方法,主要是使用 ArcCatalog 窗口或 ArcCatalog 的工具。此外,还可以使用地理处理工具 ArcToolbox 来创建拓扑。

需要注意的是,只有简单要素类才能参与拓扑,注记、尺寸等复杂要素类是不能参与构建拓扑的。

1. 使用 ArcCatalog 创建拓扑

使用 ArcCatalog 创建拓扑的操作步骤如下。

(1)打开 ArcCatalog,创建个人数据库,在个人数据库点击右键创建一个要素数据集,出现如图 4-3 所示的对话框,命名好该要素类,点击下一步。

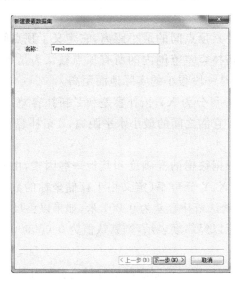

图 4-3　新建要素数据集

(2)选择坐标系统,这里可以直接导入需要建立拓扑的空间数据的坐标系。右击新建好的要素数据集 Topolopy,在弹出菜单中,单击【导入】→【要素类】,找到要建立拓扑的空间数据,然后添加数据(可以添加多组数据),单击【确定】,可以看到数据已经添加好(见图4-4)。

图 4-4　导入要素类

(3) 右击 Topolopy 数据集,在弹出菜单中,单击【新建】→【拓扑】,打开【新建拓扑】对话框(见图 4-5)。

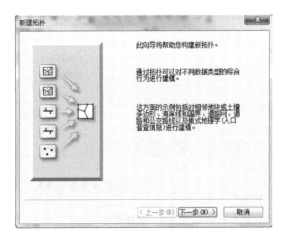

图 4-5　新建拓扑

(4) 浏览创建拓扑的简单介绍后,单击【下一步】按钮,进入如图 4-6 所示的对话框。

(5) 在【输入拓扑名称】文本框中输入拓扑名称,在【输入拓扑容差】下的文本框中输入容差值。默认容差值是 0.001 米或以空间参考单位表示的等效值,单击【下一步】按钮,进入如图 4-7 所示对话框。

(6) 在【选择要参与拓扑中的要素类】列表框中,选择参与拓扑创建的要素类,单击【下一步】按钮,进入如图 4-8 所示的对话框。

(7) 设置参与拓扑的要素类的等级,在【等级】下拉框为每一个要素类设置等级。如果要素类具有 Z 值,单击【Z 属性】按钮,为 Z 设置容差值和等级,单击【下一步】按钮。在打开的对话框中单击【添加规则】按钮,进入【添加规则】对话框(见图 4-9)。

(8) 在【要素类的要素】下拉框中选择参与拓扑的要素类,并在【规则】下拉框中选择相应的拓扑规则,以控制和验证要素共享几何特征的方式,单击【确定】按钮。

(9) 返回上一级对话框,可重复添加规则操作,为参与拓扑的每一个要素类定义一种拓

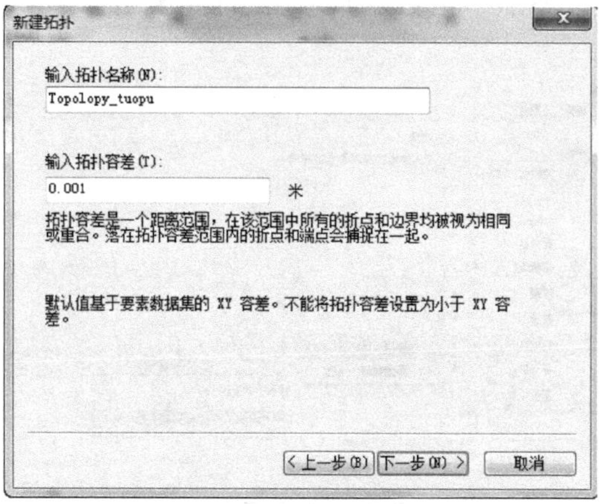

图 4-6 设置新建拓扑

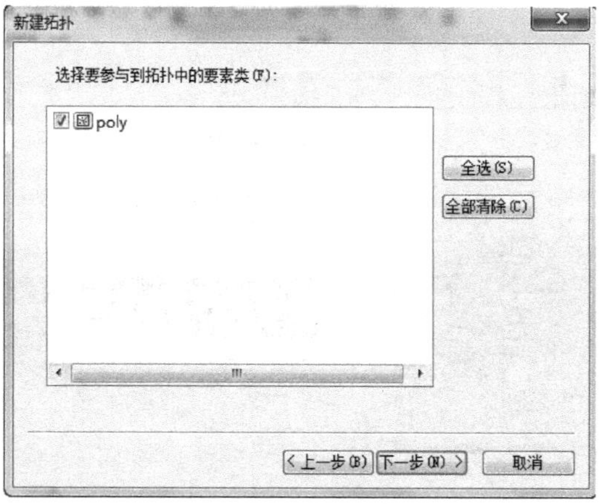

图 4-7 选择拓扑

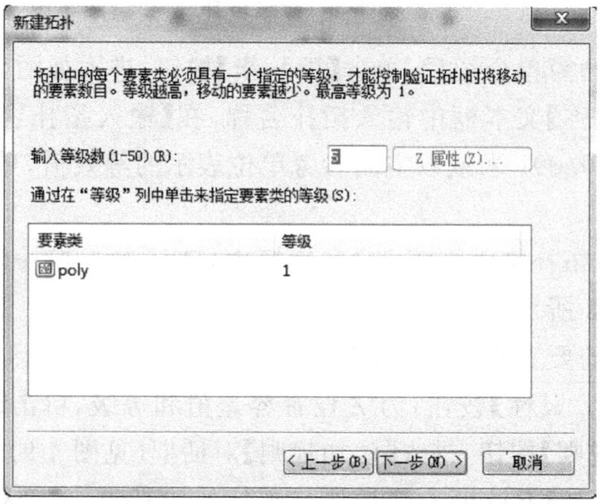

图 4-8 输入等级

第四章
空间数据的管理

图 4-9　添加拓扑规则

扑规则,单击【下一步】按钮,进入如图 4-10 所示的对话框。

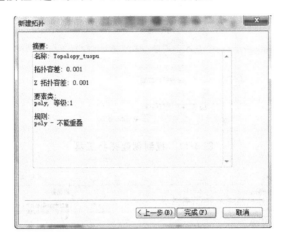

图 4-10　拓扑信息框

(10) 查看【摘要】信息框的反馈意见。如有设置错误,可单击【上一步】按钮重新设置。检查无误后,单击【完成】按钮,弹出【新建拓扑】提示框,提示正在创建新拓扑。

(11) 稍后出现一对话框,询问是否立即进行拓扑验证。单击【否】按钮。可在以后的工作流程中再进行拓扑验证,创建后的拓扑显示在 ArcCatalog 目录树中。

2. 使用 ArcToolbox 创建拓扑

使用 ArcToolbox 创建拓扑的操作步骤如下。

(1) 在 ArcToolbox 中双击【数据管理工具】→【拓扑】→【创建拓扑】,打开【创建拓扑】对话框(见图 4-11、图 4-12)。

(2) 在【输入要素数据集】文本框中输入需要创建拓扑的要素数据集。

(3) 在【输出拓扑】文本框中输入创建的拓扑名称。

(4) 在【拓扑容差(可选)】本文框中输入拓扑容差值。当此文本框为空时,系统采用默认的最小拓扑容差值。

(5) 单击【确定】按钮,完成创建拓扑操作。

图 4-11　找到创建拓扑工具

图 4-12　创建拓扑

3. 使用拓扑工具条创建拓扑

（1）启动 ArcMap，加载需要编辑的空间数据集（Dataset 或 Shapefile）。

（2）在【编辑器】工具条中，单击【编辑器】→【开始编辑按钮】，启动编辑。此时，【拓扑工具条】（见图 4-13）中的按钮被激活。

图 4-13　拓扑工具条

(3) 在【拓扑】工具条中,单击按钮 ,打开【选择拓扑】对话框(见图 4-14)。

图 4-14 选择拓扑

(4) 在【地图拓扑】列表框中选中参与创建地图拓扑的数据。
(5) 在【拓扑容差】文本框中输入拓扑容差值,也可采用系统默认设置。
(6) 单击【确定】按钮,完成地图拓扑的创建。

(三) 拓扑编辑

拓扑编辑与 ArcMap 的要素编辑工具息息相关,在实际操作中可以使用拓扑工具编辑要素,拓扑工具中提供的错误解决方案实际上也是对要素的重新编辑。也可以使用编辑工具条中的编辑工具直接对要素进行编辑以符合拓扑规则。

1. 编辑拓扑中的要素

编辑拓扑中的要素有两种方法,一种是使用拓扑工具中的编辑工具,一种是使用编辑工具条中的编辑工具。需要注意的是,【拓扑】工具条在编辑状态下才能使用,所以在任何拓扑工具可用之前需要先开始编辑。这里介绍使用拓扑工具条中的编辑工具的具体步骤。

(1) 加载【编辑器】工具条,在【编辑器】工具条中,单击【编辑器】→【开始编辑】,发现"拓扑"工具条可用,开始数据编辑。
(2) 单击【拓扑】工具条中的【拓扑编辑工具】按钮,将鼠标移至"poly2"要素位置,单击使该要素高亮显示,而此时编辑器工具条中的【修改边】、【修整边工具】和【显示共享要素】按钮均高亮显示。
(3) 单击【修改边】按钮,弹出【编辑析点】对话框,同时要素目标处于可编辑状态。
(4) 使用【编辑析点】对话框中的工具按钮进行要素形状修改即可(见图 4-15)。

图 4-15 编辑析点工具箱

2. 纠正拓扑错误

在发现了拓扑错误之后,有多种方式可以对其进行修改,拓扑工具条和拓扑快捷菜单中提供了纠正拓扑错误的快捷方案,而这些方案是针对不同的拓扑错误设计的,对于不同的拓扑错误,修改方案也不同。

ArcGIS 中,对具有拓扑关系的数据进行拓扑编辑的主要过程如下。

(1) 打开"编辑器"工具条,单击【编辑器】按钮,在下拉菜单中单击【开始编辑】命令,发现"拓扑"工具条可用,开始数据编辑。

(2) 单击"拓扑"工具条中的【修复拓扑错误工具】按钮,并将鼠标移到错误位置(见图4-16)。

图 4-16　修复拓扑错误工具

(3) 右键单击弹出快捷菜单,选择【合并】命令。

提示:可以右键单击弹出菜单,选择【规则描述】命令,查看拓扑规则,针对拓扑错误,系统会提出不同的解决方案,根据实际需要选择合适的方法。

(4) 弹出【合并】对话框,选择将与错误合并的要素,完成后单击【确定】按钮,违反拓扑规则的问题被解决。

注意:除了使用拓扑工具之外,还可以在【错误检查器】窗口中解决拓扑错误。

(四) 向拓扑中添加新要素

1. 使用 ArcToolbox 向拓扑中添加新的要素类(见图 4-17)

具体的操作步骤如下。

(1) 在 ArcToolbox 中双击【数据管理工具】→【拓扑】→【向拓扑中添加要素类】,打开【添加要素类对话框】。

图 4-17　向拓扑中添加要素类

(2) 在【输入拓扑】文本框中输入要添加的要素类的拓扑。

(3) 在【输出要素类】文本框中输入要添加的要素类。

(4) 在【XY 等级】文本框中输入位置(XY 值)精度的等级。

(5) 在【Z 等级】文本框中输入高程精度的等级。

(6) 单击【确定】按钮,完成向拓扑中添加要素类的操作。

2. 使用拓扑工具条添加新要素

具体的操作步骤如下。

(1) 打开"编辑器"工具条,单击【编辑器】按钮,在下拉菜单中单击【开始编辑】命令,开始数据编辑。

(2) 打开【创建要素】窗口,单击"line1"线状图层,则该图层被设置为要素创建的目标层。

(3) 单击【构造工具】中的圆形工具,鼠标移至地图区域,构造一个圆形线状要素(见图4-18)。

(4) 在【内容列表】窗口中勾选图层"poly2",使其可见,在地图区域内可以看见该图层内有一个多边形面状要素。同时使"line1"可见,可以看见该图层内有一个圆形线状要素。

(5) 在【创建要素】窗口中单击图层"poly2",使该图层成为目标图层(见图4-19)。

(6) 单击"line1"中的线状要素,使其处于被选中状态,单击"拓扑"工具条中的构造面工具,弹出【构造面】对话框,在其中设置【拓扑容差】。

(7) 单击【模板】,弹出【选择要素模板】对话框,可以看到"poly2"被选中。

(8) 点击【确定】,可以看到该图层中新建一个由线状要素构成的面(见图4-20)。

以上通过一个简单的例子,说明了拓扑数据的创建。

图 4-18 构造圆形线状要素

图 4-19 使面状要素成为目标图层　　　　　　图 4-20 新构面

第三节　空间数据的处理

一、空间数据的坐标转换

空间数据的坐标转换是空间数据处理的基本内容之一,其实质是建立两个空间中各点之间的一一对应关系,主要包括几何纠正和投影变换。

（一）几何纠正

几何纠正的变换函数主要有仿射变换、相似性变换、橡皮筋变换、多项式变换等。其中，仿射变换可以使数据在不同的方向上进行不同程度的压缩和扩张；相似性变换往往通过平移、旋转、缩放等方式对图形进行变换，在变换过程中保持图形的形状不发生改变（大小可以改变）。橡皮筋变换也称样条变换，它通过一个样条函数来确定转换前后的空间关系，相当于拉伸一块橡皮，使其通过所有的目标点，并且曲率最小。该方法至少需要10个控制点，其局域精度较高，要提高整体精度，必须增加控制点。多项式变换是通过控制点和最小二乘法来构建一个多项式方程实现转换，其整体精度高于局域精度。一次多项式即仿射变换，需要3个控制点，二次多项式需要6个控制点，三次多项式需要10个控制点。具体采用哪一种，则要根据纠正图形的变形情况、所在区域的地理特征及所选点数来确定。为实现各种变换，首先要确定变换方程的类型，然后通过输入多对控制点坐标和理论值坐标，求出方程的特定系数，从而建立转换方程，并据此实现整个数据的几何纠正。

1. 地形图的纠正

纠正地形图常用的方法包括四点纠正法和逐网格纠正法。

（1）四点纠正法。

首先选定数学变换函数，再根据纠正地形图的图幅行、列号、地形图的比例尺、图幅名称等，生成标准图廓，分别采集四个图廓点坐标作为控制点来进行纠正。

（2）逐网格纠正法。

逐网格纠正法是在四点纠正法不能满足精度要求的情况下采用的。它与四点纠正法的区别就在于它是逐个方里网进行的，采样点数量较多，即对地形图中的每个方里网都要采点，具体采点时，一般要采集源点（需纠正的地形图），后采集目标点（标准图廓点与方里网点）；先采集图廓点，后采集方里网点。

2. 遥感影像的纠正

遥感影像的纠正，一般采用和遥感影像比例尺相近的地形图或正射影像图作为变换标准，选用合适的变换函数，分别在要纠正的遥感影像和标准地形图或正射影像图上采集同名地物点，从而确定变换前后的数学关系。选点时应注意以下几个问题：①选点不能太少；②点在图上应尽量均匀分布；③对特征变化较大的区域可适当多选点；④图像边缘部分一定要选取控制点，以避免外推；⑤所选特征点易于分辨且比较精细，如道路交叉点、河流与河道交叉点（桥梁）等这些人工建筑构成的并且不会移动的地物点，尽量不要选择河床易变动的河流交叉点，以免点的移位影响配准精度。

在遥感影像的空间位置纠正后，还需要对其元的亮度值进行重采样，常用的重采样方法有最邻近法、双线性内插法、三次卷积内插法等。

（二）投影变换

由于数据源的多样性，当数据与研究、分析问题的空间参考系统（坐标系统、投影方式）不一致时，就需要对数据进行投影变换。同样，在对本身有投影信息的数据采集完成时，为了保证数据的完整性和易交换性，也要对数据定义投影。

目前，大多数 GIS 软件采用正解变换法来完成不同投影之间的转换，并直接在 GIS 软件中提供常见投影之间的转换。通过 ArcGIS 中的【投影与变换】工具集,找到【投影管理工具】,可以实现创建空间参照系统、投影转换等操作。

当前,ArcGIS 具有动态投影技术。该技术允许具有不同投影的数据在一起工作,在同一数据框中的数据统一采用数据框的投影方式进行显示,对数据本身的投影不做改变。这种技术可以保持数据的独立性,减少投影转换带来的工作量。

除了几何纠正、投影变换之外,一般 GIS 软件还提供了对空间数据进行翻转、镜像、缩放、旋转、平移、扭曲等简单的坐标转换方法。

二、空间数据的格式转换

格式转换是 GIS 获取空间数据、实现数据共享的常用手段。由于不同的数据生产者获取空间数据时采用的数据采集平台不同,对空间位置和属性数据的存储方式和表现方法也各不相同,因此,空间数据也有多种格式。即使同一 GIS 平台的空间数据,也可能存在不同的格式(如 ArcGIS 中的 Coverage 和 Shapefile)。为了实现数据共享和多种目的的应用,常常需要对不同格式的空间数据进行相互转换。一般的 GIS 平台软件,都提供了数据格式转换工具。利用 ArcGIS 中空间转换工具,可以实现 CAD、Coverage、Shapefile 和 Geodatabase 等多种 GIS 数据格式的相互转换。因此,目前多数商用 GIS 软件,都提供了实现其自身数据格式与 ArcView 的 Shapefile、MapInfo 的 MIF 等常用空间数据格式的相互转换工具。

空间数据格式的转换一般有四种模式,即外部数据交换模式、直接数据访问模式、数据互操作模式和空间数据共享平台模式。后三种模式是较为理想的空间数据共享模式,但第一种模式与目前现实的技术、资金条件更相符,因此,对大多数普通用户而言,外部数据交换模式在具体应用中更具有可操作性和现实性。外部数据交换时,可直接利用软件商提供的交换文件(如 DXF、MIF 等),也可以采用中介文件转换方式,即在 GIS 平台软件的支持下,将空间数据按自定义的格式输出为一个文本文件作为中介,然后利用其他 GIS 软件的数据接口程序,读入该中介文件,自动生成目录格式的空间数据。

需要注意的是,不同格式的空间数据之间相互转换有可能造成空间数据的部分丢失,包括空间位置、属性数据、拓扑关系、元数据等的丢失。因此在实际使用中,一方面要尽量避免不必要的数据转换,另一方面需要在数据转换后,对数据进行及时的检查,了解转换过程中信息的丢失情况,做出合理的评估及补救方案。

三、空间数据的裁切与拼接

(一)空间数据的裁切

数据裁切是从整个空间数据中裁切出一部分,获取真正需要的研究区域的数据,以减少不必要的数据参与运算。在实际的应用研究中,研究区域往往具有不同的形状,如行政区、自然保护区、流域等,而空间数据往往是按照图幅或其他方式进行组织的,其范围常常与研究区域不一致。因此,为获取所需数据,需要对空间数据进行裁切操作。

在 ArcGIS 中,矢量数据和栅格数据的裁切过程,其操作方法如下。

1. 矢量数据的裁切

(1)在 ArcToolbox 中依次点击【分析工具】→【提取分析】→【裁剪】,打开裁剪对话框

(见图4-21)。

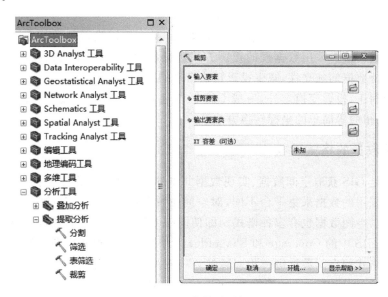

图 4-21 裁剪对话框

(2) 在【输入要素】文本框中输入需要被裁切的矢量数据。

(3) 在【裁剪要素】文本框中输入用来进行裁切的矢量数据。

(4) 在【输出要素类】文本框中键入输出数据的路径与名称。

(5) 在【XY容差(可选)】文本框中输入容差值,单击右边的下拉框,选择容差值的单位。容差是指所有要素坐标之间的最小距离以及坐标可以沿X或Y方向移动的距离,小于该容差的坐标将会合并到一起。在坐标精度一定的情况下,如果此值设置越大,则数据的坐标精度会降低;反之,则数据的坐标精度会升高。

(6) 单击【确定】按钮,完成要素裁剪操作。

2. 栅格数据的裁切

栅格数据的裁切有多种方法,如用圆、边、多边形、矩形以及用已存在的数据进行裁切。其中最常用的方法是利用已存在的栅格或矢量数据裁切栅格数据。

(1) 在 ArcToolbox 中依次点击【Spatial Analyst 工具】→【提取分析】,双击【按掩膜提取】,打开【按掩膜提取】对话框(见图4-22)。

(2) 在【输入栅格】文本框中设置提取像元的输入栅格。

(3) 在【输出栅格数据或要素掩膜数据】文本框中设置用于定义提取区域的输入掩膜数据。它可以是栅格或要素数据集。当输入掩膜数据为栅格时,将在输出栅格中为掩膜数据中的 NoData 像元指定 NoData 值。

(4) 在【输出栅格】文本框中键入输出数据的路径和名称。

(5) 单击【确定】按钮,执行【按掩膜提取】操作。

(二) 空间数据的拼接

数据拼接是指空间相邻的数据拼接成为一个完整的目标数据。通常情况下,研究区域

图 4-22 按掩膜提取文本框

与数据区域是不一致的,特别是当研究区域范围较大,需要使用若干相邻的数据(按照一定经纬差分幅存储的地形图)时,数据的拼接是必须的。在相邻数据的边缘部分,一方面,由于原数据本身的数字化误差或坐标系统不统一等原因,接合处邻接点的空间位置不匹配,存在裂隙或重叠;另一方面,相邻的要素可能存在逻辑上的不一致。例如,一侧的图斑为耕地,另一侧的图斑为林地;一侧的线为公路,而另一侧相连的线为河流。因此,在进行空间数据的拼接时,还必须进行边缘匹配处理。

空间数据的拼接一般需要以下几个过程。

(1) 拼接前的数据准备。将待拼接的两个或多个数据进行几何纠正或投影变换等空间调整,使其具有统一正确的空间坐标。

(2) 数据合并。将相邻的数据合并成一个数据;合并的方式很多,可以采用复制粘贴的方式,也可以采用添加的方式(若要保持相邻数据的独立性,仅仅需要接边处理时,可以不对数据进行合并)。

(3) 边缘匹配处理。首先,对接合处邻接点的空间坐标进行调整(一般需要进行端点捕捉)。当邻接的同名点位置差异较小时,可以以一侧的邻接点为基准,调整另一侧邻接点的坐标;若位置差异较大,则将两侧的点都往其中位置调整。其次,必要时还需要对邻接点两侧一定范围内的坐标进行适当调整,以使相连的线能够过渡自然。再次,对接合处同一要素的属性进行检查,确保其逻辑一致性。最后,对相邻的要素进行合并,使其成为一个整体。具有相同属性的多边形合并后将删除其公共边界。

以 ArcGIS 为例,分别介绍矢量数据和栅格数据的拼接过程。

1. 矢量数据的拼接

(1) 在 ArcToolbox 中依次点击【数据管理工具】→【常规】→【合并】,双击打开合并对话框(见图 4-23)。

图 4-23　数据合并对话框

(2) 在【输入数据集】文本框中选择输入的数据,可以选择多个数据。【输入数据集】文本框下面的窗口中罗列的数据将添加到目标数据中。

(3) 在【输出数据集】文本框中确定目标数据。执行操作后,该数据将包含添加的数据。

(4) 单击【确定】按钮,执行合并操作。

2. 栅格数据的拼接

(1) 在 ArcToolbox 中依次点击【数据管理工具】→【栅格】→【栅格数据集】,双击【镶嵌至新栅格】,打开【镶嵌至栅格】对话框(见图 4-24)。

(2) 在【输入栅格】中输入栅格数据集,这些数据集是要镶嵌在一起的所有栅格数据集。输入的数据集必须具有相同的波段数和相同的位深度;否则工具将退出,并显示错误消息。

(3) 在【输出位置】文本框中输入输出栅格数据集存放位置的路径。该路径可以指向某个文件夹或地理数据库。

(4) 在【具有拓展名的栅格数据名称】文本框中设置创建的栅格数据集的名称和扩展名。将栅格数据集存储到 JPEG 文件、JPEG2000 文件、TIFF 文件或地理数据库时,可以指定压缩类型和压缩质量。

(5) 【栅格数据的空间参考】为可选项,可以指定输出栅格镶嵌的地图投影。

(6) 在【像元类型(可选)】文本框中,指定输出栅格数据集的位深度。必须设置像素类型使其与现有输入栅格数据集相匹配。如果不设置像素类型,将使用默认值 8 位,而输出结果可能会不正确。

(7) 在【像元大小】窗口中,设置新栅格数据集的像元大小。

(8) 在【波段数】文本框中,设置栅格数据集中包含的波段数。

图 4-24　镶嵌至新栅格对话框

（9）在【镶嵌运算符】可选窗口中，确定镶嵌重叠部分的方法。

FIRST——叠置区域的输出像元值为镶嵌到该位置的第一个栅格数据集中的值。

LAST——叠置区域的输出像元值为镶嵌到该位置的最后一个栅格数据集中的值。这是默认设置。

BLEND——叠置区域的输出像元值为叠置区域中各像元值的水平加权计算结果。

MEAN——重叠区域的输出像元值为叠置像元的平均值。

MINIMUM——重叠区域的输出像元值为叠置像元的最小值。

MAXIMUM——重叠区域的输出像元值为叠置像元的最大值。

SUM——重叠区域的输出像元值为叠置像元的总和。

（10）在【镶嵌色彩映射表模式】可选窗口，确定输出数据的色彩模式。在默认状态下各输入要素的色彩保持不变。

FIRST——列表中第一个栅格数据集中的色彩映射表将应用于输出栅格镶嵌。这是默认设置。

LAST——列表中最后一个栅格数据集中的色彩映射表将应用于输出栅格镶嵌。

MATCH——镶嵌时会考虑所有色彩映射表。如果已经使用了所有可能的值（对于位深度），则会尝试与具有最接近的可用色彩的值进行匹配。

REJECT——仅对那些不包含关联色彩映射表的栅格数据集进行镶嵌。

（11）单击【确定】按钮，执行操作。

第四节 空间数据的查询

空间查询是指按照一定的要求对空间数据库中的空间实体及其空间信息进行访问,从众多的空间实体中挑选出满足用户要求的空间实体及其相应的属性。空间查询效率高低往往有赖于空间索引。空间索引是指依据空间对象的位置和形状或空间对象之间的某种空间关系,按一定的顺序排列的一种数据结构。空间索引性能的优劣直接影响空间数据库和地理信息系统的整体性能,是空间数据库和地理信息系统的一项关键技术。

空间查询是地理信息系统的基本功能之一,也是 GIS 进行分析的基础。空间查询的方法很多,其中最常用的有基于空间特征的查询、基于属性特征的查询、基于空间关系的查询和基于空间位置的查询。本节主要通过一些简单的例子来介绍各种查询方法。在实际工作中要实现的查询目标往往比较复杂,需要综合应用这些方法才能达到目标。

一、基于空间特征的查询

基于空间特征查询是 GIS 中最简单,也是最常用的查询方法。例如,对某一城市数据(点),需要了解该城市的名称、人口、酒店、旅游景点分布等信息;对某一河流数据(线),需要了解其流量、水深、水质等信息。要完成这些查询,首先要选择空间实体(如城市、河流),然后通过空间数据和属性数据之间的连接关系(标识符),提取该实体的属性表,从而达到查询的目的。

可以利用鼠标识别要素,具体的操作方法如下。

(1) 打开,单击 ArcMap 主菜单"工具条"中的【识别】按钮(见图 4-25)。

图 4-25 【识别】按钮

(2) 在地图上点击或拉框选择需要识别的图形要素,出现【识别】对话框,其中会列出所选空间对象的各项属性信息(见图 4-26)。

除此之外,还可以直接在要素上单击右键,从弹出的菜单中选择【识别】,从而实现对空间特征的查询,例如中国行政区上对武汉的查询。

二、基于属性特征的查询

基于属性特征查询是根据属性记录与空间数据之间的关联,先查找符合条件的属性特征,然后找到相对应的空间数据。常用的方法有以下两种。

(一)简单查询

简单查询就是利用属性记录跟图形之间一一对应关系,根据属性直接查找图形的操作。操作时,先打开图形的属性表,选择给定的属性值所在的行,目标图像就可以在界面上高亮显示出来。简单查询多用于属性目标比较简单的情况,例如,在中国行政区划图上找出山东

图 4-26　基于空间特征的查询

省行政区的图像,在中国景区分布图中查找故宫、八达岭长城的图形等都可以用简单查询的方法。

具体的操作方法如下。

(1) 打开 ArcMap,在目录列表中加载数据。

(2) 在内容列表中右键点击"省面"图层,在弹出的快捷菜单中选择【打开属性表】,打开【属性表】对话框。

(3) 找到满足条件的要素,用鼠标单击属性表左侧的记录,被选中的空间要素就会高亮显示出来。如果地图中看不到所选的要素,可以在目录列表中找到所在图层,单击右键选择【缩放至图层】,被选中的图形就会高亮显示出来。如果需要选择多个要素,则按住 Ctrl 键进行一一选择;要选择列表中的连续记录,按住鼠标左键并上下拖动鼠标即可实现。

(二) 结构化查询语言查询

在 GIS 中,空间要素具有丰富的属性信息,这些属性信息通常采用关系型数据库来管理。结构化查询语言(Structured Query Language,SQL)是一种标准的关系数据库查询语言,目前大多数 GIS 软件的关系数据库管理系统都支持 SQL 查询。利用 SQL,不仅可以实现单项条件的查询,还可以方便地实现复合条件查询,筛选出满足多个属性条件的空间实体的属性记录,并根据这些属性记录中的实体标识符找到相应的图形,这是 GIS 中最常用的由属性查询图形的方法。

通过 SQL 查询的具体方法可在中国行政区图中选出湖北省并以此为例进行学习(见图 4-27)。

(1) 打开 ArcMap,在目录列表中加载省面图层。

(2) 在菜单栏中单击【选择】→【按属性选择】,打开【按属性选择】对话框。

(3) 单击【图层】下拉框,选择"省面",在【方法】下拉框中选择"创建新选择内容"。

(4) 在【方法】下拉框下面的列表框中双击"NAME";单击【获取唯一值】按钮,则其上面

图 4-27　SQL 语言查找湖北省

的列表框中将出现该字段的所有值;单击"="按钮;在【SELECT】文本框中填入"NAME"='湖北省'。

(5) 单击【验证】按钮。可验证表达式是否存在语法错误。

(6) 单击【确定】按钮,湖北省的行政区界被选择出来。

注意:一个基本的 SQL 表达式格式大致如下:SELECT * FROM states WHERE [STATE_NAME]='Alabama'。简单表达式类似于简单的英语,因而其含义不言自明。上面这个表达式将选择出在国家图层 STATE_NAME 字段中包含 Alabama 的要素。

在查询表达式中,字符串必须加单引号。除个人地理数据库要素类和表之外,查询表达式中的字符串是区分字母大小写的。

三、基于空间位置的查询

(一) 按图形选择查询

基于空间位置的查询是指根据某一对象或某些对象所在的地理位置,查询该位置上所具有的空间要素。地理位置可以通过点、线、矩形、圆或任意多边形等图形来标定,GIS 通过检索出图形范围内的地理空间图形要素来实现查询。例如,通过自然保护区位置查询它所涉及的行政区域、通过河流的位置查询通过河流的道路有哪些、通过水管爆裂的地点查询所在的街道等。

具体的操作方法如下。

(1) 打开 ArcGIS,在目录列表中加载数据。

(2) 在菜单栏点击【自定义】→【工具条】→【绘图】,打开"绘制"工具条,利用绘图工具在图形显示区绘制任意多边形(也可是点、线),并选中所绘制的图形。

(3)在菜单栏点击【选择】→【按图形选择】,则图形所在位置的要素将被高亮显示出来。

提示:在 ArcMap 中,有两处可以修改选中实体高亮设置的位置,一处是在"选择"选项中进行,一处是在"图层属性"设置中进行。

这里以在"选择"选项中设置选中实体高亮为例进行学习,具体方法如下。

(1)点击 ArcMap 主菜单中的【选择】→【选择选项】命令。

(2)弹出【选择选项】设置对话框,在【选择工具设置】选项组中,设置【选择默认情况下显示所选要素使用的颜色】,进行高亮颜色的更改(见图 4-28)。

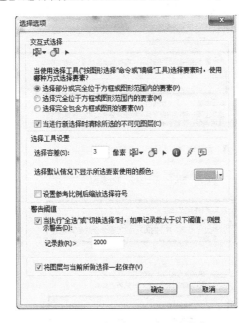

图 4-28 选择默认所选要素颜色

(二)按位置连接属性查询

实际应用中,地图上的单个图层往往不能反映地理实体之间的位置关系,而不同图层之间的关系可以通过空间连接实现属性关联。空间连接根据图层上地理实体的位置来连接两个图层的属性,使用空间连接,可以实现如下操作。

(1)查找相对于某一地理实体最近的实体。

(2)查找在某一地理实体内部的实体。

(3)查找与某一地理实体相交的实体。

下面举例介绍查找最邻近实体的操作方法,以点图层"point1"和面图层"poly1"为例,具体操作方法如下。

(1)打开 ArcMap,在目录列表中加载"point1"和"poly1"图层。

(2)右击图层"point1",在弹出的快捷菜单中选择【连接和关联】→【连接】命令。

(3)弹出【连接数据】对话框,在其中的【要将哪项内容连接到该图层】下拉列表框中选择【基于空间位置的另一图层的数据】选项,在【选择要连接到此图层的图层】下拉列表框中选择"poly1",在【每个点都将被指定以下面的所有属性】选项中选择【与其最接近的面】,在【为这个新图层指定输出 shapefile 或要素类】文本框中输入指定路径,并为新图层进行命名。完成后单击【确定】按钮(见图 4-29)。

(4) 连接进程结束后,系统将自动添加生成的图层到地图文档,右击新添加的图层,在弹出的快捷菜单栏中选择【打开属性表】命令,可以看到该图层属性表中有"point1"和"poly1"图层连接后的属性内容,另外添加了【距离】字段。

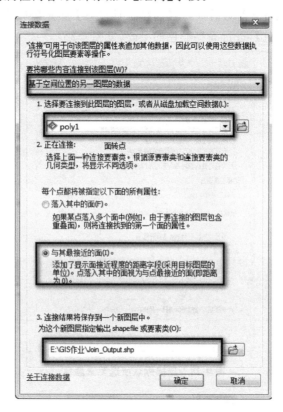

图 4-29 连接数据对话框

四、基于空间关系的查询

为了真实地反映地理实体,地理信息系统中不仅要反映实体的位置、形状、大小和属性,还必须反映实体之间的相互关系。在实际的应用过程中,用户不仅需要知道在某个位置有什么、某个对象是什么、符合某些属性条件的有哪些等问题,还要知道相邻要素有哪些、包含的要素有哪些等问题。这些问题的实质是基于空间关系的查询。由于地理实体间的空间关系多种多样,因此形成了多种不同的查询方法。ArcMap 支持多种空间选择的计算方法,具体如下。

(1) 目标图层要素与源图层要素相交。

(2) 目标图层要素与源图层要素相交(3d)。

(3) 目标图层要素在源图层要素的某一距离范围内。

(4) 目标图层要素在源图层要素的某一距离范围内(3d)。

(5) 目标图层包含源图层要素。
(6) 目标图层要素完全包含源图层要素。
(7) 目标图层要素完全包含(Clementini)源图层要素。
(8) 目标图层要素在源图层要素范围内。
(9) 目标图层要素完全位于源图层要素范围内。
(10) 目标图层要素在(Clementini)源图层要素范围内。
(11) 目标图层要素与源图层要素相同。
(12) 目标图层要素接触源图层要素的边界。
(13) 目标图层要素与源图层要素共线。
(14) 目标图层要素与源图层要素的轮廓相交。
(15) 目标图层要素的质心在源图层要素内。

这里分别以"目标图层要素在源图层要素的某一距离范围内"及"目标图层要素在源图层要素范围内"为例,介绍基于空间关系进行查询的相关操作方法。

(一) 目标图层要素在源图层要素的某一距离范围内

本例中将选择目标图层"point1"在源图层"poly1"的某一距离范围内的地理实体。具体操作方法如下。

(1) 打开 ArcMap,在目录列表中加载"point1"和"poly1"数据。

(2) 在菜单栏单击【选择】→【按位置选择】,打开【按位置选择】对话框,在【选择】下拉框中选择【从以下图层中选择要素】,在【目标图层】中选择"point1",在【源图层】下拉列表中选择"poly1",在【空间选择方法】下拉列表框中选择【目标图层要素在源图层要素的某一距离范围内】,选择合适的【搜索距离】,完成后点击【确定】按钮(见图 4-30)。

(3) 在地图界面中可以看到,目标图层"point1"中符合条件的地理实体均被高亮显示。

(4) 右击目录列表中的"point1"图层,在弹出的快捷菜单中选择【打开属性表】命令,可以看到该图层属相表中符合条件的地理实体记录被高亮显示(见图 4-31)。

(二) 目标图层在源图层要素范围内

本例中将选择目标图层"point1"在源图层"poly1"的范围内的地理实体。具体操作方法如下。

(1) 打开 ArcMap,在目录列表中加载"point1"和"poly1"数据。

(2) 在菜单栏单击【选择】→【按位置选择】,打开【按位置选择】对话框,在【选择】下拉框中选择【从以下图层中选择要素】,在【目标图层】中选择"point1",在【源图层】下拉列表中选择"poly1",在【空间选择方法】下拉列表框中选择【目标图层要素完全位于源图层要素范围内】,完成后点击【确定】按钮。

(3) 在地图界面中可以看到,目标图层"point1"中符合条件的地理实体均被高亮显示(见图 4-32)。

(4) 右击目录列表中的"point1"图层,在弹出的快捷菜单中选择【打开属性表】命令,可以看到该图层属相表中符合条件的地理实体记录被高亮显示。

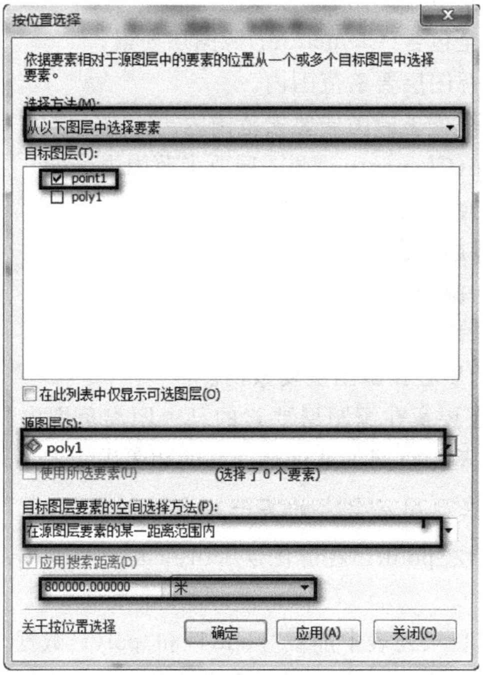

图 4-30 按位置选择

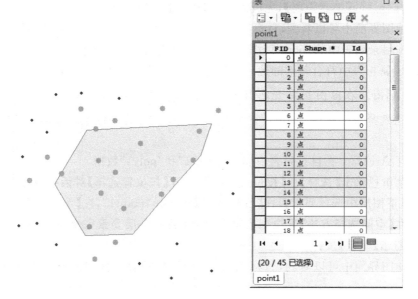

图 4-31 目标图层符合条件的实体高亮及属性表显示

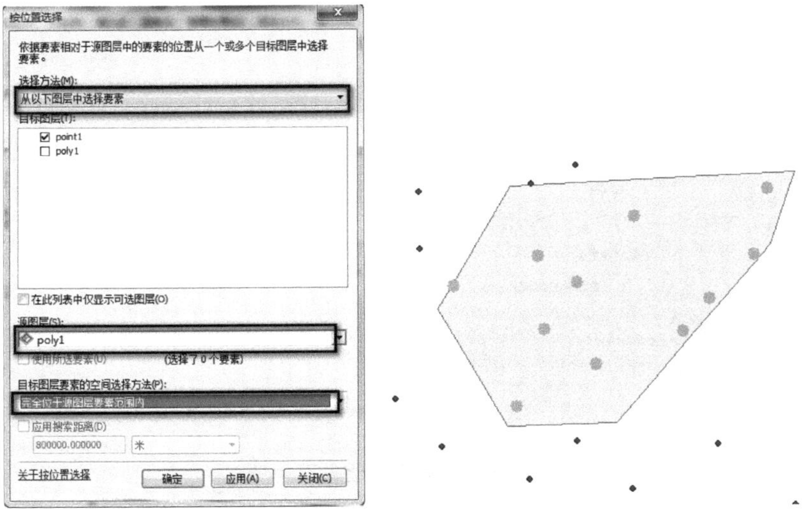

图 4-32　目标图层符合条件的实体高亮显示

五、复合查询

以上查询方法多用于比较简单、直观的信息查询,对于复杂的查询实现则较困难。为了实现更复杂的信息查询,一般需要将多种查询方法结合起来。例如,查询某一满足以下条件的城市:它位于某条铁路西侧、距离该铁路不超过 40 千米、位于某省之内、人口总数大于 60 万。从这些条件可以看出,以上查询方法不能单独完成这一查询任务,需要结合基于空间关系的查询和基于属性特征的查询。整个查询过程涉及空间顺序关系(铁路西侧)、空间距离关系(距离该铁路不超过 40 千米)、空间拓扑关系(城市位于某省境内)以及属性信息(人口总数大于 60 万)的查询。

复合查询一般在满足第一个条件的基础上,再查询满足第二个、第三个,直至最后一个条件的对象,这与基于属性特征查询中 SQL 的复合条件略有不同。复合查询的具体方法有两种:一是在已查询出来的对象中直接进行新的查询;二是将已查询出来的对象输出为新的数据,再对新数据进行新的条件查询。

本章案例

TGIS 的数据查询

根据中国国家基础地理信息 1∶400 万数据,假设湖北省有一的潜在某个特定旅游市场,满足搜索距离小于 200 公里,人口总数大于 100 万。查询距离 200 公里、湖北省范围内人口总数大于 100 万的县域。

下载国家基础地理信息 1∶400 万数据库,下载地址:http://www.cehui8.com/3S/GIS/20130702/205.html,并在 ARCGIS 中打开。

(1) 由空间数据库直接选中湖北省面,并输出(见图 4-33)。

(2) 查询湖北省内搜索距离小于 200 公里的县域,并输出(见图 4-34)。

图 4-33 输出湖北省面

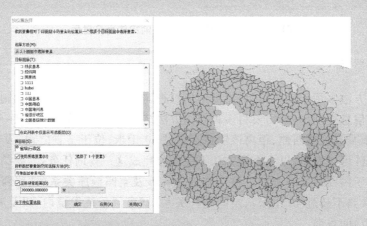

图 4-34 查询搜索距离小于 200 公里的域

(3) 查询选中的县域图层中,人口总数大于 100 万的县域(见图 4-35)。

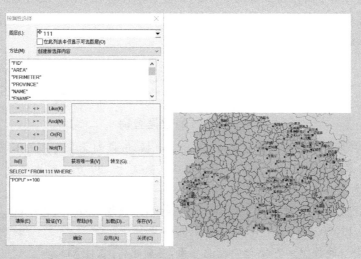

图 4-35 选择搜索距离小于 200 公里人口大于 100 万的县域

(4) 将选中的图层与县域所在地相交,并显示县域地名(见图 4-36)。

图 4-36 查询出的最终结果

图中被显示的便是符合条件的潜在的某一旅游市场分布图。

思考题

1. 常见的图形数据输入方法有哪些？它们各自有哪些优缺点？
2. 属性数据的输入方法有哪些？
3. 空间数据处理主要包括哪些内容？
4. 在 ArcGIS 中如何建立拓扑关系？
5. 为什么要进行空间数据的坐标和格式转换？原理上该如何实现？
6. 常用的空间查询方法有哪些？试举例说明。
7. 除了书中列举的几种基于空间关系的查询外,你还知道哪些基于空间关系的查询？在 ArcGIS 中应如何实现？

第五章

旅游地理信息系统空间分析

内容提要

空间分析是 TGIS 的核心功能之一。本章首先介绍了空间分析的基本概念、主要内容、基本过程及常用 GIS 软件的空间分析功能。在此基础上,重点阐述了矢量数据分析方法(包括矢量数据的缓冲区分析、叠加分析、网络分析等)、栅格数据的分析方法(包括聚类和聚合分析、距离量测、表面分析、统计分析等)、GIS 的三维分析等方面的内容。本章结合大量实例,结合 ArcGIS 软件进行了具体的讲解。

学习目的

1. 了解空间分析的基本概念和主要内容。
2. 掌握空间分析的基本过程。
3. 掌握矢量数据和栅格数据的空间分析方法。
4. 基于 ArcGIS 软件,掌握空间分析的基本方法。
5. 了解 GIS 与三维分析的基本程序。

第一节 空间分析概述

空间分析源于 20 世纪 60 年代地理和区域科学的计量革命,在开始阶段,主要应用定量(统计)分析手段用于分析点、线、面的空间分布模式。后来更多的是强调地理空间本身的特征、空间决策过程和复杂空间系统的时空演化过程分析。实际上自有地图以来,人们就始终在自觉或不自觉地进行着各种类型的空间分析。在地图上测量地理要素之间的距离、方位、面积,乃至利用地图进行战术研究和战略决策等,都是人们利用地图进行空间分析的实例,而后者实质上则属于较高层次的空间分析。

一、空间分析的概念

地理信息系统集成了多学科的最新技术,如关系数据库管理、高效图形算法、插值、区划和网络分析等,为空间分析提供了强大的工具,使得过去复杂困难的高级空间分析任务变得简单易行。目前,绝大多数地理信息系统软件都有空间分析功能。空间分析早已成为旅游地理信息系统的核心功能之一,它特有的对地理信息的提取、表现和传输功能,是地理信息系统区别于一般信息系统的主要功能特征。

目前,关于空间分析,不同的学者提出了不同的看法(见表5-1)。

表5-1 不同学者对空间分析概念的看法

学者	年份	观 点
陈述彭	1999	空间分析是用模型等分析解释地理特征之间的相互关系及空间模式,它包括空间检索、空间拓扑叠加分析、空间模拟分析三个不同层次
Haining	2000	空间分析是基于地理对象空间布局的地理数据分析技术
黄杏元	2001	空间分析是基于空间数据的分析技术,它是以地学原理为依托,通过分析算法,从空间数据中获得有关地理对象的空间位置、空间分布、空间形态、空间形式、空间演变等信息
汤国安	2007	空间分析是从空间数据中获取有关地理对象的空间位置、分布、形态和演变等信息的分析技术
郭仁忠	2000	空间分析是基于地理对象的位置和形态特征的空间数据分析技术,其目的在于提取和传输空间信息
陆守一	2004	空间分析是借助于计算机技术、利用特定的原理和算法,对空间数据进行操作、处理、分析、模拟、决策的功能
王劲峰	2006	空间分析是指分析、模拟、预测和调控空间过程的一系列理论和技术

尽管学者对空间分析的具体定义有所不同,但从他们的研究中可以获知,空间分析是对空间信息的获取、分析等有关技术的统称。空间分析就是对空间问题的求解,获取空间信息是解决空间问题的必要手段。因此,本章所指的空间分析,是在计算机技术的支撑下,提取地理对象的位置、属性、关系等方面的信息,以支持特定的空间决策问题。

二、空间分析与地理信息系统

地理信息系统出现以后,迅速吸收了空间分析的方法和手段,将它们融入GIS软件中,利用各种计算机技术,使传统的复杂的空间分析任务变得简单易行,并能方便地应用几何、逻辑、代数等运算,以及各种数理统计方法,更科学、高效地分析和解释地理特征间的相互关系及空间模式。空间分析使地理信息系统不仅体现在地图制图功能上,而且用户还可以通过与系统交互而将地理数据经过分析转换为对自己有用的信息。一个地理信息系统如果不

能提供空间数据的分析处理功能,它就成为一个地理数据库;相反,一个地理数据库如果加强了空间数据的分析处理功能,它就升级为一个地理信息系统。

三、空间分析的主要内容

（一）基于空间关系的查询

空间实体间存在着多种空间关系,包括拓扑、顺序、距离、方位等关系。通过空间关系查询和定位空间实体是 GIS 不同于一般数据库系统的功能之一。如查询满足下列条件的城市:在京九线的东部,距离京九线不超过 200 公里,城市人口总数大于 100 万并且居民人均年收入超过 1 万元。整个查询计算涉及了空间顺序方位关系(京九线东部)、空间距离关系(距离京九线不超过 200 公里),甚至还有属性信息查询(城市人口总数大于 100 万并且居民人均年收入超过 1 万元)。

（二）空间量测

对于线状地物求长度、曲率、方向;对于面状地物求面积、周长、曲率等;求几何体的质心;空间实体间的距离等。

（三）缓冲区分析

邻近度描述了地理空间中两个地物距离相近的程度,其确定是空间分析的一个重要手段。交通沿线或河流沿线的地物有其独特的重要性,公共设施的服务半径,大型水库建设引起的搬迁,铁路、公路以及航运河道对其所穿过区域经济发展的重要性等,均是一个邻近度问题。缓冲区分析是解决邻近度问题的空间分析工具之一。所谓缓冲区就是地理空间目标的一种影响范围或服务范围。在建立缓冲区时,缓冲区的宽度并不一定是相同的,可以根据要素的不同属性特征,规定不同的缓冲区宽度,以形成可变宽度的缓冲区。例如,沿河流绘出的环境敏感区的宽度应根据河流的类型而定。这样就可根据河流属性表,确定不同类型的河流所对应的缓冲区宽度,以产生所需的缓冲区。

（四）叠加分析

大部分 GIS 软件是以分层的方式组织地理景观,将地理景观按主题分层提取,同一地区的整个数据层集表达了该地区地理景观的内容。地理信息系统的叠加分析是将有关主题层组成的数据层面,进行叠加产生一个新数据层面的操作,其结果综合了原来两层或多层要素所具有的属性。叠加分析不仅包含空间关系的比较,还包含属性关系的比较。叠加分析可以分为以下几类:视觉信息叠加、点与多边形叠加、线与多边形叠加、多边形叠加、栅格图层叠加。

（五）网络分析

对地理网络(如交通网络)、城市基础设施网络(如各种网线、电力线、电话线、供排水管线等)进行地理分析和模型化,是地理信息系统中网络分析功能的主要目的。定位与分配模型是根据需求点的空间分布,在一些候选点中选择给定数量的供应点以使预定的目标方程得到最佳结果。不同的目标方程可以求得不同的结果。在运筹学的理论中,定位与分配模型常可用线性规划求得全局性的最佳结果。由于其计算量以及内存需求巨大,所以在实际应用中常用一些启发式算法来逼近或求得最佳结果。常用的网络分析是运筹学模型中的一个基本手段,它的根本目的是研究、筹划一项网络工程如何安排,并使其运行效果最好,如一定资源的最佳分配,从一地到另一地的运输费用最低等。

（六）空间统计分类分析

多变量统计分析主要用于数据分类和综合评价。在大多数情况下,首先是将大量未经分类的数据输入信息系统数据库,然后要求用户建立具体的分类算法,以获得所需要的信息。分类评价中常用的几种数学方法有:主成分分析、层次分析、聚类分析、判别分析。

GIS 得以广泛应用的重要技术支撑之一就是空间统计与分析。例如,在区域旅游环境质量评价工作中,可将旅游地理信息与大气、土壤、水、噪声等环境要素的监测数据结合在一起,利用 GIS 软件的空间分析模块,对整个区域的旅游环境质量现状进行客观、全面的评价,以反映区域中环境受污染的程度以及空间分布情况。通过叠加分析,可以提取该区域内大气污染布图、噪声分布图;通过缓冲区分析,可显示污染源影响范围等。可以预见,在构建和谐社会的过程中,GIS 和空间分析技术必将发挥越来越广泛的作用。

此外,空间分析还包括三维空间分析、空间插值方法、聚合分析、地形分析及其他应用分析模型等。

四、空间分析的基本过程

空间分析的目的是解决某类与地理空间有关的问题。良好的空间分析过程设计将十分有利于问题的解决。尽管分析的问题不同,空间分析的过程有所差异,但其基本步骤一般包括以下五个方面。

（一）建立分析的目的和标准

首先,明确分析的目标,即明确通过空间分析所要解决的问题、要达到的预期效果;其次,搞清楚解决该问题的过程与方法,包括具体的步骤、各步骤的分析方法、所需要的软硬件支撑、所需的数据来源等。

（二）准备空间操作的数据

空间数据准备是空间分析的必备条件,具体包括空间位置的数据准备、属性数据的准备等。空间位置的数据又包括空间几何数据的输入、编辑、处理等,属性数据的准备主要是输入与核校数据的具体属性。在很多情况下,空间位置数据是现有的,而属性数据则需要在应用中添加。例如,在行政区的研究中,行政区的多边形数据往往是现成的,各行政单元的社会经济数据可能源于统计年鉴,需要分析前进行属性的添加。

（三）进行空间分析操作

基于 GIS 软硬件系统,采用合适的方法对空间数据进行分析,获取相应的空间信息。必要时,可以建立相关的数学模型、图解模型进行模型分析。

（四）结合分析的目的和任务,对获得的新空间数据进行分析

对分析结果进行评价和解释,以确定运算结果是否符合原有要求、是否具有实际意义、是否与预期结果相符。如果分析的结果无法接受,则需要分析产生问题的原因,必要时应返

回前面的相应步骤,再补充适当的条件或调整相关数据与方法之后,重新进行分析操作。

(五)根据结果评价和解释,产生最终的结果图和报表

对最终的分析结果,往往需要以专题图或报表的形式输出。两种形式的输出对应不同的分析问题。专题报表可以用表格数据显示计算结果,并根据实际情况对最终的数据进行分析,检验其合理性;专题图则对于表达空间关系具有直观性、简明性、易懂性。图 5-1 所示为空间分析的基本过程示意图。

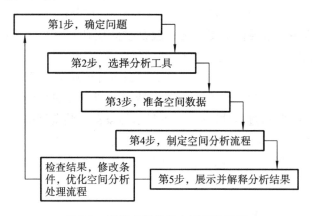

图 5-1　空间分析的基本过程示意图

第二节　矢量数据的空间分析

矢量数据的空间分析是 GIS 空间分析的主要内容之一。由于其复杂性和多样性,一般不存在模式化的分析处理方法,主要是基于点、线、面三种基本形式。矢量数据空间分析充分利用矢量数据的数据量小、精度高等优点,广泛应用于解决土地利用变化检测、城市交通规划、地下管网设计、商业网点的布局、急救线路的选择、旅游线路规划、旅游环境评价等诸多领域的问题。在 ArcGIS 中,矢量数据的空间分析主要集中于缓冲区分析、叠加分析和网络分析。

一、缓冲区分析

(一)概述

缓冲区是地理空间、目标的一种影响范围或服务范围在尺度上的表现。它是一种因变量,随所研究的要素形态的变化而发生改变。交通沿线或河流沿线的地物有其独特的重要性,公共设施(商场、邮局、银行、医院、车站、学校等)的服务半径,大型水库建设引起的搬迁,铁路、公路以及航运河道对其所穿过区域经济发展的重要性等,均是缓冲区问题。因此,缓冲区分析就是指以点、线、面实体为基础,在其周围建立一定宽度范围内的缓冲区多边形,用以分析实体的邻近性或对周围的影响,从而实现空间数据在水平方向得以扩展的空间分析方法。

缓冲区实际上是一个独立的多边形区域,它的形态和位置与原来因素有关。但主要的类型有点缓冲区、线缓冲区、面缓冲区(见图5-2)。

(a)点缓冲区　　　　　(b)线缓冲区　　　　　(c)面缓冲区

图5-2　矢量数据的缓冲区示意图

(二)缓冲区的算法

建立缓冲区的实质就是对点、线、面进行距离扩展,最常见的算法是中心线扩张法,即以中心轴线为核心做平行曲线,生成缓冲区边线,对生成的边线进行求交、合并操作,最终生成缓冲区边界。要实现中心线扩张,可以采用以下两种方法。

1. 角平分线法

即在线的两边按一定距离做平行线,在线的端点处以缓冲距为半径作半圆相连(见图5-3)。该方法目前还存在以下不足。

(1)尖角处缓冲区左右边线很难保证做到等宽。

(2)轴线折角过大或过小时,校正过程复杂。

(3)由于几何生成过程中需要处理较多异常情况,故算法模型过于复杂。

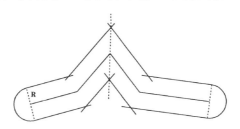

图5-3　角平分线法建立缓冲区示意图

2. 凸角圆弧法

即先求出线在拐点处的凹凸性,凹侧用角平分线法建立缓冲区,凸侧以端点为原点,缓冲距为半径作圆,与两条平行线相交后用圆弧代替相交直线,以防角平分线法中出现尖角(见图5-4)。其具体实施步骤如下。

第一,进行直线性判断,判断相邻三点是否在同一直线上。

第二,进行折点凹凸性判断,确定转角的地方哪侧使用直线求交,哪侧使用圆弧连接;随后,将凸点圆弧嵌入,即将转角外侧形成的圆弧和两边的线段相连。

第三,对边线关系进行判别与处理,岛屿多边形参与缓冲区边界的构成,重叠多边形不参与缓冲区边界的构成。

第四,将重叠区域进行合并,绘制外围的边线,包括岛屿多边形的轮廓,形成最终的缓冲区边界。

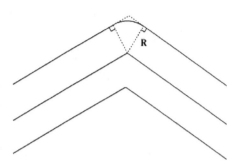

图 5-4　凸角圆弧法建立缓冲区示意图

(三) 缓冲区的不同形式

1. 点要素缓冲区

点要素缓冲区即以点要素为圆心,以缓冲距为半径的圆。具体又包括单点缓冲区、多点缓冲区和点变距缓冲区(见图 5-5)。

(a)单点缓冲区　　　(b)多点缓冲区　　　(c)点变距缓冲区

图 5-5　点的不同类型缓冲区

2. 线要素的缓冲区

线要素的缓冲区即以线要素为轴线,以缓冲距为平移量向两侧(或一侧)做平行曲线,在轴线两端以平角或半圆弧封闭形成缓冲区。它包括单线缓冲区、多线缓冲区和线变距缓冲区(见图 5-6)。

(a)单线缓冲区　　　(b)多线缓冲区　　　(c)线变距缓冲区

图 5-6　线的不同类型缓冲区

3. 面要素的缓冲区

面要素的缓冲区即以面要素的边界为轴线,以缓冲距为平移量向边界线里侧或外侧做平行区线所形成的多边形。它包括单面缓冲区、多面缓冲区及面变距缓冲区(见图 5-7)。

(四) 缓冲区特殊情况的处理

1. 缓冲区重叠问题的处理

对于单个对象缓冲区的重叠,可通过缓冲区边界曲线逐条求交,记录两条线段的交点,并从该点打断曲线。如果打断的曲线落在缓冲区域内侧则直接删除,落在缓冲区外侧则保

(a)单面缓冲区　　　　(b)多面缓冲区　　　　(c)面变距缓冲区

图 5-7　面的不同类型缓冲区

留,从而可以得到包含岛的缓冲区。如图 5-8 所示,对原始弧线 a 做缓冲区处理,生成缓冲区边界曲线,求交后在 A、B 点打断,得到了弧段 b、c、d、e,其中弧段 b 和 c(虚线部分)落在缓冲区内,因而要予以删除,而弧段 d、e 落在缓冲区外,则予以保留。

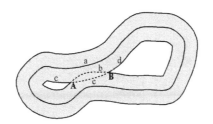

图 5-8　单个对象缓冲区重叠处理

对于多个对象的缓冲区之间的重叠,可以通过拓扑关系的建立,求得落在其中某个缓冲区内部的那些线段和弧段并删除,连通缓冲区即可得到最终的结果。例如,如图 5-9 所示,对 A、B、C 三个对象生成缓冲区时有重叠区 P1、P2、P3,则删除落在缓冲区中的边界线(虚线部分),连通缓冲区即可。

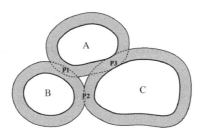

图 5-9　多个对象缓冲区重叠处理

2. 变距缓冲区的实现

在现实生活中,经常要对不同级别的同类要素做缓冲区分析,也就是对各级别的要素采用相对应的缓冲距来建立缓冲区。例如,对某条道路不同地段的噪声影响评价时,由于不同地段的车流量以及防噪设施不同,因此,可以建立反映该道路不同地段车流量和防噪设施综合影响的属性字段,计算该字段的值,并据此生成不同距离的缓冲区。

3. 多级缓冲区问题

在某些应用分析中,有时需要对同一目标生成多个缓冲区,特别是在分析某一现象随距离衰减的变化时,例如,分析生活型道路两侧的等地价区域、交通型道路两侧的等噪声区域、垃圾填埋场等污染区,就需要根据影响程度的不同来生成多级缓冲区。此外,在地理制图过程中,也常采用生成多级缓冲区的方法来实现研究区域轮廓晕线的制作。

(五) ArcGIS 中缓冲区的建立

在 ArcGIS 10.2 中,打开 ArcToolbox,点击【分析工具】→【领域分析】→【缓冲区】,双击启动缓冲区工具对话框(见图 5-10)。以下是该对话框各参数的基本介绍。

图 5-10　ArcGIS 中缓冲区工具(Buffer)对话框

1. 必选参数

【输入要素】:输入需要生成缓冲区的要素,可以是点数据、线数据或面数据。

【输出要素】:设定输出缓冲区的路径和文件名,往往可以采用默认值。

【距离】:设定缓冲距离的大小,有两种具体方式,一是选择线性距离(Linear unit),直接输入一个距离值,该方式用于生成固定距离缓冲区;二是选择字段(Field),制定一个属性字段,各要素的缓冲距离将源于输入要素属性表中该字段值(变距缓冲区)。

2. 可选参数

【侧类型】:默认是 Full,表示对输入要素两侧都要做缓冲区,而 Left、Right 表示对输入要素做向左或向右的单边缓冲区。该选项对点数据不可用。

【末端类型】:有 Round 和 Flat 两个选项,其中 Round 是默认选项,表示对末端进行圆滑处理。Flat 表示末端为直角。该选项对点数据不可用。

【融合类型】:默认情况下是 None,即对重叠的区域不进行合并处理;选择 All 对所有的重叠的区域进行融合;选择 List,则按其下列边框中所选择的字段【Dissolve Field(s)】分类进行合并。该工具对点、线、面数据均可用。

二、叠加分析

叠加分析是指在统一的空间坐标系统下,每次将同一地区两个地理对象的图层进行叠置,以产生空间区域的多重属性特征,或建立地理对象之间的空间对应关系(见图 5-11)。矢量数据的叠加分析至少要有一个图层是多边形图层来作为基本图层,其他的图层可以是点、线、面要素层,用来作为输入层。

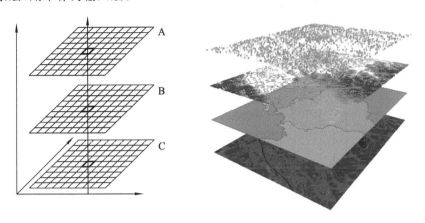

图 5-11　点、线、面图层矢量叠加示意图

(一)叠加分析的方式

1. 统计叠加

为了统计一种要素在另一种要素的某个区域多边形内的分布状况和数量特征,常用统计叠加的方法来实现,这样做的好处是不对叠加图件做分割和合并等空间关系的操作,既保持原来数据的完整性又能得到目标的统计结果数据(见图 5-12(a))。例如,将一个区域的行政区划图与该区域的土地利用图进行统计叠加就可以计算出每个行政区内的各类土地面积。

2. 拓扑叠加

要素的拓扑叠加是对被叠加图层进行全面的空间叠加分析(见图 5-12(b))。与统计叠加不同的是,要素的拓扑叠加需要对叠加图层进行分割合并等操作,目的是通过对区域多重属性的模拟,寻找和确定同时具有几种地理属性的分布区域,对叠加后产生的具有不同属性级的多边形进行重新分类或分级。例如,为了确定旅游开发适宜区,就需要将该区域的地形图、旅游资源分布图、坡度图、交通图等进行叠加,最后得出旅游适宜度分析图。又如,为反映某地土地利用的动态变化情况,可以将前后两个时期的土地利用多边形数据进行叠加,通过比较叠加生成的多边形中前后土地类型是否一致,即可判断该地块是否发生用途转变。

(二)叠加分析的类别

叠加分析分为以下四类,即视觉信息叠加、点与多边形叠加、线与多边形叠加、多边形与多边形叠加。

1. 视觉信息叠加

视觉信息叠加即将不同专题的内容叠加显示在结果图件上,视觉信息叠加之后,参加叠

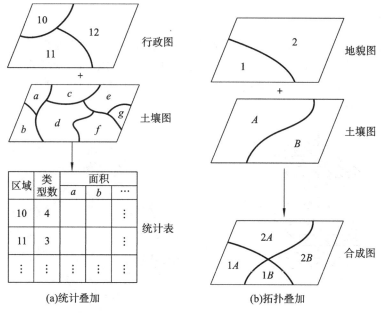

图 5-12 矢量数据叠加分析的两种方式

加的平面之间没发生任何逻辑关系,仍保留原来的数据结构。

(1) 面状图、线状图和点状图之间的叠加。

(2) 面状图区域边界之间或一个面状图与其他专题区域边界之间的叠加。

(3) 遥感影像与专题地图的叠加。

(4) 专题地图与数字高程模型叠加显示立体专题图(见图 5-13)。

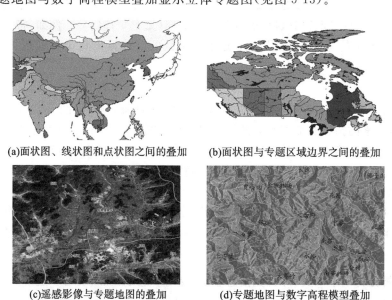

图 5-13 视觉信息叠加的具体情况

2. 点与多边形的叠加

点与多边形的叠加即将一个含有点的图层(目标图层)叠加在另一个含有多边形的图层(操作图层)上,以确定每个点落在哪个区域内(见图5-14)。例如,一个中国政区图(多边形)和一个全国旅游资源分布图(点),二者经叠加分析后,将政区图多边形有关的属性信息加到旅游资源的属性数据表中,然后通过属性查询,可以查询指定省有多少种旅游资源;也可以查询指定类型的旅游资源在哪些省里有分布等信息。

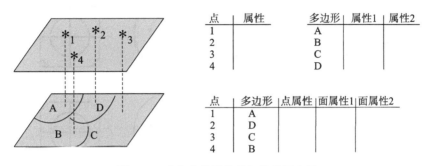

图 5-14 点与多边形的叠加分析示意图

3. 线与多边形的叠加

线与多边形的叠加即将线的图层(目标图层)叠加在多边形的图层(操作图层)上,以确定一条线落在哪个多边形内(见图5-15)。与前面不同的是,往往一个线目标跨越多个多边形,这时需要先进行线与多边形的求交,并将线目标进行切割,形成一个新的空间目标(新的线目标)的结果集。例如,当线状图层为河流,叠加的结果是多边形将穿过它的所有河流打断成弧段,可以查询任意多边形内的河流长度,进而计算它的河流密度等;如果线状图层为道路网,叠加的结果可以得到每个多边形内的道路网密度,内部的交通流量,进入、离开各个多边形的交通量,相邻多边形之间的相互交通量。

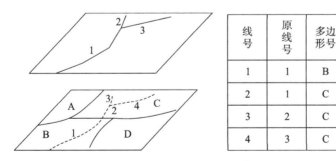

图 5-15 线与多边形的叠加分析示意图

4. 多边形与多边形的叠加

多边形与多边形的叠加即将两个不同图层的多边形要素相叠加,根据两组多边形的交点来建立多重属性的多边形或进行多边形范围内的属性特征的统计分析(见图5-16)。多边形叠加过程分几何求交过程和属性确定过程,算法的核心是多边形求交。在具体操作中,由于矢量有限精度等原因,几何对象不可能完全匹配,出现碎屑多边形,通常设模糊容限消除(见图5-17)。

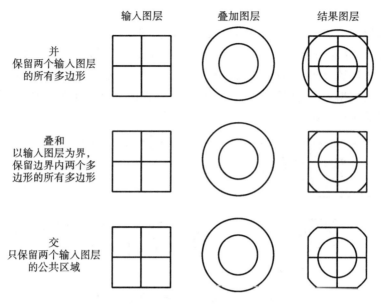

图 5-16 多边形与多边形的叠加分析示意图

图 5-17 多边形与多边形的叠加分析缺陷

（三）ArcGIS 中叠加分析的创建

ArcGIS 空间叠加分析功能主要有联合（Union）、相交（Intersect）、标识（Identity）、更新（Update）、擦除（Erase）。

1. 联合（Union）

进行多边形叠合，输出层为保留原来两个输入图层的所有多边形。很明显，如果输入的图层分别代表两个不同时期的河道要素，则输出的图层保留了该河道经历两个变迁时期形成的所有特征。图 5-18 所示为联合（Union）操作示意图。

（1）打开 ArcToolbox，依次点击【分析工具】→【叠加分析】→【联合】，双击打开【联合】对话框（见图 5-19、图 5-20）。

（2）在图 5-20 中，【输入要素】：右侧文件夹中选择参与联合操作的图层，系统会将当前 TOC 窗口中符合条件的图层进行过滤后显示在此，如果下拉列表中没有可用图层，可以点击旁边的打开按钮来添加图层。需要注意的是，添加的图层必须是多边形要素。

【输出要素类】：设置联合操作产生结果的存储路径和文件名称。

第五章
旅游地理信息系统空间分析

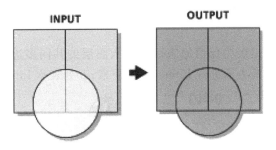

图 5-18　联合(Union)操作示意图

图 5-19　联合命令在 ArcToolbox 中的位置　　图 5-20　联合操作的设置

【连接属性】：为可选项，默认为 All，即将参与联合操作的图层所有的属性都包含在结果图层中，比如在 jnb95.shp 中有两个属性字段，分别为"jnb95_Area"和"jnb95_leixing"，在 jnb05.shp 中有一个属性字段，为"jnb05_name"，那么在输出结果 landuse_95-05.shp 中将包含以上两个图层中的三个字段。

【XY 容限值】：为可选项，没有特殊需要默认即可。

【是否允许有空隙】：为可选项，默认为选中状态。

（3）设置完成后，点击【确定】按钮即可进行联合(Union)操作，操作结束后会自动将结果加载到 ArcGIS 的 TOC 窗口中。Union 功能比较常用的方面是进行动态变化分析。

2. 相交(Intersect)

进行多边形叠合,输出层为保留原来两个输入图层的共同多边形。如图 5-21 所示,其中①处表示输入图层;②处表示进行 Intersect 的要素;③处表示 Intersect 结果。

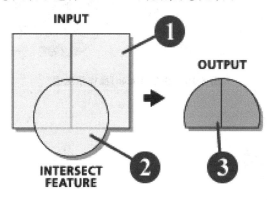

图 5-21 相交(Intersect)操作示意图

(1) 打开 ArcToolbox,依次点击【分析工具】→【叠加分析】→【相交】,双击打开【相交】对话框(见图 5-22、图 5-23)。

图 5-22 相交在 ArcToolbox 中的位置

图 5-23 相交操作设置对话框

(2) 在图 5-23 中,【输入要素】:右侧下拉框中显示可以进行相交操作的要素的列表。参与相交操作的要素图层,可以是点,也可以是线,还可以是多边形图层。

【要素】:在【输入要素】中选择的要素将在此显示,意味着这些要素将会参与接下来的相交操作。

【输出要素类】:设置输出图层的文件名和路径。

【连接属性】:为可选项,可以选择属性合并的方法,默认为 All,即合并所有参与运算图层的属性。

【XY 容差】:为可选项,表示要素节点之间的最小距离,如果有节点之间的最小距离小于容限值,那么这些节点将被连接起来。此项没有特殊需要默认即可。

【输出类型】:为可选项,这里需要特别说明。当选择 INPUT 时,如果输入的要素图层全部为多边形图层,那么输出图层也将为多边形图层;如果输入图层中有一个或多个线图层,没有点图层,那么输出图层将为线图层;如果输入图层中有一个或多个点图层,那么输出图层将为点图层。当选择 LINE 时,输出线图层,只有在输入图层中包含线图层时,该选项才起作用。当选择 POINT 时,输出点图层,如果输入图层为线或多边形,那么输出图层为多要素图层。

(3) 点击【确定】按钮进行运算。操作结束后结果将自动添加到 ArcGIS 的 TOC 窗口中。

3. 标识(Identity)

进行多边形叠合,输出图层为保留以其中一输入图层为控制边界之内的所有多边形。标识(Identity)操作的过程如图 5-24 所示,其中①处所指的为输入要素,为淡蓝色矩形;②处所指淡黄色圆形为 Identity 要素;③处绿色矩形为输出要素。可见,此操作是以淡蓝色矩形为控制边界,对其边界以外的要素进行了删除,保留其边界以内的要素,同时对边界以内的要素进行了 Union 操作。

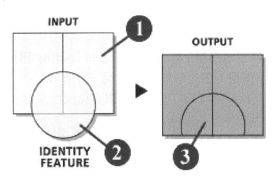

图 5-24 标识(Identity)操作示意图

(1) 打开 ArcToolbox,依次点击【分析工具】→【叠加分析】→【标识】,双击打开【标识】对话框(见图 5-25、图 5-26)。

(2) 在图 5-26 中,【输入要素】:为输入要素图层,必须为多边形要素图层。

【标识要素】:Identity 图层或要素类。

【输出要素类】:在这里设置输出图层的文件名和路径。

图 5-25　标识在 ArcToolbox 中的位置

图 5-26　标识操作设置

【连接属性】：选择属性联合的方法，默认为 ALL，即联合所有输入图层的属性。此项为可选项。

【XY 容差】：没有特殊要求默认即可。

【保留关系】：此项为在输出图层中保持输入图层和 Identity 图层的空间关系，只有在输入图层为线图层，Identity 图层为多边形图层的情况下才有效。如果勾选此项，在输出结果中将多两个字段：RIGHT_poly 和 LEFT_poly，用来存储线的左右多边形信息。此项默认为不勾选。

（3）设置完成后点击【确定】即可，运算结束后自动将结果添加到 ArcGIS 当前 TOC 窗口中。

4. 更新（Update）

进行多边形叠合，输出层为一个经删除处理后的图层与一个新特征图层进行合并后的结果。更新（Update）的数据处理过程如图 5-27 所示。

在图 5-27 中，①处所指淡蓝色图层为输入图层（Input），②处所指黄色圆圈为 Update Feature，③处所指绿色图层为输出结果。

（1）打开 ArcToolbox，依次点击【分析工具】→【叠加分析】→【更新】，双击打开【更新】对话框（见图 5-28、图 5-29）。

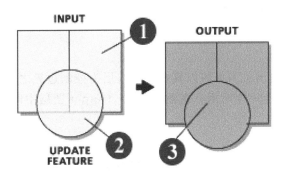

图 5-27　更新(Update)操作示意图

图 5-28　更新在 ArcToolbox 中的位置

图 5-29　更新操作对话框

(2) 在图 5-29 中,【输入要素】:输入的要素或图层,必须是多边形要素。可以点击右侧文件夹来选择图层,ArcGIS 自动将 TOC 中符合条件的图层进行过滤,显示在此,以供选择。

【更新要素】:用来升级输入要素的要素,也必须是多边形要素。同样可以点击右侧文件夹来选择。

【输出要素类】:设置结果的输出路径和文件名,不要与输入图层重名。

【边框】:设置 Update 多边形要素的边框是否保留。如果此项被选中,则 Update 要素的外边框将在输出的结果中保留,如果不勾选此项,则此边界将不保留。此项为可选项。

【XY 容差】:为可选项,一般默认即可。

(3) 设置完成后点击【确定】开始更新(Update)操作,在操作结束后会自动将结果加载到当前 TOC 窗口中。

5. 擦除(Erase)

进行多边形叠合,输出层为保留以其中一输入层为控制边界之外的所有多边形。擦除(Erase)的操作过程如图 5-30 所示。在图 5-30 中,Output 图层中间的正方形区域是空洞,没有任何要素。

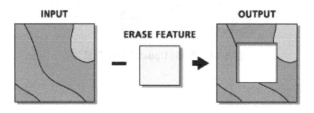

图 5-30 Erase 操作示意图

(1) 打开 ArcToolbox,依次点击【分析工具】→【叠加分析】→【擦除】,双击打开【擦除】对话框(见图 5-31、图 5-32)。

图 5-31 擦除在 ArcToolbox 中的位置   图 5-32 擦除操作设置

(2) 在图 5-32 中,【输入要素】:为输入要素图类或图层,可以为点要素图层、线要素图层和面要素图层。点击右侧下拉框来选择。

【擦除要素】:用其外多边形来定义裁剪区域的要素。

【输出要素类】:用来设置输出要素的名称和存储路径。

【XY 容差】:为可选项,没有特殊要求默认即可。

(3) 擦除操作结束后,结果会自动添加到 ArcGIS 当前的 TOC 窗口中。

6. 交集取反(Symmetrical Difference)

交集取反也称对称差、反相交。它和逻辑交的运算是相反的,逻辑交是保留要素的相交共同部分,而对称区别是去掉相交部分,保留各自不相交的部分。

三、网络分析

(一)概述

1. 网络的概念及类别

网络通常用来描述某资源的流动情况,是从同类问题中抽象出来的用数学中的图论来表达并研究的一种模型。网络一般都是由节点和连线构成的图,表示研究的多个对象及其相互联系。

网络的类别依据不同的分类标准可以分成以下不同类别。

(1) 根据其与空间位置是否相关,可以分为空间网络和非空间网络。其中,空间网络又称地理网络,是指与地理位置相关的各种自然和人工的网络。常见的空间网络有路网(公路、铁路、航空)、河网(水系)、电网(电力网络)、通信网(电话网络、Internet)、管网(上水、下水、供热网络、气网)等(见图 5-33)。然而,并不是所有与位置有关的网络都可用于空间网络分析,如蜘蛛网、渔网等。因此,只有当网络中能够进行物质、能量或信息的传输时,网络分析才具有意义。

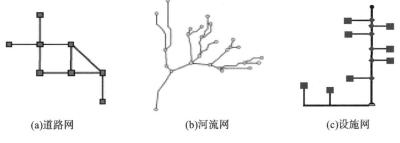

(a)道路网　　　　　(b)河流网　　　　　(c)设施网

图 5-33　空间网络

(2) 根据网络中资源传输方向的确定性,可以分为定向网络和非定向网络(见图 5-34)。其中,定向网络是由源流向汇合处,网络中流动的资源自身不能决定流向,如水流、电流等。非定向网络的流向不完全由系统控制,网络中流动的资源可以决定流向,如交通系统等。

在 ArcGIS 中支持两种网络类型。

一种是几何网络,主要用于定向网络分析,在 ArcMap 中使用 Utility Network Analyst 工具条(见图 5-35),将点和线要素转换成几何网络。

另一种是网络数据集,主要用于非定向网络分析,使用 ArcGIS 中的 Network Analyst 扩展模块(见图 5-36),将点、线以及转弯转换成网络数据集。

二者的异同点如表 5-2 所示。

(a)定向网络　　　　　　　　(b)非定向网络

图 5-34　空间网络

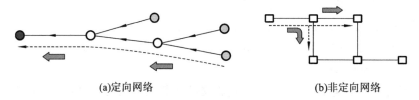

图 5-35　几何网络分析工具条

图 5-36　网络数据集分析工具条

表 5-2　几何网络和网络数据集的对比分析表

项　目	几何网络 Geometric Networks	网络数据集 Network Datasets
网络组成元素	边线、交汇点	边线、交汇点及转弯
数据源	只支持 GDB 要素类	GDB 要素类,shp 或者 streetMap 数据
连通性管理	网络系统管理	创建数据集时用户控制
网络属性(权重)	基于要素类属性	更灵活的属性模型
存在位置	只存在 GDB 要素集	要素集或文件夹
网络模式	单一模式	单一或多模式

2．网络基本组成

(1) 链:网络中的管线,资源传输的通道,构成网络的骨架。如街道、河流、水管等。

(2) 结点:链的端点或两(多)条链的交点。如道路交叉口、河流的交汇点等。

(3) 障碍:禁止网络中资源流动的点。如道路网中施工的路段、供水网络中的水阀等。

(4) 拐角点:指网络中状态属性有阻力的结点。如对拐弯方向或时间有限制的路口。

(5) 中心:网络中接受或分配资源的结点。如水库、商业中心、电站等。

(6) 站点:在网络中资源增减的站点。如库房、汽车站等。

(二) 网络分析的基础

网络分析是地理信息系统空间分析功能的重要组成部分。它的数学基础源于计算机图形学和运筹学。其基本思想是人类活动总是趋向于按一定目标,选择达到最佳效果的空间位置,因此空间网络分析的根本目的是研究和筹划一项网络工程如何安排,并使其运行效果最好。

在 ArcGIS 中,空间网络分析就是根据点线实体对象之间的拓扑关系来研究构成网络模型的空间实体对象的空间特征和属性特征,进而对网络模型进行全方位的研究和分析的一种空间分析方法。其实质就是通过研究网络的状态,模拟分析资源在网络上的流动和分配,以实现网络上资源传输的优化。

(三)网络分析的应用

网络分析目前主要应用于路径分析、资源的定位与配置、连通分析、流分析、动态分析、地址匹配等六个方面。

1. 路径分析

通过对组成网络的各部分的属性数据的分析,找出满足特定条件下的资源传输路径。通常指求解最佳路径,包括静态求最佳路径、动态求最佳路径、N 条最佳路径、最短路径等。比如旅游线路规划、景区最多观景点游路设计等。

2. 资源的定位与配置

通过对需求源和供应点的研究,对一个或多个中心点资源在网络上的最优问题进行模拟,以实现网络设施的最优布局,包括定位和配置两个问题。定位是已知需求源的分布,确定在哪里布设供应点最合适的问题,例如,确定旅游厕所、游客中心的最佳位置问题。定位的实质是选址问题;配置是指已知供应点,确定供应点为哪些需求源服务的问题。例如,在有限的闲暇时间和旅游花费的要求下,确定游客应该去哪些景点旅游。

3. 连通分析

求解从一个结点出发,可到达的全部结点或链,其中最少费用的连通问题是连通分析中的特定问题。

4. 流分析

按照某种优化标准,如时间最短、费用最低、路程最短等,设计资源运送方案。

5. 动态分段

它是 GIS 中一种线性特征的动态分析、显示和绘图技术。它解决了传统的 GIS 在处理线性特征时所遇到的问题,是在传统 GIS 数据模型的基础上利用线性参考系统和相应算法,在需要进行分析、显示、查询及输出时,动态计算出属性数据的空间位置,即动态地完成各种属性数据集的显示、分析及绘图。

6. 地址匹配

地址匹配又称地理编码,简而言之就是将文字性的描述地址与其空间的地理位置坐标建立起对应关系的过程。具体来说,它是一种基于空间网络(如路网)的定位技术,将包含地址的属性数据与 GIS 中具有地理位置的点相连接,从而将其在实际地理空间显示出来。

在 ArcToolbox 中有专门的网络分析工具箱,包括 Analysis(分析工具)、Network Dataset(网络数据集工具)、Turn Feature Class(转弯要素),具体操作在 ArcGIS 的帮助文档中有详细介绍。

(四)路径分析的具体应用

在旅游空间分析中,路径分析使用相对频繁,因此,重点介绍路径分析的具体应用。

1. 概念

路径分析在空间网络分析中有着十分重要的作用,它一直是计算机科学、运筹学、地理信息科学的研究热点。进行网络路径分析之前,一般需要先将无向的网络转换成加权的有向网络(见图5-37),也就是给网络中的弧段(链)等要素赋以权值,其值的大小视约束条件而定。网络分析的典型应用就是求最短路径;若一条弧段的权值表示起始结点和终止结点之间的长度,那么任意两结点之间的各条路径长度就等于该路径上所有边的长度之和,而最短路径就是所有路径中长度最小的路径。

(a)无向图　　　　　　　　　(b)有向图

图 5-37　路径分析示意图

最佳路径实质上就是按特定条件加权后的最短路径,不过这里的最佳路径不仅指一般地理意义上的距离最短,还可以是成本最低、时间花费最少、资源流量最大、舒适程度最高等。例如,游客要从 A 地到 B 地旅游,最短路径可能是时间花费最少的路径,但是最佳路径可能还要考虑游客自身的身体条件、经济条件,以及自然天气状况等多方面因素之后所得出的综合成本最低的路径。

2. 最佳路径算法

解决最佳路径问题的经典方法是 E.Dijkstra 发明的贪婪算法(Greedy Method),可用于计算一个结点到其他所有结点的加权最短路径(邬伦等,2001)。

贪婪算法的基本思路是将网络转换成邻接矩阵和有向图,再采用运筹学方法解决。其基本原理表现为:设有一个包含 n 个结点的网络,网络中各结点之间的加权距离采用 n 阶邻接矩阵 $cost[n,n]$ 来表示,其中 $cost[i,j]$ 为结点 i 到结点 j 的加权距离。若 i 结点与 j 结点不能连通,则 $cost[i,j]=\infty$;若 $i=j$,则 $cost[i,j]=0$。如图 5-38 所示,欲求出源点 V_0 至各终点的最短距离,首先从 V_0 出发的各边中选取加权距离最小的边,作为源点 V_0 出发的最短路径 (V_0,V_j),而下一个次短路径 V_k 可能是 (V_0,V_k) 或者是 (V_0,V_j) 和 (V_j,V_k) 的权重之和。由此可见,求出某个顶点的最短路径后就有可能影响到其他未求出最短路径的顶点,因此,在求从源点到终点的最短路径时就需要不断地对路径进行修正(见表5-3)。

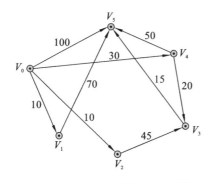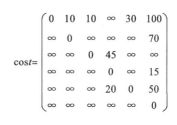

图 5-38 网络有向图和邻接矩阵

表 5-3 贪婪算法实现最优路径选择的步骤

终点	从源点 V_0 到各终点的距离值及最短路径			
V_1	$(V_0,V_1)10$			
V_2	$(V_0,V_2)10$			
V_3	∞	$(V_0,V_2,V_3)55$	$(V_0,V_4,V_3)50$	
V_4	$(V_0,V_4)30$	$(V_0,V_4)30$		
V_5	$(V_0,V_5)100$	$(V_0,V_1,V_5)80$	$(V_0,V_2,V_3,V_5)70$	$(V_0,V_4,V_3,V_5)65$
V_j	V_1 或 V_2	V_4	V_3	V_5
S	(V_0,V_1) 或 $(V_0,V_2)10$	$(V_0,V_4)30$	$(V_0,V_4,V_3)50$	$(V_0,V_4,V_3,V_5)65$

贪婪算法虽然能够得出最短路径的最优解,但由于它遍历计算的结点太多,效率很低。

第三节 栅格数据的空间分析

数据是地理信息系统的基础,强大的地理信息分析功能对数据有很高的要求。与矢量数据相比,栅格数据具有其独特的一面,尤其是在空间辅助决策部分要求不高的情况下,采用栅格地理信息系统。其信息更加全面、内容更加具体、开发速度较快,是地理信息系统进一步的延伸。

基于栅格数据的空间分析是 GIS 空间分析的基础,也是 ArcGIS 的空间分析模块的核心内容。栅格数据的空间分析主要包括聚合与聚类分析、距离量测、表面分析、统计分析等功能。ArcGIS 栅格数据空间分析模块(Spatial Analyst)提供了有效的工具集,方便执行各种栅格数据空间分析操作,解决空间问题。

一、栅格数据概述

栅格数据是 GIS 的重要数据模型,基于栅格数据的空间分析方法是空间分析算法的重要内容。由于其自身数据结构的特点,栅格数据在数据处理与分析中通常使用线性代数的二维数字矩阵分析法作为数据分析的数学基础。因此,栅格数据的空间分析方法具有自动分析处理较为简单,分析处理模式化很强的特点。

（一）栅格数据的组成

一个栅格数据集就像一幅地图,描述了某区域的位置和特征。单个栅格数据集只能代表单一专题,如土地利用、土壤、道路、河流或高程,必须创建多个栅格数据集来完整描述一个区域。

1. 单元

栅格数据集由单元组成,每个单元（像元）是代表某个区域特定部分的方块。栅格中的所有单元都是同样大小的。栅格数据集中的单元大小可以是需要的任何值,但必须保证其足够小,以便能完成最细致的分析。一个单元可代表一平方公里、一平方米,甚至一平方厘米。

2. 行与列

栅格单元按行列摆放,组成了一个笛卡尔矩阵。矩阵的行平行于笛卡尔平面的 X 轴,列平行于 Y 轴。每个单元有唯一的行列地址。研究区的所有位置被此矩阵覆盖。

3. 值

每个单元被分配一个指定值,以描述单元归属的类别、种类或组,或栅格所描述现象的大小或数量。值代表的要素包括土壤类型、土壤质地、土地利用类型、道路类别和居住类型等。值可以表示连续表面上单元的大小、距离或单元之间的关系。高程、坡度、坡向、飞机场噪声污染和沼泽地 pH 浓度都是连续表面的实例。如用栅格表示图像或照片,值代表颜色或光谱反射值。图 5-39 所示为栅格数据的单元、行、值。

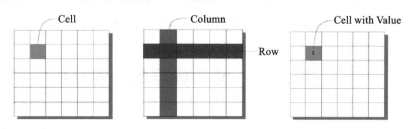

图 5-39　栅格数据的单元、行、值

4. 空值

如果某单元被赋予空值,那么该单元所在位置没有特征信息或者是信息不足。空值有时也被称为 null 值,在所有操作符和函数中,对其处理方式是有别于其他值的。图 5-40 所示为栅格数据的空值。

被赋予空值的单元有两种处理方式:如果在一个操作符或局域函数、邻域函数中的邻域或分区函数的分类区中的输入栅格的任何位置上存在空值,则为输出单元位置分配空值;另外一种方式则是忽略空值单元并用所有有效值完成计算。

5. 分类区

两个或多个具有相同值的单元属于同一分类区。分类区可以由连接、不连接或同时由以上两种单元组成。由连接单元组成的分类区通常表示某区域的单一要素,如一个建筑物、

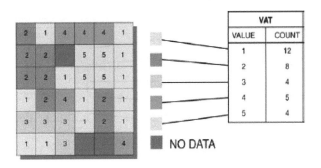

图 5-40 栅格数据的空值

一个湖泊、一条路或一条电力线。实体的集合,如某州的森林林分、某国的土壤类型或城镇中的单个家庭住宅是最有可能用许多不连接的组(组由连接的单元构成)构成的分类区来表示的数据。图 5-41 所示为栅格数据的分类区。

栅格上的每个单元都归属于某个分类区,有些栅格数据集只包含很少的分类区,有些则包含很多。

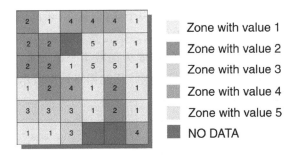

图 5-41 栅格数据的分类区

6. 区域

分类区内的每组连接单元为一个区域。如果一个分类区仅由一组连接单元构成,那么它就仅含一个区域。为表示一个要素,分类区可由所需要的足够多的区域组成。组成区域的单元数目是没有实际限制的。例如,在图 5-41 的栅格数据集中,分类区 1 由六个区域组成,分类区 2 由两个区域组成,分类区 4 由三个区域组成,分类区 5 仅由一个区域组成。

7. 关联表

整型(类别型)栅格数据集通常伴有一个属性表。表的第一项是值(Value),存储栅格的每个分类区所分配的值。第二项是个数(Count),存储数据集中属于每个分类区的单元总数。表中可插入本质上无限数量的可选项以表示分类区的其他属性(见图 5-42)。

(二) 坐标空间和栅格数据集

坐标空间定义了栅格数据集中位置间的空间关系。所有栅格数据集都位于某个坐标空间内。坐标空间可以是真实世界坐标系统或图像空间。

由于几乎所有的栅格数据集都表示真实世界的某个场所,因此最好在栅格数据集中应用最能代表真实世界的真实坐标系统。将一个栅格数据集的非真实世界坐标系统(图像空

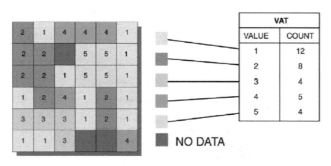

图 5-42　栅格数据的关联表

间)转变为真实世界坐标系统的过程称为地理配准。

(三)栅格数据集的要素表示

1. 点数据

点要素是在指定精度下能够标识的没有面积的对象。虽然在某些精度下一口井、一根电话杆,或一株濒危植物的位置都可被认为是点要素,但在其他精度下它们是有面积的。例如,一根电话杆从两公里高的飞机上看仅仅是一个点,但从 25 米高的飞机上看将是一个圆。

点要素用栅格的最小基元——单元来表示。单元是有面积大小的,单元越小则面积越小,越接近所代表的点要素。带面积的点的精度为加减半个单元大小。这是用基于单元的系统来工作必须付出的代价。图 5-43 所示为点特征的栅格数据表示。

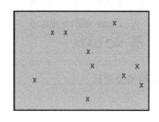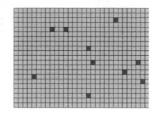

图 5-43　点特征的栅格数据表示

2. 线数据

线数据是在某种精度下所有那些仅以多段线形式出现的要素,如道路、河流或电力线。在栅格数据中,线可用一串连接的单元表示。类似点数据,其表示精度将随着数据的尺度和栅格数据集的精度的改变而改变。图 5-44 所示为线特征的栅格数据表示。

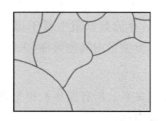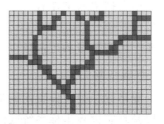

图 5-44　线特征的栅格数据表示

3. 多边形数据

表示多边形或面数据的最好方式是能够最佳描绘多边形形状的一系列连接单元。多边形要素包括建筑物、池塘、土壤、森林、沼泽和田野等。

用一系列方块单元表示多边形的平滑边界的问题"锯齿",将产生类似楼梯一样的效果。表示精度依赖于数据的尺度和单元的大小。单元精度越高,表示小区域的单元数量越多,表示越精确。图 5-45 所示为多边形特征的栅格数据表示。

 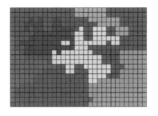

图 5-45 多边形特征的栅格数据表示

二、数据分析环境设置

设置栅格数据的分析环境是完成空间分析的重要条件。在进行栅格数据分析之前,应当先设置分析环境,否则会造成多层栅格像元未对齐以及分析区域不正确(见图 5-46)、像元大小不正确、数据存储位置错误等一系列问题,从而导致空间分析结果不符合要求。栅格数据分析环境设置的主要内容包括设置工作路径、设置像元大小、设置分析范围与分析掩模、选择坐标系等。

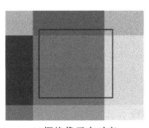  

(a)栅格像元未对齐　　(b)不正确的分析区域　　(c)正确的分析区域

图 5-46 分析环境的可能影响

在 ArcGIS 中空间分析环境的设置步骤为:激活空间分析模块,在 ArcMap 主菜单上点击【地理处理】,在下拉菜单中点击【环境】,弹出【环境设置】对话框,即可设置分析环境(见图 5-47)。

(一)设置工作路径

缺省情况下分析结果将自动保存在操作系统的默认路径下,也可以通过栅格空间分析模块中的 Option 选项的设置,指定新的所有分析结果的默认存放位置(见图 5-48)。

(二)设置栅格大小

栅格大小指分析过程中系统默认的栅格数据的栅格单元大小,又称为分析解析度。栅

图 5-47　分析环境设置

图 5-48　设置工作路径

格数据的空间分析就是在每一个栅格单元的基础上进行的。如果单元过大则分析结果精确度降低,如果单元过小则会产生大量的数据,且计算速度降低,故而需要选择合适的单元大小(见图 5-49)。

(三)设置分析区域

1. 利用坐标设置分析区域

通过设定矩形四边坐标值,定义一个用户需要的矩形计算范围(见图 5-50)。

2. 使用掩码设置分析区域

分析掩码标识分析过程中需要考虑的分析单元即分析范围。首先预设分析掩码,并对不需要进行分析的单元赋空值,然后进行分析。

图 5-49　设置栅格大小

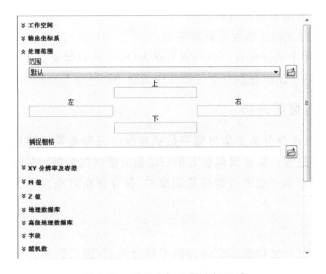

图 5-50　利用坐标设置分析区域

（四）设置坐标系统（见图 5-51）

在 ArcGIS 的空间分析中，可以通过两种方式设定分析结果的坐标系统配准方式。

（1）分析结果以输入栅格的坐标系统来存储（如果存在多个输入栅格，则将以第一个输入栅格坐标系统存储）。

（2）分析结果将以"Active"数据的坐标系统来存储。

（五）过程文件管理

（1）在函数对话框中输入结果全名。

（2）通过目录表永久保存计算结果。

选择需要永久保存的数据层，点击鼠标右键，选择 Make Permanent 命令，在弹出的对话

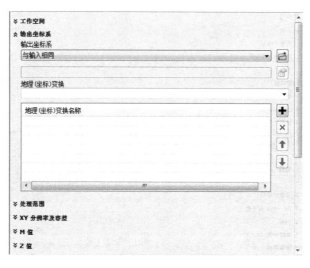

图 5-51 设置坐标系

框中设置目录路径并为结果指定名称。

（3）通过保存地图文档永久保存计算结果。

在文件（File）菜单中选择保存（Save）或另存为（Save As）命令。在弹出的对话框中指定存放路径和文件名称，并在保存类型下拉箭头中选择 ArcMap Documents（ * . mxd）。

三、聚合分析与聚类分析

栅格数据的聚类、聚合分析是指将栅格数据系统经某种变换而得到具有新含义的栅格数据系统的数据处理过程。具体又包含对单一层面的栅格数据进行处理和对多个层面的栅格数据进行处理。基于单一层面的栅格数据聚类、聚合分析方法也称为栅格数据的单层面派生处理法。

（一）聚合分析

栅格数据的聚合分析是指根据空间分辨率和分类表，进行数据类型的合并或转换以实现空间地域的兼并（见图5-52）。空间聚合的结果往往将较复杂的类别转换为较简单的类别，并且常以较小比例尺的图形输出。当从小区域到大区域的制图综合变换时常需要使用这种分析处理方法。

（二）聚类分析

栅格数据的聚类分析是根据设定的聚类条件对原有数据系统进行有选择的信息提取而建立新的栅格数据系统的方法。例如，图 5-53（a）为一个栅格数据系统，1、2、3、4 为其中的四种类型要素，5-53（b）为提取其中要素"2"的聚类结果。

栅格数据的聚类、聚合分析处理法在数字地形模型及遥感图像处理中的应用是十分普遍的。例如，由数字高程模型转换为数字高程分级模型便是空间数据的聚合分析；而从遥感数字图像信息中提取其中某一地物的方法则是栅格数据的聚类分析。

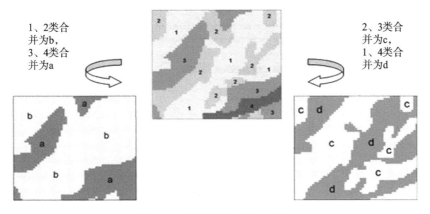

图 5-52 栅格数据的聚合分析

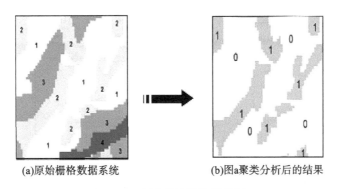

(a)原始栅格数据系统　　(b)图a聚类分析后的结果

图 5-53 栅格数据的聚类分析

（三）ArcGIS 中的聚合分析与聚类分析

ArcGIS 中，实现聚合分析与聚类分析的方法常有重分类（Reclassify）和 Con 等函数。

1. 重分类

重分类即基于原有数值，对原有数值重新进行分类整理从而得到一组新值并输出。根据用户需要的不同，重分类一般包括四种基本分类形式：数值更新（用一组新值取代原来值）、类别合并（将原值重新组合分类）、同标准分类（以一种分类体系对原始值进行分类），以及特定值重分类（为指定值设置空值）。

在 ArcToolbox 中，单击【Spatial Analyst】→【重分类】→【重分类】，双击打开【重分类】对话框。操作对话框如图 5-54 至图 5-56 所示。

（1）数值更新。

事物总是处于不断发展变化中的，地理现象更是如此，所以为了反映事物的实时真实属性，需要不断地去用新值代替旧值。例如，气象信息的实时更新、土地利用类型的变更等。

（2）类别合并。

将一些具有某种共性的事物合并为一类。例如，可以将商场、超市、餐馆等共同归并为服务场所，也可将旱地、水浇地、菜地等共同归并为耕地。

图 5-54 重分类对话框

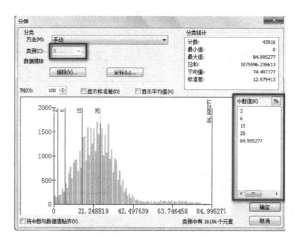

图 5-55 手动重分类

图 5-56 重新赋值

(3)同标准分类。

将数据用一种等级体系来进行分类,或将多个栅格数据用统一的等级体系重新归类。

(4)特定值重分类。

对栅格数据中的某些值设置空值来限制栅格计算,如分析掩码的创建。

2. 基于 Con 等函数的栅格计算器的聚合与聚类分析

(1)数学运算。

数学运算主要是针对具有相同输入单元的两个或多个栅格数据逐网格进行计算的。主要包括三组数学运算符:算术运算符、布尔运算符和关系运算符。

①算术运算主要包括加、减、乘、除四种。

②布尔运算主要包括和(And)、或(Or)、异或(Xor)、非(Not)。

③关系运算符包括六种,即＝、<、>、<>、≥、≤。

(2)函数运算。

函数运算主要包括数学函数运算和栅格数据空间分析函数运算算术函数。其中数学函数运算包括以下几种。

①算术函数:Abs、Int、Float、Floor、IsNul。

②三角函数:Sin、Cos、Tan、Asin、Acos、Atan。

③对数函数:Exp、Exp10、Exp2、Log、Log10、log2。

④幂函数:Sqrt、Sqr、Pow。

栅格数据空间分析函数主要是 ArcGIS 自带的大部分栅格数据分析与处理函数,如栅格表面分析中的 slope、hillshade 函数等,具体用法可参阅相关文档。

(3)栅格计算器。

栅格计算器由四部分组成,左上部 Layers 选择框为当前 ArcMap 视图中已加载的所有栅格数据层名列表,双击任一个数据层名,该数据层名便可自动添加到左下部的公式编辑器中,中间部位上部是常用的算术运算符、0—10、小数点、关系和逻辑运算符面板,单击便可自动添加按钮内容到公式编辑器中。右边可伸缩区域为常用的数学运算函数面板,同样单击便可自动添加按钮内容到公式编辑器中。

在 ArcToolbox 中,单击【Spatial Analyst】→【地图代数】→【栅格计算器】,双击打开【栅格计算器】对话框(见图 5-57)。

①简单数学计算。

在公式编辑器中先输入计算结果名称,再输入等号(所有符号两边需要加一个空格),然后在 Layers 栏中双击要用来计算的图层,则选择的图层将会进入公式编辑器参与运算。其中"－"和"∧"为单目运算符,运算符前可以不加内容,而只在运算符后加参与计算的对象,如 a＝－[slope]等。在公式编辑器如果引用 Layers 选择框的数据层,数据层名必须用[ ]括起来。

②数学函数运算。

数学函数运算需要注意的是它输入时需要先点击函数按钮,然后在函数后面的括号内加入计算对象。应该注意一点,三角函数以弧度为其默认计算单位。

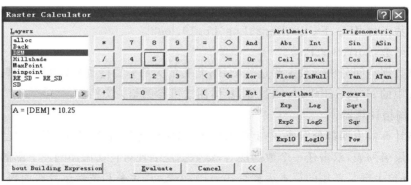

图 5-57　栅格计算器对话框

③栅格数据空间分析函数运算。

数学栅格数据空间分析函数没有直接出现在栅格计算器面板中,因此需要计算者自己手动输入。需要引用它们时,首先必须查阅有关文档,查清楚它们的函数全名、参数、引用的语法规则等。然后在栅格计算器输入函数全名,并输入一对小括号,再在小括号中输入相关参数或计算对象。

④多语句的编辑。

ArcGIS 栅格计算器多表达式同时输入,并且先输入的表达式运算结果可以直接被后续语句引用,如:

d=[DEM]×100

e=d⩾2500

一个表达式必须在一行内输入完毕,中间不能回行。此外,如果后输入的函数需要引用前面表达式计算结果,前面表达式必须是一个完整的数学表达式,如"d=[DEM]×100",等号左边为输出数据文件名,右边为计算式。此外,引用先前表达式的输出对象时,直接引用输出对象名称,对象名称不需要用中括号括起来,如"e=d≥2500"中"d"。

四、距离量测

距离量测即根据每一栅格相距其最邻近要素(又称"源")的距离来进行分析制图,从而反映每一栅格与其最邻近源的相互关系。通过距离量测可以获得很多相关信息,指导人们进行资源的合理规划和利用,因此距离量测通常用于选址分析、路径分析等应用之中。例如,飞机失事紧急救援时从指定地区到最近医院的距离;游客中心等旅游设施的布置及其服务区域的分析等。此外,也可以根据某些成本因素找到 A 地到 B 地的最短路径或成本最低路径。本部分就 ArcGIS 中距离量测的基本原理和实现过程进行详细阐述。

(一)距离量测的基础

栅格数据分析中的距离有欧氏距离和成本距离两种。前者也称自然距离,是指两个像元中心点之间在欧氏平面上的距离;后者也称成本加权距离,它指两点之间累积成本最低的距离。在具体应用中,欧氏距离往往过于理想,而成本距离更贴近实际。

距离量测中通常会用到以下术语。

1. 源

源即距离分析中的目标或目的地。如游客中心、旅游厕所、旅游道路等。表现在 GIS 数据特征上是一些离散的点、线、面要素。要素可以邻接,但属性必须不同。源可以用栅格数据表示,也可以用矢量数据表示。图 5-58 所示为源分布示意图。

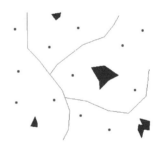

图 5-58 源分布示意图

2. 距离制图函数

(1)直线距离函数。

直线距离函数用于量测每一栅格单元到最近源的直线距离。它表示的是每一栅格单元中心到最近源所在栅格单元中心的距离。图 5-59 所示为直线距离示意图。

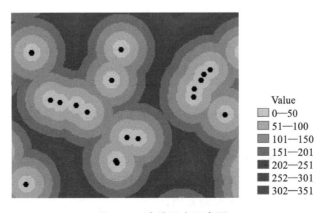

图 5-59 直线距离示意图

(2) 成本距离加权函数。

成本距离加权函数用其他函数因子修正直线距离,这些函数因子即为单元成本。通过成本距离加权功能可以计算出每个栅格到距离最近、成本最低源的最少累加成本。这里成本的意义非常广泛,它可以是金钱、时间或偏好。直线距离功能就是成本距离加权功能的一个特例,在直线距离功能中成本就是距离。成本距离加权依据每个格网点到最近源的成本,计算从每个格网点到其最近源的累加通行成本。

(3) 方向函数。

距离方向函数表示了从每一单元出发,沿着最低累计成本路径到达最近源的路线方向。图 5-60(a) 为距离方向编码示意,0 表示当前格网,1—8 分别表示不同方向。图(b)从方向数据中识别的从每一单元出发,沿着最低累计成本路径到达最近源的路线图。图 5-60 所示为距离方向编码。

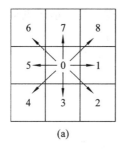
(a)

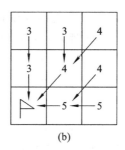
(b)

图 5-60　距离方向编码

(4) 成本。

成本即到达目标、目的地的花费,包括金钱、时间、人们的喜好等等。影响成本的因素可以只有一个,也可以有多个,如旅游景区的选址,不仅要考虑位置的适宜性,还要考虑土地利用现状、交通是否便捷等。成本栅格数据记录了通过每一单元的通行成本。成本分配加权函数通过计算累加成本来找寻最近源。

成本数据的获取一般是基于重分类功能来实现的通行成本的计算。一般将通行成本按其大小分类,再对每一类别赋予一定的量值,成本高的量值小,成本低的量值大。成本数据是一个单独的数据,但有时会需要考虑多个成本,如需要考虑时间和空间通达性两种成本,此时需要对各自分类好的时间和空间通达性两种成本,根据影响百分比对其数据集赋权重,让它们分别乘以各自百分比然后相加,就生成了成本栅格数据。

3. 累积成本

累积成本是指每一个像元到距离最近、成本最低的源的最少累加成本。

4. 成本方向

根据累积最低成本栅格数据,确定每一个像元沿最低成本路径,回到最近邻源的方向。ArcGIS 中,像元的最低成本路径方向采用 0—8 的数字编码,0 为像元本身,1—8 分别为从正东方向开始顺时针的 8 个相邻像元的方向。

5. 成本分配

确定每一个像元属于哪一个最近源的信息,像元值与所对应的源相同。在自然距离量测中,成本分配利用自然距离最邻近方法确定归属;在成本距离量测中,成本分配基于最低累计成本而确定。

除了可以使用 ArcMap 空间分析模块里的 Distance 工具进行距离量测分析外,ArcToolbox 也提供了许多距离量测和分析函数。

(二) ArcGIS 中的自然距离量测

通过 ArcMap 空间分析模块里的直线距离工具(Straight Line),可以计算每个栅格像元与最近源之间的欧氏距离,并按距离远近分级。

计算欧氏距离需要输入源数据(Distance to),设置输出的直线距离数据(Output raster)及其像元大小,同时还可以根据需要输出直线方向数据(Create direction)和直线分配数据(Create allocation)。如果只想在一定范围内计算距离,可以在 Maximum Distance 中输入计算的最大距离,那么在距离以外的地方将会直接赋予空值。直线距离可以用于实现空气污染影响度分析、寻找最近景区、计算距最近景点的距离等。

(三) ArcGIS 中的成本距离量测

1. 成本距离加权

成本距离加权功能计算出每个栅格到距离最近、成本最低源的最少累加成本,同时生成另外两个相关输出:基于成本的方向数据和分配数据。成本数据表示每一个单元到它最近源的最小累积成本;方向数据表示从每一单元出发,沿着最低累计成本路径到达最近源的路线方向;分配数据通过对整个区域的划分表示了每个栅格所属的最近源。通过 ArcMap 空间分析模块里的成本距离加权工具(Cost Weighted),可以计算出每个栅格像元到距离最近、成本最低源的最少累加成本。

2. 最短路径

最短路径功能用来计算并显示从目标点到源的最短路径或最小成本路径。在 ArcGIS 中提供三种最短路径算法。

(1) For Each Cell:为源中每个像元寻找一条成本最小的路径。

(2) For Each Zone:为每个源寻找一条成本最小的路径。

(3) For Best Single:为所有源寻找一条成本最小的路径。

五、表面分析

表面分析主要通过生成新数据集,诸如等值线、坡度、坡向、山体阴影等派生数据,获得更多的反映原始数据集中所暗含的空间特征、空间格局等信息。在 ArcGIS 中,可以通过空间分析工具(Spatial Analyst)和三维分析工具(3D Analyst)进行表面分析。

(一) 生成等值线

等值线是制图对象某一数量指标值相等的各点连成的平滑曲线,由地图上标出的表示制图对象数量的各点,采用内插法找出各整数点绘制而成。常见的有等温线、等压线、等高线、等势线等。在栅格 DEM 和 TIN 上,提取等值线的原理与常规地图测绘中绘制等高线的原理基本一致,它往往包括以下几个步骤。

(1) 在栅格 DEM 的每个像元点或 TIN 的每条边上内插等值点。

(2) 按照内插的等值点,追踪等值线。

(3) 标记等值线。

(4) 对等值线进行平滑处理并输出。

ArcGIS 中生成等值线通常可以利用空间分析(Spatial Analyst)模块的表面分析(Surface Analysis)工具集中的等值线工具(Contour)。

(二) 坡度分析与坡向分析

坡度与坡向(见图 5-61)是表面分析中两个较常用的参数。坡度反映地球表面在该点的倾斜程度,坡向反映斜坡所面对的方向。因此,坡度和坡向分析通常用于地形特征分析和可视化的基本要素,用于解决水土保持、选址分析、土地利用等方面的问题。例如,在土地利用中,坡度大于 25°的土地一般不适宜耕种,因此可以利用坡度分析解决退耕还林问题。

坡度、坡向数据可由栅格 DEM、TIN 和等高线不同数据结构的数字地面模型自动计算得出,但不同的数据结构、不同的计算方法,可能会产生不同的坡度、坡向计算结果,需要注意的是,坡度、坡向是地形表面的固有属性,它不应该随着表面数据结构的改变而发生改变。

1. 坡度的提取

表面上任一点的坡度(Slope)是指过该点的切平面与水平地面的夹角,或该点切平面的法向量与垂直方向之间的夹角。其表示方法有两种(见图 5-62):坡度角(Degree of Slope)和坡度百分比(Percent of Slope)。

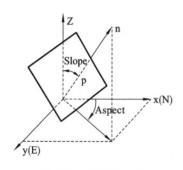

图 5-61　坡度与坡向

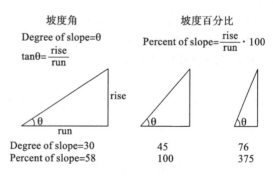

图 5-62　坡度两种表达方式

坡度的提取主要应用于高程数据,但是其他连续栅格数据也可以求取相对意义的坡度。例如,对人口密度求取坡度,可以更形象地表达人口空间分布的变化情况;对气温表面求取坡度,可以反映温度的变化梯度。ArcGIS 中提取坡度可以利用空间分析模块的表面分析工具集中的坡度工具。其参数设置包括坡度表示方法的选择、高程转变系数的设置、输出像元大小的设置等。

2. 坡向的提取

坡向是指表面上一点的切平面的法线矢量在水平面的投影与过该点的正北方向之间的夹角。对于地面任何一点来说,坡向表征了该点高程值改变量的最大变化方向。

ArcGIS 中,提取坡向可以利用空间分析(Spatial Analyst)模块的表面分析(Surface Analysis)工具集中的坡向工具(Aspect)。图 5-63 是某地的地形坡向图,图中每一个栅格像元值代表该像元所在位置的坡向值,平坦的区域没有坡向,直接赋值为 -1。

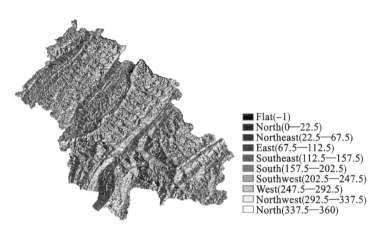

图 5-63 坡向提取

六、统计分析

栅格数据统计分析中主要用到的是叠加分析和窗口分析两种。叠加分析主要用于多个栅格数据中同一位置各个像元的统计,即叠加统计;窗口分析主要用于对某一栅格数据中一定窗口范围内的像元进行统计,也称窗口统计。常用的统计模式有像元统计(Cell Statistics)、邻域统计(Neighborhood Statistics)、分区统计(Zonal Statistics)。统计类型包括以下几种:众数(Majority)、极值(Maximum、Minimum)、均值(Mean)、中值(Median)、寡数(Minority)、范围(Range)、标准差(Standard deviation)、总和(Sum)、种数(Variety),其具体含义如下。

Minimum:找出各单元上出现最小的数值。

Maximum:找出各单元上出现最大的数值。

Range:统计各单元上出现数值的范围。

Sum:计算各单元上出现数值的和。

Mean:计算各单元上出现数值的平均数。

Standard Deviation:计算各单元上出现数值的标准差。

Variety:找出各单元上不同数值的个数。

Majority:统计各单元上出现频率最高的数值。

Minority:统计各单元上出现频率最低的数值。

Median:计算各单元上出现数值的中值。

对于不同数据类型的栅格,进行统计分析的类型也有所不同。例如,ArcGIS 中,对于浮点类型的栅格数据,只能进行 Maximum、Minimum、Mean、Range、Standard deviation、Sum 的计算,而整数类型的栅格数据,则可以进行所有类型的统计分析。

像元统计可以用于计算多层栅格数据中具有相同空间位置的多个像元的统计值,其用途十分广泛。例如,可以用像元统计来分析同一地区不同年份的人口变化,计算某地多年降水的平均值、最小值等情况。

邻域统计的计算是以待计算栅格为中心,向其周围扩展一定范围,基于这些扩展栅格数据进行统计函数运算,从而得到此栅格邻域范围内的数据统计值。邻域统计通过窗口分析获得指定邻域的数据统计信息,可用于模拟森林大火的蔓延趋势、工厂污染物的扩散等。

第四节　GIS 的三维分析

随着 GIS 应用的深入,人们越来越多地要求从真三维空间来处理问题。如采矿、地质、石油等领域已率先发展专用的具有部分功能的三维 GIS。三维地理空间数据分析是 GIS 空间分析的一个重要组成部分,是当前 GIS 技术与应用的热点研究领域,也是智慧城市建设的重要技术基础。

地理信息系统的三维分析大多是在数字高程模型(Digital Elevation Model,简称 DEM)上进行的,一旦区域上生成所需密度和精度的 DEM,内容丰富的各种三维分析是轻而易举的,其三维的可视化、真实场景、电子沙盘也迎刃而解。当采用土地利用、土地类型、地貌特征、重力和地球化学等指标代替高程时,同样可得到各种数字专业模型。因此,DEM 具有十分广泛的应用。

ArcGIS 具有一个能为三维可视化、三维分析以及表面生成提供高级分析功能的扩展模块 3D Analyst,可以用它来创建动态三维模型和交互式地图,从而更好地实现地理数据的可视化和分析处理。

利用三维分析扩展模块可以进行三维视线分析和创建表面模型(如 TIN)。任何 ArcGIS 的标准数据格式,不论二维数据还是三维数据都可通过属性值以三维形式来显示。例如,可以把平面二维图形突出显示成三维结构、线生成墙、点生成线。因此,不用创建新的数据就可以建立高度交互性和可操作性的场景。如果是具有三维坐标的数据,利用该模块可以把数据准确地放置在三维空间中。

ArcScene 是 ArcGIS 三维分析模块 3D Analyst 所提供的一个三维场景工具,它可以更加高效地管理三维 GIS 数据、进行三维分析、创建三维要素以及建立具有三维场景属性的图层。

此外,还可以利用 ArcGlobe 模型从全球的角度显示数据,无缝、快速地得到无限量的虚拟地理信息。ArcGlobe 能够智能化地处理栅格、矢量和地形数据集,从区域尺度到全球尺度来显示数据,超越了传统的二维制图。

利用交互式制图工具,可以在任何比例尺下进行数据筛选、查询和分析,或者把比例尺放大到合适的程度来显示感兴趣区域的高分辨率空间数据,例如航空相片的细节。

本节主要介绍如何利用 ArcGIS 三维分析模块进行创建表面、进行各种表面分析及在 ArcScene 中数据的三维可视化。

一、创建表面

具有空间连续特征的地理要素,其值可以借鉴三维坐标系统 X、Y、Z 中的 Z 值来表示,一般统称为 Z 值。在一定范围内的连续 Z 值构成了连续的表面。由于表面实际上包含了无数个点,在应用中不可能对所有点进行度量并记录。表面模型通过对区域内不同位置的点进行采样,并对采样点插值生成表面,以实现对真实表面的近似模拟。图 5-64 为某区域大气污染指数的表面模型,图中黑点为大气污染指数的采样点。

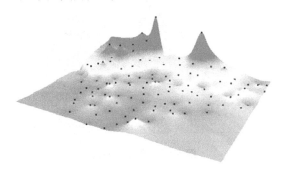

图 5-64 某区域大气污染指数的表面模型

利用 ArcGIS 三维分析模块可以从现有数据集中创建新的表面,它允许以规则空间格网(栅格模型)或不规则三角网(TIN 模型)两种形式来创建表面以适合于某些特定的数据分析。创建表面模型主要有两种方法:插值法和三角测量法。

插值方法主要包括:①反距离权重插值;②克里格插值;③自然邻体法(点插值成面);④样条函数插值;⑤拓扑栅格插值(拓扑纠正表面生成);⑥趋势面插值。

欲建立三角网表面,可以用矢量要素生成不规则三角网(包括硬或软断线、集群点等),也可通过向现有表面中添加要素来创建。

在 ArcGIS 中,还可以实现栅格表面和 TIN 表面的相互格式转换。

创建了表面模型数据之后,可进行进一步分析,包括诸如设置阴影地貌的可视化增强;或者进行诸如从一个特定的位置或路径设置可视化的更高级别的分析。

(一) 栅格表面

1. 由点创建栅格面

插值是利用有限数目的样本点来估计未知样本点的值,这种估值可用于高程、降雨量、化学污染程度、噪声等级、湖泊水质等级等连续表面。插值的前提是空间地物具有一定的空间相似性,距离较近的地物,其值更为接近,如气温、水质等。实际中,通常不可能对研究区内的每个点的属性值都进行测量。一般选择一些离散的样本点进行测量,通过插值得出未采样点的值。采样点可以是随机选取、分层选取或规则选取,但必须保证这些点代表了区域的总体特征。例如某一地区的气象观测站,一般都是在该地区内具有一定控制意义的观测点,由它们采集所得到的温度、气压、大气污染指数等数据是在空间上离散的点,同时代表了该地区内这种指标的总体特征,因此可以插值生成连续且规则的栅格面。点插值的一个典型的例子是利用一组采样点来生成高程面,每个采样点高程值由某种测量手段得到,区域内其他点的高程通过插值得出(见图 5-65)。

如前所述,由点数据插值生成栅格面的方法有很多,根据所要建模的现象及采样点的分布,每种方法有其适用的前提条件。但是,不论采用哪种方法,通常采样点数目越多,分布地越均匀,插值效果就会越好。

(1) 反距离权重法。这种方法的假设前提是每个采样点间都有局部影响,并且这种影

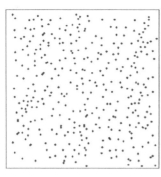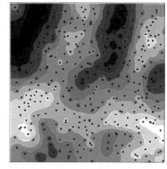

图 5-65　高程点插值

响与距离大小成反比。则离目标点近的点其权值就比远的点大。这种方法适用于变量影响随距离增大而减小的情况。如计算某一超市的消费者购买力权值,由于人们通常喜欢就近购买,所以距离越远权值越小。

(2) 克里格方法。此方法的假设前提是采样点间的距离和方向可反映一定的空间关联,并用它们来解释空间变异。克里格利用一定的数学函数对特定点或是给定搜索半径内的所有点进行拟合来估计每个点的值。该方法适用于已知数据含距离和方向上的偏差的情况,常用于社会科学研究及地质学中。

(3) 邻域法。类似于反距离权重法,是一种权平均算法。但是它并不利用所有的距离加权来计算插值点。邻域法对每个样本点做 Delauney 三角形,选择最近的点形成一个凸集,然后利用所占面积的比率来计算权重。该方法适用于样本点分布不均的情况,较为常用。

(4) 样条函数法。它采用样本点拟合光滑曲线,且其曲率最小。通过一定的数学函数对采样点周围的特定点进行拟合,且结果通过所有采样点。该方法适用于渐变的表面属性,如高程、水深、污染聚集度等。不适合在短距离内属性值有较大变化的地区,那样估计结果会偏大。

2. 栅格表面插值

ArcGIS 中提供可变半径的反距离加权插值、固定半径的反距离加权插值、张力样条插值样条插值、规则样条插值、克里格插值、邻域法插值等。

(二) TIN 表面

通常 TIN 是从多种矢量数据源中创建的。可以用点、线与多边形要素作为创建 TIN 的数据源。其中,不要求所有要素都具有 Z 值,但有一些要素必须有 Z 值。同时,这些用以创建 TIN 的输入要素还可以包含整数属性值,并且这些属性值也将在输出的 TIN 要素中保留。这些属性可以是不同输入数据源的相对精确度,或用来识别要素,如道路与湖泊等。

1. 由矢量数据创建 TIN 的方法

ArcGIS 中,可以使用一种或多种输入数据一步创建 TIN 模型,也可以分步创建,并可以通过向已有 TIN 模型中添加要素实现对已有模型的改进。TIN 表面模型可以从网格点、隔断线与多边形中生成。网格点用来提供高程,作为生成的三角网络中的结点。

(1) 点集(见图 5-66)。它是 TIN 的基本输入要素,决定了 TIN 表面的基本形状。TIN 表面可以有效地对异质表面建模型。在变化较大的地方,使用较多的点,对于较平坦的表面,使用较少的点。

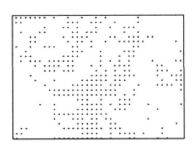

图 5-66 由要素创建 TIN

(2) 隔断线。它可以是具有高度的线,也可以是没有高度的线。在 TIN 中构成一条或多条三角形的边序列。隔断线即可用来表示自然要素,如山脊线、溪流,也可以用来创建要素,如道路。隔断线有"软"隔断线和"硬"隔断线两种。

"硬"隔断线用来表示表面上的不连续性。如溪流与河道可作为"硬"隔断线加在 TIN 中以表示表面在其所在处的突然变化,从而可以改进 TIN 表面的显示与分析。"软"隔断线即添加在 TIN 表面上用以表示线性要素但并不改变表面坡度的边。比如,要标出当前分析区域的边界,可以在 TIN 表面上用"软"隔断线表示出来,不会影响表面的形状。

(3) 多边形。它是用来表示具有一定面积的表面要素,如湖泊、水体,或用来表示分离区域的边界。边界可以是群岛中单个岛屿的海岸线或某特定研究区的边界。在创建 TIN 的过程中,多边形要素被集成到三角形中,作为三条或更多的三角形边所组成的闭合序列。在 TIN 表面中使用隔断线与多边形,可以更好地控制 TIN 表面的形状。

2. 创建 TIN 的操作

通常根据需要选择一组矢量数据来创建 TIN,如点、线、多边形要素等均可作为 TIN 的数据源。如前所述,其中一些要素是必须具有 Z 值的。包括创建 TIN 表面和向 TIN 中添加要素等操作。

3. 由栅格创建 TIN

(1) 在表面建模或建模简化可视化过程中,经常需要将栅格表面转换成 TIN 表面。在由栅格转换到 TIN 的过程中,可以向原有栅格中添加原来没有的要素如溪流与道路,这样可以改进表面模型。在转换时,需指定输出 TIN 的垂直精度,以后的三维分析将选择达到此精度的点集的子集。

(2) 设定 TIN 的垂直精度(垂直精度指输入栅格单元中心的高程与 TIN 表面间的最大差值。垂直精度的值越小,生成的 TIN 将越好地保持原有栅格表面的详尽程度;垂直精度的值越大,生成的表面越粗略)。

(3) 设定限制加入 TIN 中的点数(可选)。

(4) 指定输出的路径和文件名,完成创建。

4. 从 TIN 中创建栅格表面

在创建表面的过程中,有时需要将 TIN 转换成栅格表面,或者需要从 TIN 中提取坡度、坡向等地形因子。

首先选择三维分析模块的将 TIN 转换为栅格功能,包括以下步骤。

(1) 选择来源 TIN 图层。

(2) 选择要转到栅格中的 TIN 属性,可以是高程、坡向、以度为单位的坡度和以百分数为单位的坡度。

(3) 设置高程转换系数(所谓高程系数是指当高程坐标单位与平面坐标单位不一致时,将高程坐标单位转换到平面坐标单位时的常量)和输出栅格单元的大小(可选);最后指定输出栅格的路径及文件名即可。以上操作均在将 TIN 转换为栅格(Convert TIN to Raster)对话框中实现。

(三) 可视性分析

地表某点的可视范围在通信、军事、房地产等应用领域有着重要的意义。ArcGIS 三维分析模块可以进行沿视觉瞄准线上点与点之间可视性的分析或整个表面上的视线范围内的可视情况分析。

1. 视线瞄准线

视线瞄准线是表面上两点间的一条直线,用来表示观察者从其所处位置观察表面时,沿直线的表面是可见的还是遮挡的。创建视线瞄准线可以判断某点相对于另外一点而言是否可见。如果地形遮挡了目标点,则可以分析得出这些障碍物,以及视线瞄准线上哪些区域可视,哪些区域不可见。在瞄准线上,可视与遮挡的部分分别以不同的颜色表示。

2. 视域(场)分析

视场指可以被一个或多个观察点看到的所有范围。具体到栅格数据来说,即所能看到的所有栅格单元。这在实际中也有很多应用,比如通信塔台选址时可能需要分析在每一处的视场以确定最佳位置。

在 ArcGIS 中,可以计算表面(栅格表面或 TIN 表面均可)上单点视场或者多个观测点的公共视场,甚至可以将线作为观测位置,此时线的节点集合即为观测点。计算结果为视场栅格图,栅格单元值表示该单元对于观测点是否可见,如果有多个观测点,则其值表示可以看到该栅格的观测点的个数。可在表面分析中视域工具 Viewshed 对话框中实现。①选择计算表面(Input Surface);②设定观察点(选择用作观测点的要素图层);③设定高程变换系数;④指定输出栅格单元大小;⑤选择输出路径及文件名。

图 5-67 中左图为某区域栅格 DEM,亮度越大表示高程越大,右图为指定点(图中黑点)在离地 1 米偏移量时的视场范围,白色表示可见区域,灰色为不可见区域。将山体阴影与视场栅格图像叠加显示,可以产生非常真实的视觉感受(见图 5-68)。

(四) 提取断面

在工程(如公路、铁路、管线工程等)设计过程中,常常需要提取地形断面,制作剖面图。例如,在规划某条铁路时需要考虑线路上高程变化的情况以评估在其上铺设轨道的可行性。剖面图表示了沿表面上某条线前进时表面上高程变化的情况。剖面图的制作可以采用该区域的栅格 DEM 或 TIN 表面。

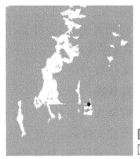

图 5-67　视场示意图

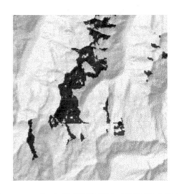

图 5-68　与山体阴影叠加显示的视场图

（五）表面阴影

1. 表面阴影的原理

表面阴影是根据假想的照明光源对高程栅格图的每个栅格单元计算照明值。计算过程中包括三个重要参数：太阳方位角、太阳高度角、表面灰度值。

太阳方位角以正北方向为 0 度，按顺时针方向度量，如 90 度方向为正东方向（见图 5-69）。由于人眼的视觉习惯，通常默认方位角为 315 度，即西北方向。

太阳高度角为光线与水平面之间的夹角，同样以度为单位（见图 5-70）。为符合人眼视觉习惯，通常默认为 45 度。

ArcGIS 中，默认情况下，光照产生的灰度表面的值的范围为 0—255。

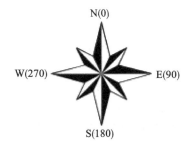

图 5-69　太阳方位角度量示意图　　　　图 5-70　太阳高度角示意图

2. 计算表面阴影

选择表面分析中的阴影工具,步骤如下。

(1) 选择用来计算阴影的表面(Input Surface)。

(2) 设置太阳高度角与方位角。

(3) 设定高程转换系数。

(4) 指定输出栅格单元大小。

(5) 指定输出路径及文件名。

以上所有操作均在计算阴影(Hill Shade)对话框中实现。

3. 阴影化

通过阴影建模工具(选中 Model Shadows 复选框),可以计算出某一特定光照条件下区域内处于其他栅格单元阴影中的那一部分栅格,它们会被赋值为0。通过空间分析的重分类(Reclassify)方法生成二值图像,阴影区和非阴影区分别赋值(见图5-71)。

4. 高程数据与阴影图层的叠加显示

通过将阴影栅格图层设置一定的透明度与高程栅格数据叠加显示,可以得到更好的视觉效果以便于分析应用。设置透明度的方法是首先打开图层属性对话框,在显示(Display)选项卡中的 Transparent 选项设置,一般以50%的透明度为佳。叠加显示效果如图5-72所示。

图 5-71 阴影二值图

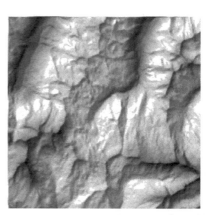

图 5-72 高程数据与阴影图层的叠加

二、ArcScene 三维可视化

在三维场景中浏览数据更加直观和真实,对于同样的数据,三维可视化将使数据能够提供一些平面图上无法直接获得的信息。可以很直观地对区域地形起伏的形态及沟、谷、鞍部等基本地形形态进行判读,比二维图形如等高线图更容易为大部分读图者所接受。

ArcScene 是 ArcGIS 三维分析模块的一部分,通过在 3D Analyst 菜单条中点击按钮打开。它具有管理 3D GIS 数据、进行 3D 分析、编辑 3D 要素、创建 3D 图层以及把二维数据生成 3D 要素等功能。

（一）要素的立体显示

有时需要将要素数据在三维场景中以透视图显示出来进行观察和分析。要素数据与表面数据的不同之处在于，要素数据描述的是离散的对象如点对象、线对象、面对象（多边形）等。它们通常具有一定的几何形状和属性。常见的点要素有通信塔台、泉眼等，在地图上通常表现为点状符号；线状要素更为常见，如道路、水系、管线等；多边形要素如湖泊、行政区及大比例尺地形图上的居民地等。

在三维场景中显示要素的先决条件是要素必须被以某种方式赋予高程值或其本身具有高程信息。因此，要素的三维显示主要有两种方式：①具有三维几何的要素，在其属性中存储有高程值，可以直接使用其要素几何中或属性中的高程值，实现三维显示；②对于缺少高程值的要素，可以通过叠加或突出两种方式在三维场景中显示。所谓叠加，即将要素所在区域的表面模型的值作为要素的高程值，如将所在区域栅格表面的值作为一幅遥感影像的高程值，可以对其做立体显示；突出则是指根据要素的某个属性或任意值突出要素，如要想在三维场景中显示建筑物要素，可以使用其高度或楼层数这样的属性来将其突出显示。

另外，有时研究分析可能需要使用要素的非高程属性值作为三维 Z 值，在场景中显示要素。最常见的是在社会、经济领域的应用。如对某省行政范围内每个市县的经济总量值作为 Z 值进行三维立体显示，可直观地观察和分析全省总体的情况。

ArcGIS 的三维分析功能在要素属性对话框中，提供了要素图层在三维场景中的三种显示方式：①使用属性设置图层的基准高程；②在表面上叠加要素图层设置基准高程；③突出要素。还可以结合多种显示方式，如先使用表面设置基准高程，然后在表面上再突出显示要素。在城市景观三维显示中，以表面设置基准高程，然后在表面上突出显示要素建筑物，可以更加自然真实地显示城市景观。

（二）设置场景属性

在实现要素或表面的三维可视化时，需要注意以下一些问题。
（1）添加到场景中的图层必须具有坐标系统才能正确显示。
（2）为更好地表示地表高低起伏的形态，有时需要进行垂直拉伸，以免地形显示过于陡峭或平坦。
（3）为全面地了解区域地形地貌特征，可以进行动画旋转。
（4）为增加场景真实感，需要设置合适的背景颜色。
（5）根据不同分析需求，设置不同的场景光照条件，包括入射方位角、入射高度角及表面阴影对比度。
（6）为提高运行效率，需要尽可能地见效场景范围，去除一些不需要的信息。

以下就 ArcScene 中常用的场景设置内容做详细介绍。

1. 场景坐标系统

如果场景中要显示的数据都处于相同的坐标系统之下，则直接将数据添加显示即可，不需考虑图层的叠加是否正确。如果各个图层存在不同的坐标系统，则须进行适当的转换以确保 ArcScene 能够正确显示它们。通常，当在一个空的场景中加入某图层时，该图层的坐标系统就决定了场景的坐标系统。在这之后可以根据应用需求再对场景的坐标系统进行更改。当随后加入其他图层到场景中时,ArcScene将会自动将图层的坐标系统转换使与场景的坐标系统一致。若新加入图层没有坐标系统,将不能正确显示,此时可人为地确定数据的坐标系统。

如果数据本身没有任何坐标系统的信息,ArcScene将会检查图层的坐标值,看其X值是否落在-180°—180°,Y值是否在-90°—90°。如果满足上述条件,则ArcScene将该数据认为是经纬度坐标数据。否则,将认为该数据为平面坐标数据。

2. 垂直拉伸

垂直拉伸一般用于强调表面的细微变化。在进行表面的三维显示时,如果表面的水平范围远大于其垂直变化,则表面的三维显示效果可能不太明显,此时,可以进行垂直拉伸以利于观察分析。另外,当表面垂直变化过于剧烈不便于分析应用时也可以进行垂直拉伸,不过垂直拉伸系数应设置为分数。垂直拉伸对场景内所有图层都产生作用,如果要对单个图层做垂直拉伸,可以通过改变图层的高程转换系数来实现。

3. 使用动画旋转

通过对场景进行旋转观察,可以获得表面总体概况。ArcScene 可以使场景围绕其中心旋转,旋转速度与察看角度可以人为调整,并可在旋转的同时进行缩放。

4. 设置场景背景颜色

同样地,打开场景属性对话框,在 General 选项卡中,选择背景色(Background),同时还可以将所选颜色设置为场景默认背景色(选中 Use as default in all new scenes 复选框)。

5. 改变场景的光照

通过设置光源的方位角、高度角及对比度可以调整场景的照明情况。在场景属性对话框的 Illumination 选项卡中,可以通过手动输入方位角(Azimuth)和高度角(Altitude)或通过鼠标滑动改变这两个参数。

6. 改变场景范围

设置合适的场景范围,可以消除一些无关信息,增加绘图时的性能。默认情况下,场景的范围为场景中所有图层的范围。可以根据应用需求改变场景的范围,使之与某个图层的范围一致,或通过X、Y坐标的最大最小值来指定。

(三) 飞行动画

通过使用动画,可以使场景栩栩如生,能够通过视角、场景属性、地理位置以及时间的变化来观察对象。例如,可以创建一个动画来观察运动着的卫星在它们的轨道上是如何相互作用的,也可以用动画来模拟地球的自转及随之的光照变化。

1. 如何制作动画

在 ArcScene 中提供了制作动画的工具条 Animation。默认情况下,它没有添加到 ArcScene 的视图中,可以通过在工具栏上点击右键,在弹出的快捷菜单中选择 Animation 项打开它。它能够制作数据动画、视角动画和场景动画。动画是由一条或多条轨迹组成,轨迹控制着对象属性的动态改变,例如,场景背景颜色的变化,图层视觉的变化或者观察点的位置的变化。轨迹是由一系列帧组成,而每一帧是某一特定时间的对象属性的快照,是动画中最基本的元素。在 ArcScene 中可以通过以下几种方法生成三维动画。

（1）通过创建一系列帧组成轨迹来形成动画。

在动画工具条中提供了创建帧的工具。可以通过改变场景的属性（例如场景的背景颜色、光照角度等）、图层的属性（图层的透明度、比例尺等）以及观察点的位置来创建不同的帧。然后用创建的一组帧组成轨迹演示动画。动画功能会自动平滑两帧之间的过程。例如，可以改变场景的背景颜色由白变黑，同时改变场景中光照的角度来制作一个场景由白天到黑夜的动画。

（2）通过录制导航动作或飞行创建动画。

点击动画控制器上的录制按钮开始录制，在场景中通过导航工具进行操作或通过飞行工具进行飞行，操作结束后点击录制按钮停止录制。这个工具类似录像器，将场景中的导航操作或飞行动作的过程录制下来形成动画。

（3）通过捕捉不同视角，并自动平滑视角间过程创建动画。

通过导航工具将场景调整到某一合适的视角，用动画工具条上的捕捉视角命令捕捉此时的视角，然后将场景调整到另一个合适的视角，再次用捕捉命令捕捉视角，依次可捕捉多个视角。动画功能会自动平滑两视角间的过程，形成一个完整的动画过程。

（4）通过改变一组图层的可视化形成动画效果。

通过动画制作工具条中的创建组合动画命令，选择图层组，控制一组图层使它们按照顺序逐个显示通过效果调整实现动画效果。例如，可以用一组显示洪水淹没过程的图层生成洪水演进的动画效果。

（5）通过导入路径的方法生成动画。

选择场景中存在的矢量要素，用动画工具条中的沿路径飞行命令制作沿路径飞行的动画效果，此时可以设置飞行时的一些参数来控制飞行过程中的视觉效果。或用图层沿路径移动命令制作某一图层沿路径移动的动画轨迹。此种方法一般用来制作场景行走动画。

2. 编辑和管理动画属性

动画的帧或轨迹创建完成之后，可以用动画管理器编辑和管理组成动画的帧和轨迹。另外，通过它也能改变帧的时间属性，并可预览动画播放效果。

3. 保存动画

在 ArcScene 中制作的动画可以存储在当前的场景文档中，即保存在 SXD 文档中；也能存储成独立的 ArcScene 动画文件（*.asa）用来与其他的场景文档共享；同时也能将动画导出成一个 AVI 文件，被第三方的软件调用。

此外，ArcScene 工具条提供了飞行（Fly）工具 ，使用它可以实现对场景的飞行浏览。选择该工具后，鼠标将变为一只小鸟的形状，单击之后，鼠标会再次变形。此时，可以通过鼠标的移动控制飞行方向与速度。再次单击鼠标，则可从当前视点沿鼠标所指方向向下飞行，途中，点击左键加快飞行速度，右键减速。

本章案例

基于GIS的黄土高原生态旅游适宜度评价

一、空间分析背景

生态旅游适宜度评价是土地利用适宜度评价的一种,是在生态旅游资源与生态旅游环境调查评价的基础上,对特定的地域是否适合开展生态旅游活动进行判断、做出决策,从而为生态旅游规划的功能分区与活动项目的选址提供合理的理论依据,为实现旅游可持续发展奠定基础。

黄土高原地区气候干旱少雨,植被覆盖率低,水土流失严重,为我国典型的生态脆弱区。毋庸置疑,旅游活动会对旅游地的生态环境造成一定的影响。由于生态脆弱区内部系统的不稳定性和极易受到外界的干扰而发生生态系统紊乱与功能的减退,因此,对于生态脆弱区的旅游开发就更应该慎重。进行生态旅游适宜度评价,确定适宜开发区,将生态旅游的开发,生态者的旅游活动限制在有限的空间范围内,并且这些空间范围的抗干扰能力相对较强,可有效降低生态旅游活动对区域环境的影响,防止区域生态旅游的盲目、分散开发,从而为区域生态旅游合理开发提供科学依据。

因此,本案例中将基于GIS技术,提取相关评价因子图层。根据研究区生态旅游适宜度评价标准,对评价因子进行赋分。按照评价因子在空间分布上的差异性,利用GIS的缓冲区分析和空间叠加分析等功能,将各评价因子专题图层进行叠加分析。最后,在GIS平台的支持下,进行分值的累加、分级、提取和显示,最终生成研究区生态旅游适宜度评价分析图。图5-73所示为黄土高原生态旅游适宜度评价研究思路。

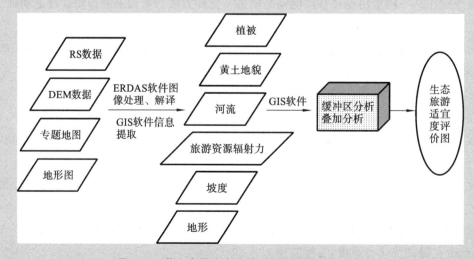

图5-73 黄土高原生态旅游适宜度评价研究思路

二、基于 RS、GIS 技术的评价因子信息采集

(一) 植被信息

根据中阳县遥感影像图,参考中阳县森林资源评价图,提取中阳县植被图层。根据黄土高原生态旅游适宜度赋值标准,制作植被分布分值图层(见图5-74)。

中阳县森林植被主要分布在该县东南部,以宁乡镇、枝柯镇和暖泉镇东部为主,这些区域大多为覆盖率较高的天然林,得分为5。经济林沿南川河谷、暖泉河谷、金罗镇分布较为集中,分布着中阳县主要的优质核桃林、红枣、苹果等经济林,得分为3。在黄土地貌典型的西部地区以及道路、河流水体等区域,植被分布较为稀疏,得分最低。

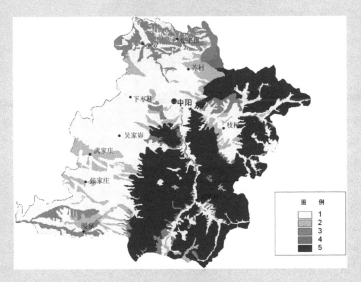

图 5-74 中阳县植被分值示意图

(二) 黄土地貌

黄土微观地貌在遥感影像上特征也十分明显。黄土地貌是根据沟谷的切割和残余程度以及形态特征划分的。中阳县黄土地貌景观发育有典型的黄土沟谷地貌,在遥感影像上呈现清晰的羽毛状。黄土地貌发育的典型区与一般区的判断标准主要由沟谷规模(长度)、沟谷数量来区分。图5-75表示黄土沟谷发育典型区的影像特征。根据黄土中阳县遥感影像图,提取黄土地貌景观图层,见图5-76。

图 5-75 黄土沟谷发育典型区域影像(吴家峁段)

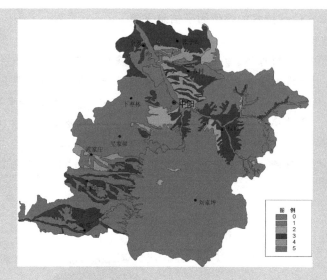

图 5-76 中阳县黄土地貌分值示意图

中阳县黄土地貌景观主要分布在该县西部，以吴家峁、下枣林一带分布最为典型，该区域黄土地貌类型以黄土垣、被水冲刷形成的黄土梁以及黄土沟谷。在县域北部的金罗镇以及暖泉镇黄土地貌也有发育，这一带是中阳县农业生产的重要基地，以农作物、经济林和现代生态农业景观为主。

（三）水体

水体在遥感图像上的解译特征有形状、色调。在中阳县遥感影像图中，河流呈现浅蓝的线形特征，湖泊为深蓝色面状水体。在 ArcGIS 软件中提取中阳县水体信息，建立"水体"图层，并利用缓冲区分析功能，建立水体及缓冲区范围。中阳县水体及其缓冲区分布如图 5-77 所示。

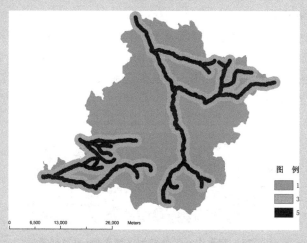

图 5-77 中阳县水体缓冲区分布示意图

(四)旅游资源辐射力

旅游资源的辐射力采用缓冲区分析,以便更精确地限定生态旅游开发的范围。根据各旅游景区的规模,本研究采取的缓冲区范围是2000米。根据中阳县旅游资源评价结果,对中阳县六大生态旅游区的主要旅游景点进行缓冲区分析。中阳县生态旅游资源辐射范围见图5-78。

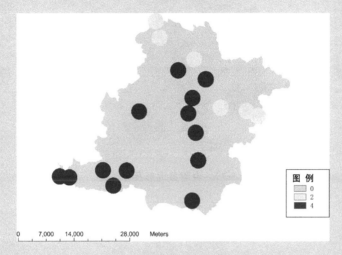

图 5-78 中阳县旅游资源辐射范围赋值示意图

(五)地形

中阳县地形大势为东南部高,西北部低,整个地形由东南向西北逐渐低倾。东南部以土石山地为主,为吕梁山的正脊,海拔在1300—2100米,相对高差大;西北部则是黄土丘陵区,海拔多在890—1400米。运用中阳县DEM数据,在ArcGIS平台支持下,对中阳县海拔地势进行分类,共分5个等级,然后给每一个等级重新赋值,以1—5分表示,其得分见图5-79。

(六)坡度

根据DEM(栅格数据),可以进行多方面的空间分析,如坡度、坡向。利用中阳县DEM数据,进行坡度分析,得到中阳县坡度分析图,根据坡度的分值范围进行重新赋值(记为Value项),用1—5分表示。中阳县坡度分析示意图见图5-80。

三、生态旅游适宜度评价结果分析

(一)生态旅游适宜度评价方法与模型

生态旅游适宜度评价实际上是对旅游开发的生态环境适宜性在空间上的分布特征的综合评价。在本研究中,首先利用ArcGIS软件将评价因子图层由Shapefile文件转换为Grid格式,并把每一图层中的指标赋值(记为Value)转换到栅格数据的属性中,然后利用"Raster Calculator"即栅格计算器叠加分析栅格的Value值。本研究叠加分析的数学模型为将每一个评价因子栅格值直接进行求和计算。即

$$S = \sum_{i=1}^{6} P_i \tag{式1}$$

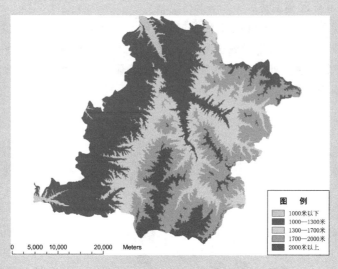

图 5-79　中阳县地形及分值图

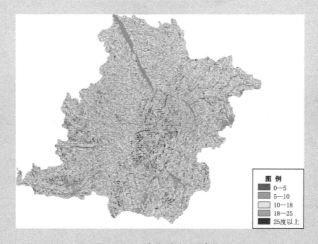

图 5-80　坡度分析示意图

式中，S 为叠加后栅格值，i 为评价因子，P_i 为第 i 个因子的得分。

(二) 生态旅游适宜度分级

根据公式 1，叠加后的栅格值理论最高分应为 30(6 个评价因子的属性得分均为 5)。但实际中，由于黄土高原地区黄土地貌分布与植被类型最大值在空间上不可能吻合，即在黄土地貌典型分布区，其植被的得分一般都比较小，同样，植被分布较为密集的地方，黄土地貌的得分一般较低。因此，叠加后栅格的最大值不可能达到 30，而应在 25 左右。根据生态旅游适宜度评价因子指标的赋值特征，划分生态旅游适宜度分级标准(见表 5-4)。

表 5-4　生态旅游适宜度划分标准

生态旅游适宜度等级	分　值
最适宜区	20—25
中适宜区	15—19
一般区	11—14
不适宜区	0—10

中阳县生态旅游适宜度评价因子 6 个图层叠加后,生成中阳县生态旅游适宜度分布图(见图 5-81)。

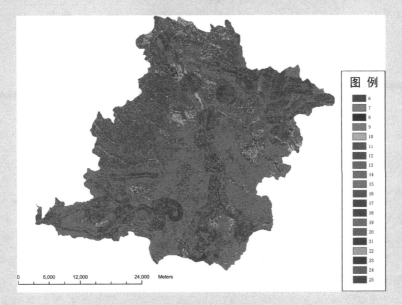

图 5-81　中阳县生态旅游适宜度评价因子

叠加后栅格分值在 6—25,各分值的栅格数分布见图 5-82。

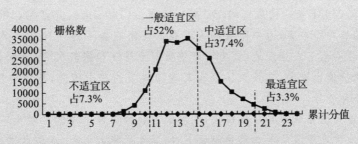

图 5-82　叠加后栅格分布特征

根据生态旅游适宜度评价分级标准,将叠加分析的图层进行重新分类,将其分为四大类,节点分别为 10、15、20、25;得到中阳县生态旅游适宜度分级图(见图 5-83)。

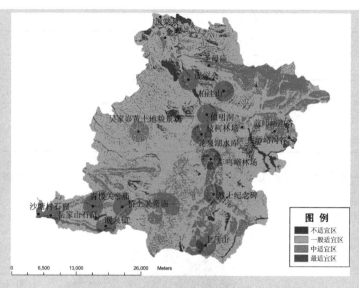

图 5-83　中阳县生态旅游适宜度评价图

（三）评价结果分析

由图 5-85 分析可知，生态旅游适宜区分布，最适宜区图斑集中在龙泉湖水库、车鸣峪林场、上顶山、庞家会、柏洼山等景点附近，即中阳县生态旅游最适宜开发区明显集中在南川河谷沿岸（暖泉河谷也有零星分布，但从总体上看，暖泉河流域中适宜区图斑明显强于最适宜区斑块数量，故在最适宜区中予以忽略）。从生态承受力及旅游资源条件上分析，该区为中阳县旅游资源开发最优地区。这一带集中了全县最高旅游资源等级的柏洼山生态旅游区、庞家会民俗村、龙泉湖、车鸣峪原始森林等重点生态旅游景点，同时南川河流域为中阳县河谷平原区，地势低平，水资源丰富，生态承受能力较大。

中适宜区占有一定的比例，为 37.4%，在空间分布上集中表现在中阳县东部和暖泉旅游区以及吴家峁黄土地貌景观区。东部为该县典型的山石林景观区，这一区域地势较高，森林覆盖率大，且有南川河支流，遍布青阳山（1779.5 米）、风沙峁（1637 米）、木沟峪（1831 米）、秋凤坡（1762 米）、段峁山（1805 米）、寨则脑（1864.8 米）等众多高山，植被类型丰富，为中阳县一大潜在的生态旅游资源开发区。暖泉河流域，为中阳县重要的生态农业基地，具有一定价值石窟景观和宗教文化，特别是暖泉河水域观光，用水价值比较大，并且该区分布有较为典型的黄土地貌，旅游资源类型比较丰富，开发条件较好。

一般适宜区在中阳县分布最大，主要集中在西部黄土地貌区以及东部部分地区。西部黄土地貌景观区从生态承受能力上看，其承受能力太小，在该区进行生态旅游开发应重视对环境的影响，应特别注意环境保护。但从另一方面来看，典型的黄土地貌正是该县生态旅游资源的最大亮点和特色，为生态旅游资源远期开发的重点。在开发中要重视环境保护，注重生态旅游开发的原则和生态环境的恢复和建设，避免在不适宜区进行过多的旅游活动。东部部分地区主要原因在于无影响力大的旅游资源。

不适宜开发区比较集中的在中阳县北部金罗镇东北。这一区域生态环境较为脆弱,旅游景观贫乏,为中阳县生态旅游不适宜开发区。

根据生态旅游适宜度评价的结果,政府决策部门可以有目的地进行生态恢复与生态建设。尤其是在旅游资源条件较好、环境条件稍差的地区,通过改善生态旅游环境和实施生态保育措施,促进区域生态旅游适宜度向良性方向发展。同时,借助 RS 数据的动态性、持续性进行生态旅游适宜度的动态评价,从而为区域生态旅游开发提供动态的监测与适时的更新,为区域旅游环境建设与旅游开发提供持续的决策服务。

思考题

1. 谈谈空间分析在 GIS 中的地位与作用。
2. 试述空间分析的基本过程。
3. 矢量数据的空间统计分析方法有哪些?在 ArcGIS 中常用的统计工具怎么使用?与其他专业的统计软件(如 SPSS 等)相比有什么不同?
4. 矢量数据的叠加分析类型有多种,在 ArcGIS 工具箱中叠加分析也有很多工具,比较这些工具之间的区别和联系。
5. 如何通过空间网络分析方法实现新的游客中心的选址?
6. 栅格数据与矢量数据空间分析各有什么优势与劣势?
7. 栅格数据空间分析可以运用到哪些领域?
8. 试解释栅格数据叠加分析的概念,并举例说明这种空间分析方法的用途。
9. 试述 ArcGIS 中三维分析的基本步骤。

第六章

旅游地图

内容提要

旅游地图是旅游地理信息系统可视化的重要内容。本章首先对地图和旅游地图进行简要概述,包括其概念及特点;其次介绍旅游地图的类型和构成,以及旅游地图的发展历程;最后以 ArcMap 为工具,简要介绍旅游规划图的制作方法及操作流程。

学习目的

1. 了解旅游地图的概念、特征以及发展历程。
2. 掌握旅游地图的几种不同类型。
3. 掌握旅游地图的构成要素。
4. 基于 ArcGIS 软件,掌握旅游地图的制作方法及操作流程。

第一节 旅游地图概述

一、地图的定义及特性

(一)地图的定义

地图是对地理环境的自然和人文现象的图形表示,被称为地理学的"第二语言",自古就为人类所使用。地图已成为人们日常生活中的一部分,随着社会的进步与发展,出现了形形色色的地图。地图是根据一定的数学法则,使用地图语言,通过制图综合,表示地面上地理事物的数量和质量的空间分布、联系及在时间中发展变化状态的图形。随着科技的进步,地图的概念是不断发展变化的,如将地图看成是"反映自然和社会现象的形象、符号模型",地图是"空间信息的载体""空间信息的传递通道"等。

(二)地图的特点

1. 具有可量测性

地球是一个表面极其不规则的椭球体,而地图是一个平面,为了在平面上正确地展示不规则的地表,必须通过一定的数学法则把地表定位在平面上,即进行地图投影,并按照相应的比例尺缩小表现的比例。这样,地图上点的坐标就可以和地表上点的地理坐标之间建立严格的映射函数关系,确定了这些函数关系后,地图才具有可量测性,即具有数学基础。

2. 直观性

地图使用了特殊的符号系统来描述自然和社会现象而产生直观性。地球表面的景观的特质,很多是不能从表面直接看出来的,它们分别有质和量的差异,地图制作者必须依据地理资料,首先进行定性或定量的归类分析,然后运用适当的符号或色彩,精巧地配置在地图上,形成科学性与艺术性集成的地图。地图符号系统不仅能表示制图对象的地理位置、范围、质量特征、数量指标和动态变化,而且还能直观地显示各制图对象的空间分布规律及其相互联系,从而使人们通过地图语言来理解地图上各种复杂的自然和人文事物,即具有符号系统。

3. 综合性

地图经过科学和美学的制图综合而具有客观世界的一览性。地球表面的信息纷繁复杂,而地图则是地表按照一定的数学法则缩小后的图形表达,所以没有办法将地表上的所有景物都表现在地图上,这就需要对地表上的景区进行取舍或简化以突出主图,即进行地图综合。这样既可以反映区域性的地理特征,也可以发挥图面清晰易读的美观效果。

二、旅游地图的概念

(一)概念

旅游活动始于远古,其随着文明的进步不断发展,旅游地图的内涵也随之不断地丰富与深化,在不同的发展阶段有不同的认识。国际地图制图学协会(ICA,1987)提出,旅游地图是旅游要素空间关系的表象或抽象,是以视觉、数字或触觉的方式表达旅游空间信息的工具。所以,旅游地图是一种突出表示制图区域的旅游要素的专题地图。按照旅游活动六要素划分,旅游要素包括食、住、行、游、购、娱等;按照旅游活动三要素划分,旅游要素由旅游活动的主体(旅游者)、旅游活动的客体(旅游资源)和旅游活动的媒介(旅游业)构成。旅游要素空间关系是指六要素或三要素的空间分布和地理特征。抽象是指用数字或地图符号系统表示旅游要素的地理特征和空间关系。现代旅游地图已不再局限于运用单调的地图符号系统对旅游要素进行抽象表达,而是采用摄影、摄像、绘画、多媒体技术等客观表现重点要素的形象特征和空间联系;已不再局限于图形形式,而强调了数字形式和信息的获取、处理和利用;已不再局限于视觉表象,而产生了触觉地图。

当今旅游业的发展是现代社会经济、科学技术、交通、生活方式综合发展的结果,因而旅游地图的内涵也随之不断丰富与深化,旅游地图已不仅仅为游览服务,单一地表达空间信息,其内容不仅包括了旅游资源(如资源分布、资源保护)、旅游设施(如交通、文化娱乐)、旅游环境（如气候、旅游区绿化、自然保护），还包括了旅游经济（如旅游经济投入、旅游区划）和旅游历史（如历史变迁、古文化）等。现代的旅游地图不仅能直观地表示旅游区域一种或几种旅游要素的数量、质量特征和空间分布情况，而且能形象地反映区域的旅游历史、旅游资源、旅游环境、旅游经济等丰富的内涵。

因此，旅游地图是旅游地理信息系统重要的输出形式，是研究旅游规划的重要手段，是旅游空间信息的图形表达式，是旅游规划考察和调查成果表达的重要形式。

（二）特征

1. 形象直观性

旅游地图，运用符号系统、摄影艺术、绘画艺术（如写景法、渲染法等）表达旅游要素的形态特征，一目了然，直观形象。采用景点摄影、景点描述、地图符号系统表示景区旅游要素的形态特征，不用阅览文字说明，即可展现景点的真实形象的色彩。除了用照片、素描图、特写符号、象形符号反映地面景物的外貌形象外，旅游地图还可以用文字符号、几何符号直观地表示景物的本质特征。如水的流速、居民点的人数、景点类型等，甚至许多没有外形的自然和经济要素的特征如日出时间、雨量、旅游商品产量等也能直观形象地表示出来。旅游地图与景区地面照片、航空照片和风景画的形象直观又有所区别，旅游地图所使用的专门符号系统、景点照片等图形简明、概念明确，形体很小但又有重要意义，无形或隐蔽的事物能够显示，事物的数量特征和质量特征也能够直接显示，同时还可以显示物体的立体特征。

2. 通俗实用性

旅游地图与其他专题地图（如地质图、水文图等）不同，旅游地图，尤其是需求量较大的导游图，面对的读者常常不是专业技术人员，而是一般游客。游客构成复杂，文化层次、专业方向差异性很大，要满足各类群体游客的需要，旅游地图必须通俗易懂。旅游地图对旅游要素的表示，采用公共场合惯用的形象符号，力求地图简洁明了，语言通俗易懂，要素形象醒目，注记清晰易读。旅游地图的使用场所，也与其他专题地图不同，除少量供研究者或室内使用以外，大多数旅游地图首先是作为一种导游工具，在野外浏览中为游客提供方便，因而要求旅游六要素的表示完备准确、开张规格携带方便、折叠方式展合顺当。

3. 科学准确性

旅游地图依据数学法则，先将地球椭球面上的经纬网投影到平面上，以此作为平面的坐标系，把地面景物按相应的坐标位置转绘上去（即地图投影），然后计算地图上的微分线段与地球椭球面或球面上相应的微分线段之比，得出比例尺，最后确定地图的方向，使地图平面上的点与地球曲面上的点之间建立了严密的数学关系和方向关系，因此，可以在旅游地图上以必要的精度来量算地面上景物的实际距离（或长度）、面积、体积、方向和点的空间位置，从而为游客提供准确的旅游空间信息和行为指导。

4. 精美艺术性

旅游地图既是旅游者旅游活动中的使用工具，也是旅游结束后的旅游纪念品。旅游地图一改其他专题地图的呆板形式，大胆追求款式精美、新颖脱俗、美观大方、布局活泼、装帧考究。在色彩上着重体现旅游区地方特色，或鲜艳夺目、清晰明快、富于刺激，或沉静凝重、古朴典雅、寓意深远，或恬静淡泊、清新秀丽、意境悠远。在设计、编绘和印制中，非常重视装帧精美,富有艺术效果,从而吸引旅游者,占领市场,宣传旅游资源。

5. 文化传播性

文化是旅游活动的灵魂,是旅游活动的内涵、实质或目的。旅游主体负载着一定的已成文化因子,前往相异的文化区域和景观空间中旅行、游览,与当地的接待人员、居民等接触,进行跨文化的交流和对话,将原有文化传播到异地的同时,也深受异地文化和风俗的影响,与目的地的文化既发生碰撞与冲突,又发生交流与融合。因此,文化交流是旅游活动的核心,旅游活动肩负着推动文化交流的使命,没有文化内涵的旅游是没有生命力的。旅游地图主要以丰富多彩的旅游资源为表达对象,在旅游业中起着重要的宣传媒介作用。因此,旅游的文化性,旅游资源的地域性、文化性等特性在旅游地图上应该得到生动而深刻的体现,丰富多彩的旅游文化资源是旅游地图文化的主要内容。我国国土幅员辽阔,历史文化悠久,风景名胜和文化古迹数不胜数,旅游资源丰富多彩、种类繁多,不同地域、不同景区景点具有风格迥异的旅游文化内涵。旅游地图作为旅游资源信息、旅游文化的载体,是一种传统的旅游信息传播途径,也是当今人们使用较广泛的旅游信息获取方式之一,理应成为联系地图与文化、旅游文化的桥梁和纽带,成为文化、旅游文化的承载者与表达者,成为诠释旅游地域特色文化、推动旅游文化传播、交流的重要手段和工具。

旅游地图除了上述的特点外,还具有流动性和知识性的特点。流动性是指旅游是一种动态的文化活动,异地性大。旅游地图也是旅游文化的一个方面,旅游文化是一种双向流动的动态文化,旅游地图则随着旅游者的活动而流动,不断扩大、延伸旅游文化的传播。知识性是指旅游除了锻炼身体、陶冶情操、享受乐趣外,还有增长知识的重要层面。地图是有条件地反映自然界客观现实信息的载体和传输信息的工具。而旅游地图正是应用地图的语言,直观而形象化地反映出风景名胜区的自然风光和名胜古迹,同时还经过文字、图表、照片等的组合匹配,全面地介绍风景区的历史典故、风土人情、社会概貌和地理知识,给人以丰富的文化享受以及满足旅客的求知欲望。

第二节 旅游地图的类型

一、按服务对象分类

(一)游客用旅游图

旅游者是旅游业的主体,对旅游地图的需求量最大,尤其是旅游交通图及导游图等。游客用旅游图主要表现与旅游者密切相关的旅游要素信息指导,其主导作用就是为旅游者提供导游服务。游客用旅游图主要表示景点名称特征、分布、交通线及交通方式、游览路线、游程安排、交通班次、最佳旅游时间和观赏时间、地点以及为游客提供各方面服务的设施位置、规模、档次等内容,从而消除游客在旅游地的陌生感,明确自身的位置和游览的方向和目的。随着科技的进步、电子技术的发展、多媒体技术的推广,移动客户端的旅游电子地图为游客提供了更便捷的服务,形成一种发展趋势。

(二)管理用旅游图

任何区域的发展决策,都基于对区域状况的了解和分析。区域旅游发展决策的产生,也必须首先熟知区域内旅游要素的基本情况,旅游地图能直观、形象、综合、全面反映区域内旅游要素状况。旅游资源分布图、旅游区位图、旅游发展规划图、旅游线路组织图、旅游市场分布图、旅游客流图及旅游设施布局图等,就是专门为旅游管理部门正确决策,提供参考作用的旅游地图,能够直观、便捷地为研究人员和管理人员提供准确的空间旅游信息,以作为决策的科学依据。旅游地图不仅是旅游决策前的重要参考资料,也是表达决策的信息载体,是执行决策的依据。所以,旅游地图在旅游管理部门制定决策、表达决策和实践决策中,具有重要的参考作用。

(三)科研用旅游图

进行科学研究时,旅游地图不仅是一种原始资料能够进行辅助研究,对于一些研究者来说也可能是一种研究成果。根据研究目的对不同的旅游地图进行分析,研究旅游要素的分布规律、动态变化及相互联系,从而得到重要的研究结论或发现事物的发展规律,进而做出有效的预测预报等。在旅游科研人员研究或规划过程中,旅游地图也是一种重要及独立的成果表现形式。

二、按存储方式分类

按存储方式可分为电子地图和非电子地图,电子地图以数字方式存储,以地图数据库为基础,以数字形式存储于计算机外存储器上,并能在电子屏幕上实时显示可视地图,又称屏幕地图或瞬时地图。根据电子地图存储介质的不同又可分为磁盘地图或光盘地图。

20世纪80年代中期,随着数字地图和地理信息系统技术的发展和应用,以及计算机视觉化研究的深入,在侧重于空间信息的表现与显示的基础上,电子地图应运而生。电子地图主要应用在政府宏观管理、科学研究、规划、预测、大众传播媒介和信息服务等领域。另外,它与全球定位系统相结合,在航天航空领域、军事领域以及汽车导航中也发挥着十分广泛的作用。目前,在国际上影响较大的电子地图有美国世界影像电子地图集、加拿大国家电子地图集。在美国、英国、日本等国用于政府高层宏观决策与信息服务的电子屏幕显示系统中均有大量的电子地图。随着社会发展,众多的地理信息系统的应用成果也都以电子地图的形式来展示。目前,电子地图系统方面的研究与应用在我国也取得了一定的成果。

电子地图的主要优点如下。

(1)电子地图数据库可包括图形、图像、文档、统计数据等多种形式,也可与视频、音频信号相连,数据类型与数据量的可拓展性比较强。

(2)电子地图的检索十分方便,多种数据类型、多个窗口可以在同一屏幕上分层、实时地进行动态显示,具有广泛的可操作性,用户界面十分友好。

(3)信息的存储、更新以及通信方式较为简便,便于携带和交流。

(4)可以进行动态模拟,便于定性与定量分析,具有较强的灵活性,为地图以及其相关信息深层次的应用打下了坚实的基础。

(5)可缩短大型系列地图集的生产周期和更新周期,降低生产成本。

(6) 与输出设备相连,可将电子地图上的多种信息制成硬拷贝。

电子地图效用的发挥必须依据一定的硬件和软环境的支持。其中,数字化仪、扫描仪、硬拷贝机以及绘图机等硬件,是为了建立电子地图数据库以及数据、产品采取多种形式输出而配置的。如果只是单纯地显示电子地图,可以不需要配置这些硬件。光盘驱动是光盘地图必备的硬件。目前,在计算机技术的支持下,将图片、动画、文本、视频及声音等多媒体信息整合到电子地图中,形成了多媒体电子地图。

电子地图的软件系统的各功能模块的主要作用如下。

(1) 生成模块,包括多种地图制图、文字编辑、图表生成、影像恢复、数据更新等功能。

(2) 分析模块,依据不同的用户层次的具体要求而设计,全面考虑电子地图的内容和用途,可设置各种专用模块,或者设置定性分析、定量分析、相关分析、动态分析等功能。

(3) 显示模块,包括检索方式、属性查询、静态显示(多窗口、多种数据类型、分层叠加显示)、动态显示(滚动、闪烁、漫游、动态模拟等)、图形缩放、翻页、模拟产品输出等功能。

电子地图系统的设计由于受运行环境的影响,应充分考虑其视觉感受的心理和生理特点,讲求实效,着重提高电子地图的表现力,增强地图的分析和应用功能。一个完善的、用于信息服务的电子地图系统应该与多媒体技术、超介质载体及地理信息系统相联系。

但目前的电子地图也存在着问题:①缺乏严格的信息源"过滤系统"。许多互联网上地图运营企业为了吸引更多的用户,在提供地理信息的同时创造增值服务,提供了许多信息,其中包括餐馆、酒吧、娱乐场所、公交路线等。由于本身测绘能力有限,提供的地图存在着明显的错误,如省市县界标错、地名错误等。许多网上地图都请网友标定地名位置,这样操作有很大的随意性,十分不准确。一些错误的信息误导了消费者,既影响了地图运营企业的声誉,也会给用户带来不必要的损失。②版权保护机制不健全。编制一幅高质量的、多媒体可缩放的旅游地图需要付出很多的劳动,作为一种具有知识产权的产品,在互联网上经营发布时如何防止侵权盗版、如何创造更大的经济效益和社会效益,是值得地图编制出版单位和有关管理部门认真研究的课题。

三、按用途分类

(一) 旅游交通图

这类旅游地图以旅游城市交通图居多,主要表示区内的交通种类、交通路线、交通站、售票处等,有些地图还注明交通工具的早班和末班时间。几乎所有旅游交通图,都附有长途交通线路图。旅游交通图,往往测绘精确、印刷量大、功能多、更新快。几乎所有大中城市,均有旅游交通图。有的叫交通旅游图、交通导游图、交通游览图、交通商务旅游图。如广东省地图出版社(1993)出版的《广东省城市系列交通旅游图 广州》、测绘出版社(1984)出版的《鞍山交通导游图》、福建省地图出版社(1995)出版的《厦门交通游览图》、测绘出版社(1994)出版的《广州交通商务旅游图》等。

旅游交通图还包括为长途旅行人员提供交通指示的旅行交通图,如旅游教育出版社出版的《中国旅行游览图》。没有表示旅游专题要素的交通图,则不属于旅游地图。如成都地图出版社(2017)出版的《中国交通地图册》及其他如铁路交通图、汽车司机地图、航空线路图。

（二）导游图

主要表现制图区内旅游专题要素，为旅游者提供指导的旅游地图。这类地图数量大、品种多、形式活泼，导游图与明信片、游览点简介曾是旅游者急需的三大件。有城市公园导游图、风景区导游图、宫殿园林导游图、区域导游图、专题性导游图（如体育馆图、商贸购物旅游图、登山图、考察探险旅游图、丝绸之路旅游图等）。

导游图主要表现旅游资源的数量、质量、分布、类型以及与旅游者密切相关的旅游要素信息指导。导游图中小区域地图较多，例如，山东地图出版社出版的《泰山游览图》，仅表现从岱庙到玉皇顶沿线的小区域，测绘出版社出版的《黄山立体导游图》，表现的区域为黄海、后海、东海、西海、北海五大景区，面积百余平方公里。制图区域面积较大的《武陵源导游图》（湖南地图出版社，1996）所表现的区域面积也只有三百多平方公里，比例尺为 1∶3.5 万。

一些大区域旅游地图，如旅游教育出版社出版的《中国旅行游览图》，主图上虽绘有交通要素，但都做了淡化处理（用较浅颜色表示），突出的内容仍然是旅游专题要素。编绘者的主要意图是表现该区域的旅游资源和设施，交通线作为位置参照物，表现出最重要的骨干线。在《中国旅行游览图》中，仅十线铁道网较醒目，其他交通线，有的没有表现，有的颜色很淡，如主要公路线，不仅颜色与地图色之间过渡小，而且线条较细。这类大区域旅游图除主图对旅游专题要素加以突出，对交通要素轻描淡写之外，还附有主要旅游城市、旅游区的大比例尺小区域游览图，如《中国旅行游览图》就附有北京市、陕西省关中地区、西安市及其附近、漓江、桂林市、珠江三角洲、广州市区、杭州市、江苏省南部和上海市等小区域旅游图。所以这类大比例尺旅游地图属于导游图类，而不是旅游交通图类。

狭义的旅游地图就是导游图，这类图的主导作用就是为旅游者提供导游服务，是旅游地图中数量最大，应用最广泛的种类，构成了旅游地图的主体。所以，旅游地图最明显的作用就是导游服务。景区导游图和城市旅游交通图，主要表示景点名称特征、分布，连带景点的交通线及交通方式、游览路线、游程安排、交通班次、最佳旅游时间和观赏时间、地点以及为游客提供各方面服务的设施位置、规模、档次等内容。力争使游客一图在手，万事不愁，消除在旅游地的陌生感，明确自身的位置和游览的方向和目的。随着电子技术的发展、多媒体技术技术的推广，智能电子导游图将提供图文声像导游服务，使旅游地图的导游服务日臻完美。

（三）旅游行业地图

这类地图是为旅游专业人员和旅游管理部门提供信息服务的旅游地图。主要有：旅游资源分布图，按照普查到的旅游资源的类别、等级、数量、质量、开发利用程度等，编绘的综合或单项旅游资源分布图。旅游环境图，即表示景区环境特征的地图。旅游区规划图，即落实在地域空间上的旅游未来发展的构想图。旅游客源图，即反映客源地、目的地、旅游通道、游客流向和流量的游客空间分布图。旅游设施现状分布图，即表示为接待服务的媒体要素分布状况的旅游地图。

旅游行业地图的服务对象主要是科研人员或管理者，所以这类旅游地图具有内容精密规范、形式简单明了、专业性强、发行量小（甚至有些不公开发行）等特点。

（四）特殊功能地图

这类地图是用特殊的制图方法，达到某一特殊功能而绘制的旅游地图，如数字地图，把旅游地图信息变成一个空间模型,将模型上所有的点变成对应的(X,Y)坐标以及特征向量,然后记录在光盘上或磁盘上,形成一个数字模型。这种数字地图可用于旅游信息的快速处理、检索和统计,也可以用于运载工具的导航,即确定航线,寻找目标。再如将来的智能电子旅游地图,能使游客准确地知道自己在何处,并指导游客到达目的地。另外,靠触觉感知的盲文旅游地图,能使人们在不能用肉眼阅读的条件下定位定向,体验旅游生活。

一些标有游览示意图的旅游宣传品,如风光摄影图集、单位或行业宣传广告等。因主要功能、大量篇幅是宣传广告,则不属于旅游地图。

(五) 旅游宣传图

旅游地图,特别是导游图,其销售量与旅游人数密切相关,而旅游人数的多少,很大程度上取决于旅游区的宣传力度。所以,旅游地图宣传旅游区具有自发性。为了吸引众多的旅游者,旅游地图极尽宣传广告之能事,力求设计新颖,印制精良,通过游客的传播途径,扩大旅游资源、旅游设施、旅游企业的影响,提高其利用率和知名度,使资源优势转化为经济优势,增加旅游企业的经济收入。旅游地图实际上是一个综合性的规划设计艺术品,是以地理为背景,以旅游为对象,集地图艺术、摄影艺术、绘画艺术、文学艺术、广告艺术等多种艺术形式之大成,在咫尺方寸之间,展现旅游天地的风采,用地图语言表达旅游要素的空间分布,展示旅游产品的自然美、社会美和意境美,诱发旅游者的旅游欲望和旅游激情。在五花八门的旅游宣传广告媒体中,旅游地图具有相当大的发行量和覆盖面,是较好的宣传广告媒体之一。旅游地图除了有自发性的宣传广告作用外,还可以在地图的边角刊登旅游商品广告,既为商品广告开辟了一个便捷、经济、高效的新渠道,又为旅游地图的设计和编制提供了经济支持。富有创意的广告构思,精练隽永的广告语言,鲜艳生动的广告色彩,也使旅游地图版面活泼,新颖明快。所以,旅游地图的内在特征和自身需求,决定了旅游地图具有很强的宣传广告作用。

(六) 旅游规划开发图

根据《旅游规划通则》,旅游规划图是旅游规划的重要成果之一,是旅游规划不可或缺的组成部分,为旅游的开发提供形象、科学的依据。旅游规划图的编制在旅游规划中具有重要的地位。旅游规划图件包括旅游发展规划图件和旅游区规划图件。

旅游发展规划图件包括区位分析图、旅游资源分析图、旅游客源市场分析图、旅游产业发展规划图等。

区位分析图主要表现旅游开发地所处地理区位、旅游市场区位、交通区位等位置要素,分析规划区在全国、省域、市域中的相对位置(对比)。区位分析图一般以区域地图为底图,要素包括行政界线、主要城市、交通线、旅游区范围,此外,还用圈层和动线表现客源市场的分布以及主要客源的流向等内容。旅游资源分析图一般以地形图为底图,在底图上用相应符号标识旅游资源的类型、数量、级别及空间分布。图中的要素主要有边界线、内部道路、河流、地貌、旅游资源等。旅游客源市场分析图一般以全国行政区图为底图,标识各级旅游客源市场辐射范围及交通组织。旅游产业发展规划图一般以规划区地形图或行政区图为底图,标识规划区的旅游产业要素机构及空间布局。

旅游区规划图件包括旅游区总体规划图件、旅游区控制性详细规划图件、旅游区修建性

详细规划图件。

旅游区总体规划图件有区位分析图、综合现状图、旅游市场分析图、旅游资源评价图、总体规划图、形象规划图、项目规划图、道路交通规划图、功能分区图等其他专业规划图、近期建设规划图等。综合现状图主要标识基础设施及服务设施现状。项目规划布局图是对主要项目的空间布局分析,主要表现要素为内部功能分区、主要项目、各级交通道和游览道,主要及次级出入口。总体规划图主要标识地块划分,基础设施、服务设施和附属设施的总体布局、景观系统和绿地系统的总体布局、防灾系统和安全系统的总体布局、环境卫生系统布局等。道路交通规划图主要标识对外交通系统的布局和主要交通设施的规模、位置以及内部交通的走向和交叉形式,主要要素为外部交通线路、交通设施、内部各种交通道,如主要车行道、次级车行道、电瓶车道、缆车、索道以及游览步道等,交通线路用不同的线形和颜色来表示。功能分区图主要通过不同的色块,将规划区划分为不同的功能区,每一区域承担一项主要的旅游职能,功能区界限清晰,标示明确。近期建设规划图主要标识近期建设旅游项目和配套设施。

旅游区控制性详细规划图件有旅游区综合现状图、道路交通规划图、景观视线规划图、项目分部规划图、旅游服务设施规划图、基础设施规划图、植被绿化规划图、土地利用规划图、各地块的控制性详细规划图以及各项工程管线规划图等。用地规划图主要划定区内各类不同性质用地的界线,并标识建筑高度、建筑密度、容积率、绿地率等控制指标。基础设施规划图是对内部基础设施规划的直观反映,表现要素有电力设施及其分布、大电量使用单位、邮电局布置、移动电话基站布置、给排水设施等工程管线规划图主要标识区内工程管线的数量、位置、布局、标高、控制点坐标等。

旅游区修建性详细规划图件有综合现状图、修建性详细规划总图、用地布局规划图、景观系统规划设计、道路交通系统规划设计图、绿地系统规划设计图、给排水系统规划设计图、电力电信规划设计图、工程管网综合规划设计图、竖向规划设计图、鸟瞰或透视等效果图等。竖向规划图主要标识控制点的坐标、标高、高差等。绿化规划图主要标识植被苗木的种类、分布、规格、数量、地径、冠径等,主要要素为内功能分区、主要及次级出入口、广场等游客集散地、各级交通道和游览道、各绿化区域,如花带、草地、林荫道、灌木、背景林、防护林等,不同类型的绿化区域用不同颜色的面来表示。景观系统规划图主要标识景观轴线、景观节点、视觉通廊等。鸟瞰效果图主要将规划内容进行三维建模,并配以辅助景观要素,从高空往下展示规划内容建设完成后的逼真形象。

四、按地图的表现方式分类

(一) 普通平面旅游地图

绝大部分旅游图所采用的表现方式,所有地图信息,承载于一个平面上,用颜色分层或等高线来表示地形的起伏。晕渲图、透视写景图(假立体图)用浓淡渐变的颜色代替分层设色并采用散点透视处理景点向背关系,从而从平面中产生出立体效果。手绘写景,要求有较高的绘画艺术涵养,计算机绘图,能使地图数字基础精确,形象逼真,还可局部放大、深入。

(二) 遥感影像图

遥感影像图是以航片或卫片为底图经过背景淡化、要素强化处理制作而成的一种旅游地图。

(三) 旅游地图集

系统地表示某个区域旅游空间信息,具有统一设计原则和编制体例的一系列多幅地图的汇集。2009 年出版的《中国旅游交通地图集》,详细地描述了中国各省区的旅游景点、景点导航图、旅游资讯等。有 176 条旅游热线、157 幅专业地图、200 多幅精美图片、2100 多个特色景区景点。

(四) 旅游挂图

挂在墙上的旅游地图,图幅大,概括程度高,以及符号、注记、设色明显易辨,适合于远处即能看清的场合。几乎旅游地所有宾馆都会有这种导游图,一些景区或公园入口处,常常也有指导游览图的挂图。旅游教学也经常使用挂图,但用量较少。还有一种概括较少,符号、注记细密详尽,走近才能看清楚的旅游挂图,适合于旅游行业管理和研究使用。

(五) 折叠旅游地图

这是旅游地图最为常见的表现形式。图载信息丰富,展合顺手,便于携带收藏,几乎所有导游图均采用此种表现形式。

五、按地图的内容性质分类

(一) 旅游资源图

旅游自然资源图,包括旅游地貌、植被、水文、地质、动物、气候资源图等。旅游人文资源图,包括古文物、古遗迹、古遗址、古建筑、古城堡旅游资源图等。旅游社会资源图,包括古风俗、生活习俗、文化艺术、宗教朝圣、体育竞技、烹饪旅游资源图等。

(二) 旅游条件图

反映旅游景区(点)的"行、住、吃、游、玩、购"条件(能力)的旅游图,包括旅游景区(点)分布图、旅游路线分布图、旅游运输图、旅游餐馆饭店分布图、旅游宾馆旅社分布图、旅行社分布图和旅游商场商店分布图等。

(三) 旅游效益图

旅游效益图反映旅游经济及收入,包括旅游人数、投资、收入、设施使用率统计图等。

随着旅游活动不断丰富,各种旅游美食地图、旅游购物地图也在出现。

除了以上的分类方式,还可以按制图区域大小的不同,分为世界图、大洲图、国家图、省区图、地市图、景区图、景点图等;按照比例尺大小的不同,分为大、中、小比例尺图;按用材分为纸图、塑料图、丝雕图、浮雕图等。

此外,按制图区域分为:行政区域性旅游图,有世界、大洲、国家、省区、市、县旅游图等;专业区划性旅游图,有地貌单元、水文单元、地域单元、旅游区划单元、自然保护区旅游图等;游览点线旅游图,有单景区(点)旅游图、专线旅游图,包括铁路沿线、公路沿线、航运专线、专线旅游图等。

按旅游客体类型分为:湖光山色旅游图;园林风光旅游图;城市旅游图;乡村田园旅游图;森林公园旅游图;海滨浴场旅游图;沙漠草原旅游图;古文化历史旅游图;宗教寺院旅游

图等。

按装帧出版形式分为：单幅旅游图；系列成套旅游图；旅游图集（册）。
按表示内容的结构形式分为：旅游分布图；类型图；区划图；评价图。
按表示内容的综合概括程度分为：旅游解析图；合成图；综合图等。

第三节　旅游地图的构成

根据旅游地图的功能及类别，旅游地图与一般地图一样，要有底图要素、图外要素、数学法则等信息，除此之外，还需要旅游要素等特有信息。图 6-1 所示为旅游地图的组成要素。

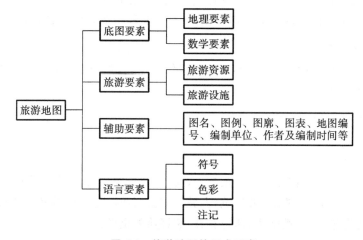

图 6-1　旅游地图的组成要素

一、底图要素

底图要素是编制旅游地图的地理基础，即旅游地图所依托的底图。地理基础不仅是描绘旅游规划内容的骨架，用来确定位置，而且反映旅游规划内容与所在环境相互联系、制约的关系，起衬托旅游规划内容的作用。底图要素一般包括数学要素和地理要素两个部分。地理要素有自然地理要素和社会经济要素，数学要素有地图投影以及控制点等。

（一）地理要素

地理要素是地图表示的主体内容，如道路、桥梁、农田、森林、河流等，该要素在地图上用特定的符号来标示，以显示其空间分布规律及其相互联系，特定的符号指点线面等要素，根据其种类的不同可以用不同颜色和形状的符号加以区分。读者可以通过这些符号来认识地表的自然与社会现象。各种地图的地理要素不完全相同。地理要素可分为自然地理要素、社会经济要素和其他要素三种，自然地理要素如地质、地形、地貌、气候、植被、水文等；社会经济要素如居民点、交通线、境界线、政治经济和文化中心、农业及工业等；其他要素指一些难以被简单概括为自然地理要素或社会经济的地理要素，如自然灾害、环境保护等。

旅游地图中的普通地理要素有地形、水体、境界线、居民点、交通线、交通港和政治、经济、文化中心等。如旅游教育出版社出版的《中国旅行游览图》中普通地理要素就包含了居民点、行政区首府、国界、省（区、市）界、地区界、铁路、主要公路、河流、飞机场等，用常用图例在左下角列出。

（二）数学要素

地图是按照一定的数学法则制成的，不同地图要求所用的数学法则也不尽相同，因而地图上需要说明这些数学信息。数学要素是地图具有几何可测量性的基础，控制和指明了地图上的地理要素和地表实体的相互关系。数学要素包括坐标网、比例尺、控制点以及指向标志等。但除了比例尺和指向标志外，全部标明上述数学要素的旅游地图很少。

坐标网是来确定地图上地理要素的位置，有地理坐标网（即经纬网）和直角坐标网两种，是地图投影的结果。地图投影是解决旅游地图以平面来呈现曲面的地球表面问题的数学方法，即将地面上的点沿着铅锤方向描写到平面上的方法。由于地球自然表面是一个不规则的曲面，难以用数学公式表达，因此必须先将地球自然表面投影到一个与之很接近、可用数学公式表达的规则地球椭球（或球面）上，然后再由地球椭球面上投影到平面上。前一步骤则是地图投影解决的问题。简单地说，地图投影就是建立在地球椭球面的地理坐标（经纬度）与平面上直角坐标之间的关系，从而实现由曲面到平面的转换的一种数学方法。地图投影常见的类型有平面投影、圆柱投影和圆锥投影等，投影误差各不相同。了解地图投影，才能看懂小比例尺的旅游地图的图形变化。旅游地图，往往表现某一旅游地或旅游城市，范围不大，地表大多在25公里半径范围内，可视为无曲率平面，所以一般不考虑投影变形。经纬网是一定经差和纬差的经纬线相互交织而成的，在不同的投影下，经纬网的形状不同，通过它可以确定地图上任意一点的地理位置。直角坐标网是以地图上的某点为原点，过该点相互垂直的两条直线为横轴和纵轴构建的。

地图比例尺，是旅游地图重要的数学要素之一，对地图制作的过程和结果影响较大，是地图上某线段与实地相应线段的水平投影长度之比。地图是地表在平面上的缩影，比例尺反映了地理事物的尺度投影到地图上缩小的程度。因为旅游地图表示的实际范围不大，所以，也可理解成地图上的线段长度与地面上的实际长度之比。如实地100米，缩小后在地图上长1厘米，比例尺则为一万分之一。地图比例尺的表示方法有数字比例尺、说明（文字）比例尺、图解比例尺。地图图幅面积相同，比例尺越大，则实际表示区域范围越小。一个国家的旅行游览图和一个城市、一个旅游地的导游图，比例尺大小是不相同的。根据旅游地图的比例尺，可以在地图上概算旅游点间的距离及旅游地的面积等。

指向标志是用来确定地理要素的方位，通常地图大多为北方定向，常采用指北针、三北方向图等作为地图的指向标志。

二、旅游要素

旅游地图是专门表现旅游现象的专题地图，旅游专题要素往往以较深较浓的色彩突出于第一层面。旅游专题要素包括旅游资源要素和旅游设施要素。

（一）旅游资源要素

旅游资源要素是旅游地图表现的中心内容。旅游资源范围很广，自然界和人类社会中，

凡能对旅游者产生吸引力，可以被旅游开发事业开发利用，并能产生经济效益、社会效益和环境效益的各种食物和因素，都可称为旅游资源。旅游资源要素是旅游地图所要表现的第一要素，一般放在旅游地图的第一印刷层面上突出表示。为了使表示的旅游资源直观形象，便于识别，根据制图区内旅游资源赋存状况，可以分为若干类型。例如，旅游教育出版社出版的《中国旅行游览图》，根据中国旅游资源情况，将旅游资源分成名山、登山地、风景湖、岩洞、瀑布、峡谷、土石林、明泉、自然保护区、其他自然景观(含奇观)、长城、古城堡、古园林、公园、游乐场、古陵墓、寺观宫殿、名人故居、寺庙、亭台楼阁、碑刻、摩崖造像、海滨及江湖浴场、博物馆、古人类遗址、古文化遗址及古窑址、古塔、名关、名桥、民风民俗、滑雪场、草原景观、狩猎场、革命纪念建筑、其他人文景观。许多大比例尺地图，旅游资源种类单一，则不进行分类，而直接在图上标注景点名称。

（二）旅游设施要素

旅游地图表示的是为旅游者提供食、住、行、游、购、娱等项服务的设施要素，包括旅行社、旅游饭店、景区内游览交通线及附属设施(景区外交通则属普通地理要素)、餐厅、饮食点、疗养区、医院、影剧院、体育场馆、交易会、购物中心、商业区、问讯处、邮局、公用电话、银行、外币兑换点、海关、签证处、旅游管理机关、派出所等职能机构等。例如，湖南地图出版社(1996)出版的《武陵源导游图》，在图上表示的旅游设施有区政府驻地、国家森林公园、景区管理局和镇政府驻地、宾馆、招待所、邮局、电影院、学校、医院、汽车站、门票站、车行游道、石级游道以及其他游道等。

三、辅助要素

辅助要素是保证规划图完整性的不可缺少的部分，主要作用是说明规划图的编制状况，提供方便读者观看与理解的内容以及增强美观性。辅助要素有图名、图例、图廓、图表、地图编号、编制单位、作者及编制时间等。

地图图廓，就是地图用以确定范围的外部轮廓，由内图廓、外图廓和其间的分度带组成。内图廓就是地图的边界线，许多旅游地图的内图廓为一条细线，如成都地图出版社(1987)出版的旅游地图《成都》，或彩色图幅内容的直线型边缘(没有细线)，如中国地图出版社(1990)出版的《体育观光图(北京亚运旅游)》。分度带是平行于内图廓并按分或度划分的线状符号，沿分度带的外边注出经纬度。旅游地图表现范围较小，故许多旅游地图，尤其是导游图不设分度带，有的即使设带，外边注出的也不是经纬度的绝对数，如上海市测绘院(1993)编制的《上海市区交通图》虽设有分度带，但南北向标注出的是1,2,3,…,13数字编号，东西向注出的是A,B,C,…,S英文字母。外图廓是平行于内图廓、位于内图廓外围的边界，通常由一条细线和一条粗线组成，小比例尺地图，外廓常常是与地图内容相配合的或带有民族特点的图案花边。旅游地图与其他专题地图不同，版面布局活跃，图廓形式也多姿多彩。

四、语言要素

旅游地图在读、写、传播信息中有自身的语言系统，即地图语言。地图的符号、颜色、文字等构成了旅游地图语言，总体设计师框架结构，语言设计师砖瓦泥石，二者结合，共同完成了旅游地图的构建工程。

(一) 旅游地图符号

表达地图内容的图形,称为地图符号,表示地图信息各要素空间位置、大小和数量、质量特征,通过形状、尺寸、方向、密度及色彩等视觉变量的搭配来区分不同事物的属性、数量、分布及时空动态等特征。科学地设计旅游地图符号,能更好地提供旅游规划信息、反映规律、加快阅读速度、提高计算精度、简化分析过程、便于传输和记忆。

设计旅游地图符号应遵循下列原则:第一,单个符号应有单个符号的特点,同一类符号也应有与其他类型符号不同的特性,符号的图形不仅要有独立性和清晰性,还必须简洁、美观。第二,在同幅图或系列图上,应严格保持各类符号的规定尺寸。桌上用图符号小、易读,以增加地图的信息容量;挂图,尤其是宾馆大厅的壁图,符号应轮廓简单、尺寸较大,以便于远处观看。第三,符号颜色应符合天然色彩,用鲜明突出的颜色表示重要的地物。既要尽可能减少颜色数目,又要易于区别和对比。

旅游地图符号可分为基础要素符号和专题要素符号。基础要素的表示,一般按普通地图的空间分布形式以及图的种类、用途和比例尺来确定。旅游规划图使用的专题符号,主要有特写符号、象形符号、几何符号和文字符号。

1. 特写符号

旅游要素特写图案绘制在地图上相应的位置上,就是旅游规划图的特写符号,特写符号主要用于表现重点景物、设施等要素,突出醒目,形象生动,通俗易懂,强化主景,改善图画效果。特写符号可以用照片或素描图、彩绘图案。例如,湖南省旅游局编绘的《湖南省西部旅游区导游图》,在武陵源分幅图中,用照片作为特写符号,而在湖南省西部位置分幅图中,用风景区的素描图作为特写符号。

设计特写符号的原则有:第一,选择能代表制图区特色的重点景物或设施加以设计。例如,中国地图出版社出版的日文版《北京观光图》主图中,只描绘天安门等主要建筑。第二,单个符号简小精当,不可太大太繁。如湖南省旅游局编绘的《湖南省西部旅游区导游图》中的景区素描图,未用颜色套印,虽未造成遮掩感,但却因单体符号过大,造成比例失调。第三,特色符号既不能遮掩其他地物要素,又要尽可能置于准确位置。如《湖南省西部旅游区导游图》中武陵源旅游区图中的一些图片与其景点位置严重背离。

2. 象形符号

象形符号是旅游规划图中将景区分类归纳,以统一的象征性的简单图案,表示某类景物共性的符号,它与特写符号类似,直观生动,很适合旅游规划图这种符号种类和数量不多的通俗普及地图。与特写符号不同的是,象形符号是一种规范化的通俗符号,特写符号仅指示某一特别地物,没有类别抽象与概括,不是规范的地图符号,没有统一使用的普遍意义。而象形符号,是对某一类地物的概括和抽象,结构比特写符号简单,体量较小,定位和印刷简便,也符合制图自动化要求。所以,象形符号在旅游地图中应用最广泛。如旅游教育出版社出版的《中国旅行游览图》中,古城堡、古园林、公园、游乐场、古陵墓、寺观宫殿、名人故居、寺庙、亭台楼阁、滑雪场、草原旅游区、狩猎场等旅游要素,均采用象形符号加以表示。

3. 几何符号

几何符号是用简单的几何图形高度抽象地表示某一景物的地图符号。如圆圈表示居民

点,圆点表示景点,同心圆表示城镇,三角形表示山峰,五角星表示党政机关等。几何符号与象形符号的共性是以抽象图形表示景物类别,面积小,设计简单,绘制方便,定位准确。二者的区别是几何符号完全是由规则的几何线段构成,曲直方圆,很有规矩,可以部分重叠,但抽象难懂,需要对照图例才能读图。象形符号则由地图的轮廓线概括而成,线条随意不规范,但能望图猜意。几何符号在普通地图和其他专题地图中,运用最为普遍,在旅游地图中也较常见。

4. 文字符号

文字符号是设计成图形的文字表示地图要素的符号,文字符号可以使读者望文懂义,读图时无须对照和记忆图例,但汉字笔画密集,外文字母难以达义,文字过小会模糊难辨,应进一步规范化,才能广泛运用。

(二) 旅游地图色彩

色彩的产生是一种错综复杂的过程,主要是因为人眼接收来自物体表面或内部对于光源的反射或透射,因此色彩由光、物体特性与人眼视觉机构三大因素所涵盖。地图设色是显示旅游地图内容的重要手段之一。在旅游规划图上科学地设计、整饰色彩,可以突出主题,加强内容的鲜明性,增强规划图的表现力和易读性,使复杂、重叠、渗透的景物主次分明,条理清晰,提高图画负载量,正确的色彩装饰,还可美化规划图,增加艺术感染力。为了使地图内容表达更科学,外表形式更完美,要发挥色彩的表现力,充分利用色彩的象征性。

旅游地图的颜色有以下四类:原色(红、黄、蓝)、间色(两原色混合而成的颜色)、补色(两原色等量混合而成另一原色的补色)和再间色(两间色混合而成再间色)。

旅游地图的色彩设计,就是选配数种涂在同一张图面上的理想而又适于相互配合的颜色,色彩设计好坏对旅游地图的表现力有很大的影响。地图色彩设计应遵循以下规律。

第一,彩色基调与表现主题的自然色彩相符。根据旅游地图所表现的主题和类型、选择能突出主题和类型、烘托气氛的色调。森林公园以绿色为基调,风景湖泊以蓝色为基调,丹霞风景以朱红色为基调,皇家建筑群以金黄色为基调。

第二,色阶差异大小表示景色差异大小。不同类型、不同质量的旅游要素,用色阶差别较大、对比明显的色彩。例如,湖南地图出版社(1995)出版的《武陵源导游图》主图中,用蓝色和绿色表示自然山水,用对比明显的红色表示人文建筑。类型相同、质量差别小,仅有数量差异旅游要素,则用色阶相近或同色的不同纯度(浓淡)加以区分。例如湖南地图社出版(1996)出版的《武陵源导游图》主图中,用肉红、浅黄、浅绿色色阶相近的色彩,分层设色,表示海拔100—1400米的高程变化。同为植被,古树名木用绿色,林区用浅绿色,一般绿地用浅黄绿色。

第三,色相(色别)尽量减少。旅游地图和其他地图一样,在易于区分不致混淆的情况下,设计的基本色越少越好。这样,既可以使图面干净利落,不至于花花绿绿,纷繁杂乱,又可减少印刷分版,节约印制成本。用七种颜色可印刷出各种复杂色彩组合的彩色地图,已成古典数学问题。目前利用一个基本色加网点减色印刷不同饱和度的色调,可用四五个基本色叠印出各种复杂的彩色地图。

第四,色阶过渡要自然。除了点状、线状不代表地物,可用色阶过渡大、对比明显的颜色外,面状分布的地物,一般选用较淡雅、色阶过渡自然的色调。给读者视觉上的协调舒适,以免产生尖锐的色相冲突和强烈的色调反差,也为底图注记留下表现层面。例如,旅游教育出版社出版的《中国旅行游览图》就用淡绿、淡黄、黄等色彩,表示呈面状分布的地貌格局。

(三)旅游地图注记

在地图上起到说明作用的文字和数字称为地图注记,用来辅助地图符号,说明各要素的名称、种类、性质和数量特征,主要作用是标识各种制图对象、指示制图对象的属性、说明地图符号的含义。地图注记的字体、字向、字号、字隔、字色、字位、数量、排列方式和搭配等,在很大程度上决定着地图的易读性和艺术性。

注记分为名称注记、质量注记、数量注记和说明注记。名称注记是地物名称的注释。说明注记是用来补充说明符号内容的注记。数量注记是注记要素数量特征的注记。质量注记是用文字说明制图对象种类、性质或特征的注记。

注记的字体,种类较多,在我国地图上常用的有黑体、宋体、仿宋体、变形体、艺术体等,此外还有拉丁字母、阿拉伯数字等。字级是文字或数字大小的级别,字体大小是指文字或数字的字格大小。字体、字级及字色即可表示要素类别和等级,又可增强图面的阅读效果和艺术美感。

注记设计应遵守以下原则。

第一,注记要合理插空配置,不能压盖重要地物或地势,第一层面的注记可压盖第二层面的面状、线状符号,但不可压盖点状符号,注记之间不能相互遮盖。

第二,注记应与被注物相应,不能偏、远、散、乱,不能使读者产生任何错觉和疑问。注记的颜色一般与被注物的颜色相同,有时为了强化主题要素,对用其他颜色表示的景区、景点也可以用红色等醒目的颜色注记。

第三,注记的地物,应与地图上相应地物的密度一致。景点、景区密集的地方,注记也相应地提高密度,切不能在空白较多的地方加注地物,而在地物稠密处少注记。

第四,注记的字体、字级要与地图符号的等级系统相适应。级别高的要素,用较大的等线体,级别低的用较小的仿宋体。地图符号密集,则设计较小字体,地物符号稀疏,可增大字级。

第五,注记排列与地物分布特点相适应。大面积物体(如景区、湖泊、建筑群等)注在内部,按长轴方向排列,线状物体(如道路、河流)与地物轴线平行,点状分布的地物,注记水平排列。

第四节 旅游地图的发展

在我国,地图起源很早,大约在文字出现之前就有了极其原始的旅行地图。早在四千多年前,夏禹就把九州山川草木禽兽的图像铸到九个鼎上,即《左传》中曾记载的夏禹铸九鼎的传说。九鼎图像可供当时去四方旅行的人参考,这是传说中的最原始的旅游地图。1973年在长沙马王堆出土的三幅西汉地图,其中一幅是城邑图,地图绘制在绸帛上,图上标有山脉、河流、道路、城市、行军路线,就是包含简单要素的旅游地图,是我国,也是世界已发现的最早

的城市旅游交通图,比托勒密的地理学书中的地图早三百多年。

我国旅游地图的出现在世界上最早,但中国旅游地图的发展,起步于20世纪70年代末。党的十一届三中全会以后,旅游业摆脱半遮半掩的窘况,大胆宣传。当时不少城市还没有一份最简单的导游图。1980年6月,国家旅游总局和国家出版社在无锡联合召开旅游出版工作座谈会,提出在一年内出齐旅游者急需的导游图、明信片和游览点简介三大件。首先出版全国20个城市及粤、闽两省侨乡的旅游地图。地图出版社陆续出版了以地图和文字说明为主要内容的《中国旅行略图》和20个城市的交通游览图。其内容和表现手法大体相同:折叠式的正反两版,以城市标志建筑或著名街景作封面,正面版绘制该市平面图,底图淡色表示郊外空地,较深的颜色(一般为砖红色)表示街区,露白的街道上注记主要街道名称,用形象的符号表示主要公园、名胜地、宾馆、餐馆、车站、机场、码头、影剧院、博物馆、主要医院、主要商场、运动场等;反面版表示主要公园、风景区、名胜古迹的游览图、照片或图画以及该市的文字说明,该市与相邻地区的交通联系图等,文字简练,彩色套印。

20世纪80年代以后,国务院审定公布了三批历史文化名城(共99个)和三批国家重点风景名胜区(共119处)。旅游地图呈现出百花齐放、万紫千红的局面,除城市旅游交通图外,各风景名胜区旅游地图五彩纷呈,争奇斗艳。各种类型、各种表现形式、各种区域范围的旅游地图层出不穷。旅游地图的内容逐步趋向信息性、科学性、知识性、艺术性和大容量,制图手段上,逐步向综合制图、系统制图、动态制图和实用制图方向发展,制图设备上,计算机制图系统、电子地图出版生产系统逐步被使用。RS(遥感)、GPS(全球卫星定位系统)与GIS(地理信息系统相结合)制作电子动态地图,可为广大游客随时提供空间位置的直观图像和有关信息。

之后,旅游地图有了一定的发展,出现在市场上的旅游地图多为一些内容通俗简单,图像生动的交通一览图、导游图等。近些年来,旅游地图在种类、形式、内容上有了更进一步的纵深发展。种类上除上述一般性旅游地图外,出现了各种区域性旅游地图、专业性旅游地图、特色旅游图、风景规划旅游图、资源管理分布图等,形式上除了原有折叠式旅游图,还有旅游挂图、旅游图册、图集、旅游立体图,特别是电子计算机的广泛深入社会,多媒体地图、电子地图也问世了。表示方法上多采用晕渲法、鸟瞰法、写景法、遥感影像法等增添了形象生动性。

近年来,随着我国旅游业的迅速发展,各地区旅游地图市场的需求量不断增长,编辑出版的旅游地图种类、样式繁多,形式新颖、内容丰富、思想艺术性更强,旅游地图的质量在不断提高。随着科研的不断深入,计算机软硬件的迅速发展和制图新技术的不断应用,旅游地图的设计与编制,无论是从技术水平还是纸张及装帧整饰质量等方面都有了突破性的飞跃,旅游地图更加标准化、规范化。主要呈现以下发展特点:①旅游地图新品种不断增多。随着我国旅游业的迅猛发展,旅游景区的不断增加,使得旅游地图的市场需求量增长迅速,更加美观、实用的旅游地图新品种不断推出。②旅游地图向标准化、规范化发展。我国旅游地图的质量有了很大的提高,从设计水平、编制技术、纸张质量到地图的装帧整饰方面都有新的跨越,地图质量在向标准化、规范化发展。从早期的线划单色图发展到现在的多要素彩色旅游地图,形式上更加新颖、内容上更加丰富。现代旅游地图不仅满足了社会和广大旅游者的强烈需求,同时也给予了人们一种美的享受。③应用遥感和计算机制图等新技术编制旅游地图。由于计算机制图技术的迅速发展,遥感影像的应用,为地图设计编制提供了重要技术手段和资料来源,繁琐的传统手工编制方法已被现代计算机制图方法取代,充分发挥计算机制图软件的功能,使地图的设计与制作更加灵活,赋予地图更大的艺术感染力。

未来的旅游地图,种类多样性、实用性与艺术性增强,更新速度快,表现形式更加多样化。

本章案例

秭归县茅坪镇旅游规划图的制作

《旅游规划通则》中规定了旅游发展规划和旅游区规划编制的原则,旅游发展规划按规划的范围和政府管理层次分为全国旅游业发展规划、区域旅游业发展规划和地方旅游业发展规划。地方旅游业发展规划又可分为省级旅游业发展规划、地市级旅游业发展规划和县级旅游业发展规划等。旅游区规划按规划层次分总体规划、控制性详细规划、修建性详细规划等。本章着重介绍旅游区总体规划图件的制作过程,以秭归县茅坪镇为例。

一、收集整理资料

收集的资料包括秭归县茅坪镇规划区的图像资料、文字资料和数据资料。图像资料包括有关规划区的普通地图、地形图、已有旅游图、遥感影像图,以及野外调查填绘的资料原图等,有关规划区的照片、画片、画册、风景素描、实景写生资料等。数字资料包括景点高程、景区面积、道路里程、交通班次、时刻表、气候数据、电话号码、旅游统计资料等。

现成的资料,不可能满足规划图图件制作的多方面需求,经常会出现某些方面没有现成资料,或者现成资料已过时,不能反映最新情况,或者现成资料有错误等。这就需要对规划区进行实地考察和调查。野外考察测勘要目的明确,计划周密,重点考察和调查规划区出现的新地名、新景物、新设施、新路线、新交通班次、新电话号码等情况,要在调查用的工作地图上详细标注位置和质量、数量和特征。对现成资料的错漏之处,要及时更正填补。

收集资料工作完成后,要对资料进行去伪存真、去粗取精和分析处理,要对其精确性、时效性、政策性进行分析,选用的资料要准确可靠,反映最新情况,不能选用有损我国或兄弟国家民族尊严,地名、国界线不规范,有悖于国家现行保密政策、民族政策、宗教政策的材料。对选定材料,还要进行分类、归纳、对比,加以整理,尤其是行政区划、旅游区划变更时,还应重修边界,分解合成统计资料。

二、准备基础底图

基础底图是用作制作规划图的基础地图,一般表示与旅游有关的水系、交通、地貌、居民点等主要要素,作为转绘旅游区总体规划专题内容的基础,以提高地图的精度和易读性。基础底图是根据规划区的图幅和比例尺,选出的具有地理基础的等比例尺地图。

准备的基础底图有茅坪镇行政区划图、秭归县旅游资源分布图、宜昌市旅游景区分布图、中国地图、茅坪镇遥感影像图等。有的地图为电子地图，可以直接作为基础底图，若为纸质地图，还需要进行地图扫描，转为电子地图。

三、地理配准

坐标系是 GIS 的数学基础，影响到作图的精确度和要素的数学计算。收集到的基础地图部分为图片文件，通常不包含空间参考系统，航片和卫片的位置精度往往也比较低，这就需要通过具有较高位置精度的控制点匹配到用户指定的地理坐标系中，这个过程就是地理配准。即通过建立数学函数将栅格数据集（扫描后的图像、图片文件）中的各点的位置与标准参考系中的已知地理坐标点的位置相连接，从而确定图像中任意一点的地理坐标，使得各个基础底图具有统一的地理坐标。经过地理配准后生成的带有坐标的地图，将作为后面矢量化的工作底图。同时，带有源坐标的数据也可以是遥感影像或其他类型都可以进行配准。

四、矢量化

矢量化将栅格的扫描图或影像变成矢量文件，按照秭归县茅坪镇旅游总体规划图件的要求，进行点要素、线要素、面要素的矢量化。秭归县茅坪镇旅游规划区的点要素的矢量化主要有旅游资源等；线要素有道路、行政区划界限、河流等；面要素有旅游分区等。

五、制图成果

根据规划通则的要求，旅游区总体规划的成果图件包括旅游区区位图、综合现状图、旅游市场分析图、旅游资源评价图、总体规划图、道路交通规划图、功能分区图等其他专业规划图、近期建设规划图等。图 6-2 至图 6-10 为秭归县茅坪镇旅游总体规划部分成果图件。

图 6-2　秭归县茅坪镇区位图

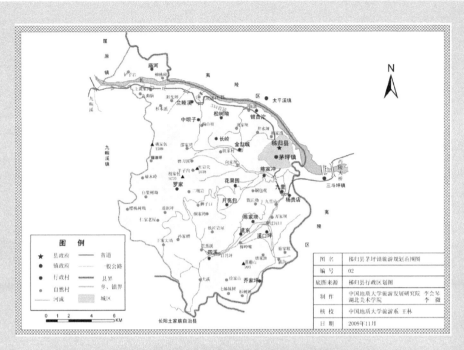

图 6-3 秭归县茅坪镇旅游发展规划范围图

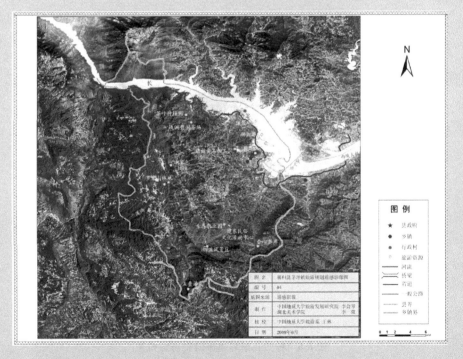

图 6-4 秭归县茅坪镇遥感影像图

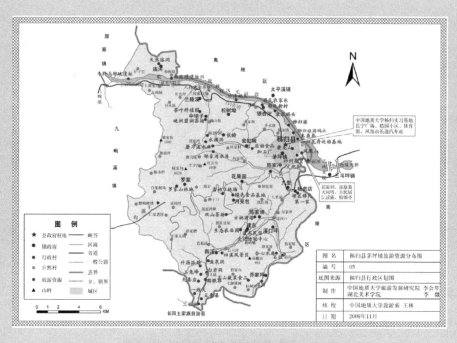

图 6-5 秭归县茅坪镇旅游资源分布图

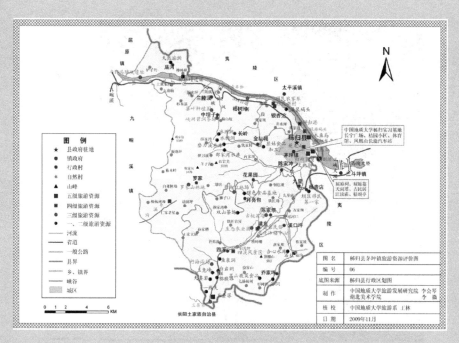

图 6-6 秭归县茅坪镇旅游资源评价图

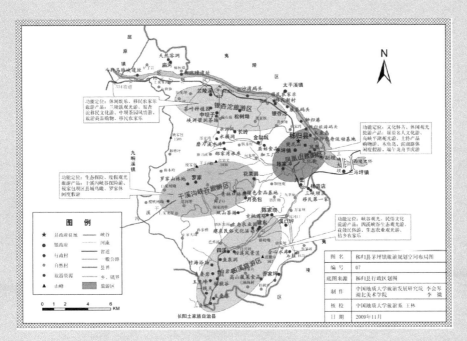

图 6-7　秭归县茅坪镇旅游发展规划空间布局图

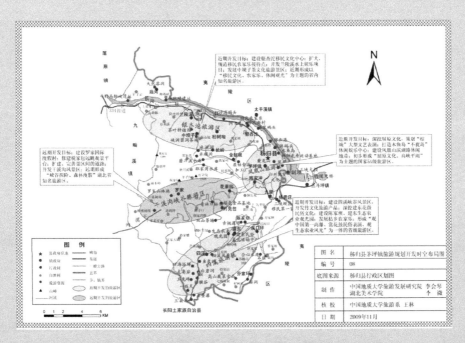

图 6-8　秭归县茅坪镇旅游发展规划开发时空布局图

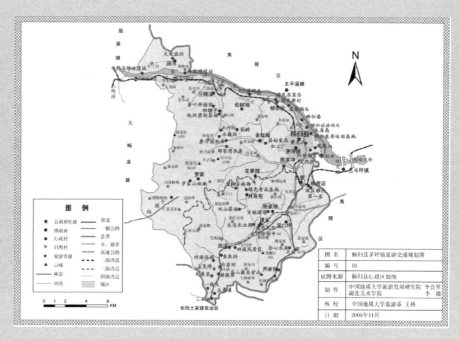

图 6-9　秭归县茅坪镇旅游交通规划图

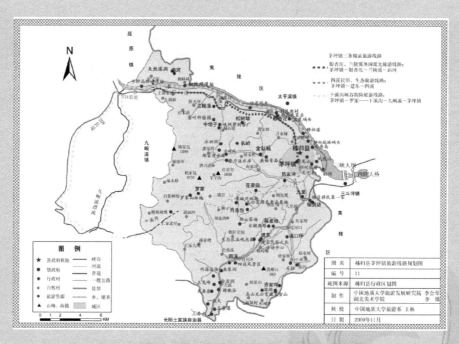

图 6-10　秭归县茅坪镇旅游规划线路图

思考题

1. 什么是地图？其有何功能？
2. 旅游地图与地图有什么区别？
3. 旅游地图的特征有哪些？
4. 简述旅游地图的构成要素。
5. 简述旅游地图的发展历程。
6. 旅游总体规划中一般需要制作哪些地图？
7. 以 ArcMAP 软件为例，论述旅游地图的制作流程。

第七章

遥感技术及全球定位系统

内容提要

本章首先介绍遥感技术的概念、分类、特点和发展历程等;其次介绍了常用的卫星遥感数据及其特征;接着介绍遥感图像恢复、增强、融合和分类处理的方法;然后介绍了景物特征与判读标志、目视判读的一般程序和方法及遥感技术在旅游中的应用等;最后介绍了 GPS 系统的由来、特点、组成和基本原理。

学习目的

1. 了解遥感技术的分类、发展历程和常用遥感数据及特征。
2. 了解遥感技术在旅游中的应用。
3. 了解 GPS 系统的由来、特点、组成和基本原理。
4. 掌握遥感技术的概念及遥感图像恢复、增强、融合和分类处理的方法。
5. 掌握景物特征与判读标志、目视判读的一般程序和方法。

第一节 遥感技术概述

遥感是 20 世纪 60 年代兴起并迅速发展起来的一门综合性探测技术,它是在航空摄影测量的基础上,随着空间技术、信息技术、电子计算机技术等当代高新技术的迅速发展,以及地学、环境等学科发展的需要,逐步形成、发展的一门新兴交叉科学技术。遥感技术在城市规划、资源勘查、环境保护、全球变化、土地监测、农业、林业、军事以及旅游等领域的应用显示了其无与伦比的优越性,并且应用的深度和广度仍在不断拓展。遥感已成为地球系统科学、资源科学、环境科学、城市科学、生态学等学科研究的基本支撑技术,并且是旅游科学及旅游地理信息系统的主要数据来源,并逐渐融入现代信息技术的主流,成为信息科学的主要组成部分。

一、遥感技术概述

(一) 遥感的概念与原理

遥感,即遥远的感知,从广义上说是泛指从远处探测、感知物体或事物的技术。具体来讲,遥感是指不直接接触物体本身,从远处通过仪器(传感器)探测和接收来自目标物体的信息(如电场、磁场、电磁波、地震波等信息),经过信息传输、加工处理及分析解译,识别物体和现象的属性及其空间分布等特征与变化规律的理论和技术。

狭义的遥感是指对地观测,即从空中和地面的不同工作平台(如高塔、气球、飞机、火箭、人造地球卫星、宇宙飞船、航天飞机、无人机等)通过传感器,对地球表面地物的电磁波反射或发射信息进行探测,并经传输、处理和判读分析,对地球的资源与环境进行探测和监测的综合性技术。与广义的遥感相比,狭义遥感概念强调对地物反射、发射和散射电磁波特性的记录、表达和应用。当前,遥感形成了一个从地面到空中乃至外层空间,从数据收集、信息处理到判读分析和应用的综合体系,能够对全球进行多层次、多视角、多领域的观测,成为获取地球资源与环境信息的重要手段。

通过大量的实践,人们发现地球上的每一物质由于其化学成分、物质结构、表面特征等固有性质的不同都会选择性反射、发射、吸收、透射及折射电磁波。例如,植物的叶子之所以能看出是绿色的,是因为叶子中的叶绿素对太阳光中的蓝色及红色波长光吸收,而对绿色波长光反射的缘故。物体这种对电磁波固有的波长特性叫光谱特性。一切物体,由于其种类及环境条件不同,因而具有反射和辐射不同波长电磁波的特性。遥感就是根据这个原理来探测目标对象反射和发射的电磁波,获取目标的信息,通过信息解译处理完成远距离物体识别的技术。应当指出的是,人类生活的自然界是非常复杂的,加之人类活动与自然环境的影响,会出现"同质异谱"和"异质同谱"的现象,这就给我们处理与分析遥感信息带来困难,也是目前研究的重大课题。

(二) 遥感的分类

广义遥感所指内容甚为广泛,如以电磁波为媒介的遥感包含光、热、无线电波、力场遥感(包括重力、磁力),此外还有声波及地震波遥感等。此处所指的遥感分类,主要是指以电磁波为媒介的地球遥感,常见的几种分类方法如下。

1. 按平台空间层次和比例尺分类

按平台空间层次和比例尺可分为航天遥感、航空遥感和地面遥感。

(1) 航天遥感。

航天遥感一般系指在大气中间层轨道以上运行的各种平台。通过传感器记录地面目标各种特征的不同信息源。在轨道中,按轨道高低又可分为高轨道、中高轨道和低轨道卫星。其中,低轨道:卫星飞行高度小于1000公里;中高轨道:卫星飞行高度在1000公里到20000公里之间;高轨道:卫星飞行高度大于20000公里。

航天遥感主要应用于大地调查、气象观测、资源环境调查和监测、侦察、区域性规划等,新一代的高分辨力的航天信息源,经数字图像处理已被广泛用于区域性和小面积的调查。

(2) 航空遥感。

航空遥感泛指从飞机、气球、飞艇等空中平台对地面感测的遥感技术系统。按飞行高度,分为低空(600—3000 米)、中空(3000—10000 米)、高空(10000 米以上)三级,此外还有超高空(U-2 侦察机)和超低空的航空遥感。

航空遥感主要应用于成图、资源环境调查、监测、工程设计。随着科学技术的发展,航天遥感地面分辨率越来越高,但从目前来看,二者还是互为补充,各有优缺点,不可替代的。

(3) 地面遥感。

地面遥感主要指以高塔、车、船为平台的遥感技术系统,地物波谱仪或传感器安装在这些地面平台上,可进行各种地物波谱测量。地面遥感实验是传感器定标、遥感信息模型建立、遥感信息提取的重要技术支撑。

林业中防火瞭望台用红外辐射仪进行防火观测、地面立体摄影测量及应用于林分中的生物量测定都属于此例。

2. 根据所利用的电磁波的光谱段分类

根据所利用的电磁波的光谱段可分为可见光反射红外遥感、热红外遥感、微波遥感三种类型。

(1) 可见光/反射红外遥感。

主要指利用可见光(0.4—0.7 微米)和近红外(0.7—2.5 微米)波段的遥感技术统称,前者是人眼可见的波段,后者即反射红外波段,人眼虽不能直接看见,但其信息能被特殊遥感器接受。它们的共同特点是,其辐射源是太阳,在这两个波段上只反映地物对太阳辐射的反射,根据地物反射率的差异,可以获得有关目标物的信息,且它们都可以用摄影方式和扫描方式成像。

(2) 热红外遥感。

主要指通过红外敏感元件,探测物体的热辐射能量,显示目标的辐射温度或热场图像的遥感技术的统称。遥感中指 8—14 微米波段范围。地物在常温(约 300K)下热辐射的绝大部分能量位于此波段,在此波段地物的热辐射能量,大于太阳的反射能量。热红外遥感具有昼夜工作的能力。

(3) 微波遥感。

主要指利用波长 1—1000 毫米电磁波遥感的统称。通过接收地面物体发射的微波辐射能量,或接收遥感仪器本身发出的电磁波束的回波信号,对物体进行探测、识别和分析。微波遥感的特点是对云层、地表植被、松散沙层和干燥冰雪具有一定的穿透能力,又能夜以继日地全天候工作。

3. 按研究对象分类

按研究对象可分为资源遥感与环境遥感两大类。

(1) 资源遥感。

以地球资源作为调查研究对象的遥感方法和实践,调查自然资源状况和监测再生资源的动态变化,是遥感技术应用的主要领域之一。利用遥感信息勘测地球资源,成本低,速度快,有利于克服自然界恶劣环境的影响,减少勘测投资的盲目性。

(2) 环境遥感。

利用各种遥感技术,对自然与社会环境的动态变化进行监测或做出评价与预报的统称。由于人口的增长与资源的开发、利用,自然与社会环境随时都在发生变化,利用遥感多时相、周期短的特点,可以迅速为环境监测、评价和预报提供可靠依据。

4. 按应用空间尺度分类

按应用空间尺度可分为全球遥感、区域遥感和城市遥感。

(1) 全球遥感。

全面系统地研究全球性资源与环境问题的遥感的统称。

(2) 区域遥感。

以区域资源开发和环境保护为目的的遥感信息工程,它通常按行政区划(国家、省区等)和自然区划(如流域)或经济区划进行。

(3) 城市遥感。

以城市环境、生态作为主要调查研究对象的遥感工程。

(三) 遥感的特点

1. 大面积的同步观测

进行资源和环境调查时,大面积同步观测所取得的数据是最宝贵的。依靠传统的地面调查,实施起来非常困难,工作量很大。而遥感观测则提供了最佳的获取信息的方式,并且不受地形阻隔等限制。遥感平台越高,视角越宽广,可以同步探测到的地面范围就越大,容易发现地球上一些重要目标物空间分布的宏观规律。如一帧美国的陆地卫星 Landsat 图像,覆盖面积为 185 km×185 km(34225 km^2),在 5—6 min 内即可扫描完成,实现对地的大面积同步观测;一帧地球同步气象卫星图像可覆盖 1/3 的地球表面,实现更宏观的同步观测。

2. 超强的时效性

遥感探测,可以在短时间内对同一地区进行重复探测,发现地球上许多事物的动态变化。这对于研究地球上不同周期的动态变化非常重要。不同高度的遥感平台重复观测的周期不同,地球同步轨道卫星可以每半个小时对地观测一次(如 FY-2 气象卫星);太阳同步轨道卫星(如 NOAA 气象卫星和 FY-1 气象卫星)可以每天 2 次对同一地区进行观测。这两种卫星可以探测地球表面及大气在一天或几小时之内的短周期变化。地球资源卫星(如美国的 Landsat、法国的 SPOT 和中国与巴西合作的 CBERS)则分别以 16 天、26 天或 4—5 天对同一地区重复观测一次,以获得一个重访周期内的某些事物的动态变化的数据。而传统的地面调查则须大量的人力、物力,用几年甚至几十年时间才能获得地球上大范围地区动态变化的数据。因此,遥感大大提高了观测的时效性。这对于天气预报、地质灾害、火灾、水灾等的灾情监测,以及军事行动等都非常重要。

3. 数据的综合性和可比性

遥感获得的地物电磁波特性数据综合地反映了地球上许多自然、人文信息。红外遥感昼夜均可探测,微波遥感可全天时、全天候探测,人们可以从中有选择地提取所需的信息。地球资源卫星 Landsat 和 CBERS 等所获得的地物电磁波特性均可以较综合地反映地质、地

貌、土壤、植被、水文等特征而具有广阔的应用领域。由于遥感的探测波段、成像方式、成像时间、数据记录等均可按要求设计,其获得的数据具有同一性或相似性。同时考虑到新的传感器和信息记录都可向下兼容,所以,数据具有可比性。与传统地面调查和考察比较,遥感数据可以较大程度地排除人为干扰。

4. 极强的经济性

遥感的费用投入与所获取的效益,与传统方法相比,可以大大地节省人力、物力、财力和时间,具有很高的经济效益和社会效益。有人估计,美国陆地卫星的经济投入与取得的效益比为1∶80,甚至更大。同时,由于遥感的观察范围大,信息处理的自动化,可使许多应用领域的科研和生产的成本极大地降低。比如,一幅地质图靠人工地面调查,需要几十人数年才能完成,而采用遥感地质制图技术,几个人在几个月就可以完成,缩短了时间的同时也节约了大量费用。

5. 具有一定的局限性

目前,遥感技术所利用的电磁波还很有限,仅是其中的若干波段范围。在电磁波谱中,尚有许多波段的资源有待进一步开发。此外,已经被利用的电磁波谱段对许多地物的某些特征还不能准确反映,还需要发展高光谱分辨率遥感以及与遥感以外的其他手段相配合,特别是地面调查和验证尚不可缺少。但随着遥感技术的进一步发展,所能利用的电磁波谱段将越来越多,成像的空间分辨率和光谱分辨率也越来越高,其感测的目标更广,对地球上的资源和环境的调查、监测将起到更大的作用。

二、遥感技术的发展

如果以1849年法国人Aime Laussedat用照相技术测制万森城堡图作为遥感的开端,则遥感已有160多年的发展历史了。而遥感的直接技术积累(主要是望远镜和摄影术)可上溯400余年。根据遥感器、遥感平台、信息处理、遥感应用等发展,遥感的发展阶段可以分为5个阶段。

(一) 准遥感阶段

准遥感阶段(1608—1838年)。这个阶段的标志就是远距离观测工具——望远镜的出现。1608年荷兰眼镜师汉斯·李波尔赛发明了望远镜,其后伽利略(1609)制作了科学望远镜用于天文观测,促进了天文学的巨大进步。之所以称为准遥感阶段,是因为这个时期虽然可以借助望远镜进行远距离观察,但观察直接依赖于人眼,而不能将观察图像记录下来。

(二) 初级阶段

初级阶段(1839—1857年)。这个阶段的标志是摄影术(摄影胶片、照片)的发明和使用。1839年法国人Daguerre和Nepce发明了完整的照相技术(达盖尔照相术),拍下了第一张记录在玻璃底片上的影像。1840年,法国人开始在地图制作中使用照片。1849年,法国人Aime Laussedat首次制订了摄影测量计划,成为有应用目的、有图像记录的地面遥感的开始。

(三) 发展阶段

发展阶段(1858—1956年)。1858年,法国人Daumier从离开地面的系留热气球上拍摄到第一张照片,这是航空遥感的开始。这个阶段的特征是:传感器逐步有了彩色摄影、多光谱相机、红外探测、微波雷达等,遥感平台除了使用气球外,还有鸽子、风筝、飞机,并提出了火箭作为搭载工具的设想;在影像处理技术方面,光学图像处理有了很大进步,立体绘图仪、多倍投影仪、纠正仪等得到应用;遥感应用从地图测绘到军事侦察、资源调查等,领域不断扩大。

(四)飞跃阶段

飞跃阶段(1957—1998年)。1957年苏联成功发射了第一颗人造地球卫星,实现了人类探索太空的梦想。1959年美国发射先驱者2号探测器拍摄了卫星云图,同年,苏联发射月球3号获取了月球背面的照片。1961年"遥感"(Remote Sensing)一词正式出现。1960年至1965年,美国发射了10颗气象卫星(TIROS1-10),1966年至1976年发射了15颗气象卫星(ESSA爱萨系列、ITOS、NOAA系列)。1972年至1999年,美国成功发射了得到广泛应用的6颗资源卫星(Landsat1-5)。许多国家陆续发射成功众多气象卫星、资源环境卫星和军事卫星,在轨工作的对地观测卫星多达近千颗。这一遥感阶段的特征是:航天遥感平台快速发展,并成为主要的遥感平台系统;传感器从摄影胶片到光导摄像管、固态图像传感器、雷达,从多光谱到高光谱,几乎覆盖地表可用的所有电磁辐射大气窗口;遥感信息处理从光学处理到计算机数字处理,从基本的校正、增强等处理到人工智能、专家系统自动分析处理,从单纯图像处理到图像处理与遥感定量反演并重,信息提取更加多样化和精确,遥感应用从最早的摄影测量到军事侦察、预警到全球资源环境监测,全方位展开。

(五)遥感新纪元

遥感新纪元(1999年以后)。1999年,美国IKONOS 1米分辨率的资源卫星发射成功,标志着遥感在非军用领域的重大进展。这个遥感阶段的主要特征是:遥感平台更加多元化,小卫星、无人机等平台进一步增强了遥感数据获取的主动性和时效性,对地观测方式、数据获取能力进一步提高,多光谱、多尺度、多角度、多极化的遥感数据极大地丰富了地表遥感信息,遥感数据的处理分析能力也在进一步提高,有望在自动信息提取、遥感定量反演方面取得有实用意义的突破;遥感应用将在科学研究、经济建设、全球环境和军事等更多领域达到更加深入、更有成效的成果。

第二节 常用的卫星遥感数据及其特征

目前使用的卫星遥感数据有很多,如地球资源卫星、气象卫星、海洋卫星以及雷达卫星系统等,结合旅游领域的应用,常用的地球资源卫星遥感数据主要有以下几种。

一、美国Landsat卫星系列

美国陆地卫星(Landsat)系列卫星由美国国家航空航天局(NASA)和美国地质勘探局(USGS)共同管理。陆地卫星是美国用于探测地球资源与环境的系列地球观测卫星系统,曾称作地球资源技术卫星(ERTS)。陆地卫星的主要任务是调查地下矿藏、海洋资源和地下水资源,监视和协助管理农、林、畜牧业和水利资源的合理使用,预报农作物的收成,研究自然植物的生长和地貌,考察和预报各种严重的自然灾害(如地震)和环境污染,拍摄各种目标的图像,以及绘制各种专题图(如地质图、地貌图、水文图)等。在旅游业中,Landsat卫星影像主要用于区域旅游资源的调查、分析。

1972年7月23日,第一颗陆地卫星(Landsat 1)成功发射,后来发射的这一系列卫星都带有陆地卫星(Landsat)的名称。到1999年4月15日,共成功发射六颗陆地卫星,它们分别命名为陆地卫星1到陆地卫星5(Landsat 1—landsat 5)以及陆地卫星7(Landsat 7),其中陆地卫星6的发射失败了。到2013年2月11日,Landsat系列卫星Landsat 8发射升空,经过100天的测试运行后开始获取影像。

陆地卫星的轨道设计为与太阳同步的近极地圆形轨道,以确保北半球中纬度地区获得中等太阳高度角(25°—30°)的上午成像,而且卫星以同一地方、同一方向通过同一地点。保证遥感观测条件的基本一致,利于图像的对比。如Landsat 4、5轨道高度705 km,轨道倾角98.2°,卫星由北向南运行,地球自西向东旋转,卫星每天绕地球14.5圈,每天在赤道西移159 km,每16天重复覆盖一次,穿过赤道的地方时为9点45分,覆盖地球范围N81°—S81.5°。

(一)传感器及其参数

1. MSS传感器

MSS传感器的全称为多光谱扫描仪(Multi-Spectral Sensor),Landsat 1-Landsat 5卫星中均搭载了MSS传感器,它几乎获得了1972年7月至1992年10月期间的连续地球影像。MSS选用可见光—近红外(0.5—1.1 μm)谱段,共分4个波段,表7-1为MSS传感器参数。

表7-1 MSS传感器参数

多光谱扫描仪	Landsat 1—3	Landsat 4—5	类型	波段(μm)	分辨率(m)	主要作用
MSS	Band 4	Band 1	绿色波段	0.5—0.6	80	对水体有一定的透射能力,清洁水体中透射深度可达10—20米,可判别地形和近海海水泥沙,可探测健康绿色植被反射率
	Band 5	Band 2	红色波段	0.6—0.7	80	用于城市研究,对道路、大型建筑工地、沙砾场和采矿区反映明显。可用于地质研究、水中泥沙含量研究、植被分类
	Band 6	Band 3	近红外波段	0.7—0.8	80	用于区分健康与病虫害植被、水陆分界、土壤含水量研究
	Band 7	Band 4	近红外波段	0.8—1.1	80	用于测定生物量和监测作物长势、水陆分界、地质研究

2. TM传感器

Landsat专题制图仪器(TM,Thematic Mapper)是Landsat 4和Landsat 5携带的传感器,从1982年发射至今,其工作状态良好,几乎实现了连续的获得地球影像。表7-2为TM传感器参数。

表 7-2 TM 传感器参数

专题制图仪	Landsat 4—5	波段	波段(μm)	分辨率(m)	主 要 作 用
TM	Band 1	蓝绿波段	0.45—0.52	30	用于水体穿透、分辨土壤和植被
	Band 2	绿色波段	0.52—0.60	30	分辨植被
	Band 3	红色波段	0.63—0.69	30	处于叶绿素吸收区域,用于观测道路、裸露土壤、植被种类等
	Band 4	近红外波段	0.76—0.90	30	用于估算生物量
	Band 5	中红外波段	1.55—1.75	30	用于分辨道路、裸露土壤、水,在不同植被之间有好的对比度,并且有好的穿透云雾的能力
	Band 6	热红外波段	10.40—12.50	120	感应发出热辐射的目标
	Band 7	中红外波段	2.08—2.35	30	对岩石、矿物分辨很有用,也可用于辨识植被覆盖和湿润土壤

3. ETM+传感器

Landsat 7 携带的主要传感器是 ETM+,它的全称是增强专题制图仪(Enhanced Thematic Mapper)。增强是相对 TM 来说的,它在空间分辨率和光谱特性方面延续并超越了 TM 的配置。ETM+除有 TM 的 7 个波段外,增加了一个空间分辨率为 15 m 的全色波段,同时将热红外波段的空间分辨率由 120 m 提高到 60 m。ETM+传感器的具体参数如表 7-3 所示。

表 7-3 ETM+传感器的具体参数

增强专题制图仪	Landsat 7	波段	波段(μm)	分辨率(m)	主 要 作 用
ETM+	Band 1	蓝绿波段	0.45—0.52	30	用于水体穿透,分辨土壤植被
	Band 2	绿色波段	0.52—0.60	30	用于分辨植被
	Band 3	红色波段	0.63—0.90	30	处于叶绿素吸收区,用于观测道路、裸露土壤、植被种类等
	Band 4	近红外波段	0.76—0.90	30	用于估算生物量,分辨潮湿土壤
	Band 5	中红外波段	1.55—1.75	30	用于分辨道路、裸露土壤、水,还能在不同植被之间有好的对比度,并且有较好的大气、云雾分辨能力
	Band 6	热红外波段	10.40—12.50	60	感应出热辐射的目标
	Band 7	中红外波段	2.09—2.35	30	既可用于岩石、矿物的分辨,也可用于辨识植被覆盖和湿润土壤
	Band 8	全色波段	0.52—0.90	15	为 15 米分辨率的黑白图像,用于增强分辨率,提供分辨能力

4. OLI 传感器

OLI 传感器的全称为陆地成像仪(Operational Land Imager, OLI),为 Landsat 8 卫星的主要携带仪器。OLI 被动感应地表反射的太阳辐射和散发的热辐射,有 9 个波段的感应器,覆盖了从红外到可见光不同波长范围。与 Landsat 7 卫星的 ETM+传感器相比,OLI 增加了一个蓝色波段(0.433—0.453 μm)和一个短波红外段(1.360—1.390 μm)。蓝色波段主要用于海岸带观测,短波红外波段有水汽强吸收特征,可用于云检测。表 7-4 为 OLI 传感器的参数。

表 7-4 OLI 传感器的参数

陆地成像仪	Landsat 8	波段(μm)	分辨率(m)	主要作用
OLI	1—海岸波段	0.433—0.453	30	海岸带观测
	2—蓝波段	0.450—0.515	30	同 ETM+
	3—绿波段	0.525—0.600	30	
	4—红波段	0.630—0.680	30	
	5—近红外波段	0.845—0.885	30	
	6—中红外波段	1.560—1.660	30	
	7—中红外波段	2.100—2.300	30	
	8—全色波段	0.500—0.680	15	
	9—水汽吸收波段	1.360—1.390	30	有水汽强吸收特征,可用于云检测

5. TIRS 传感器

TIRS 传感器的全称为热红外传感器(Thermal Infrared Sensor, TIRS)。TIRS 将收集地球热量流失,目标是了解所观测地带的水分消耗,特别是干旱区,表 7-5 为 TIRS 传感器参数。

表 7-5 TIRS 传感器参数表

热红外传感器	Landsat 8	波段(μm)	分辨率(m)
TIRS	10	10.60—11.19	100
	11	11.50—12.51	100

二、法国 SPOT 卫星系列

SPOT 系列卫星是法国国家空间研究中心(CNES)研制的一种地球观测卫星系统,至今已发射 SPOT 卫星 1—7 号。它所采用的探测器有其独有的特点,构像也别具特色因而被较多采用,在旅游业中常用来做旅游资源调查、景区规划。SPOT 卫星还是世界上首先具有立体成像能力的遥感卫星。SPOT1—7 发射的时间分别为 1986 年 2 月、1990 年 1 月、1993 年 2 月、1998 年 3 月、2002 年 5 月、2012 年 9 月和 2014 年 6 月。

SPOT1—3 卫星的性能基本上是相同的,均携带 2 台采用 CCD 推扫式成像技术的

HRV(HRV 技术参数见表 7-6)。HRV 具有多光谱和全色(PAN)2 种工作模式,全色波段包括绿、黄、橙、红直至深红光,但不包括青、蓝、紫光,多波段的 B1、B2、B3 相当于 TM_2、TM_3、TM_4,HRV 缺少与 TM_1、TM_5、TM_7 相对应的波段。SPOT 1 和 SPOT 2 卫星都带有立体成像系统,其每台相机幅宽 60 km,高 830 km。SPOT 3 卫星所携带的遥感器由改进型 HRV、固体测高仪、激光反射仪构成,相机幅宽 110—2000 km,高度为 832 km。

表 7-6　SPOT 1—3 上的 HRV 技术参数

波段序号	波长范围(μm)	分辨率(m)
B1	0.50—0.59	20
B2	0.61—0.68	20
B3	0.79—0.89	20
PAN	0.51—0.73	10

SPOT 4 携带的遥感器一个是代替 HRV 的 HRVIR(高分辨率可见光和红外相机),增加了 1.58—1.75 μm 的红外波,红光波段的分辨率改进为 10 m,其余多光谱波段的分辨率仍为 20 米(见表 7-7)。另一个是幅宽为 2200 km,高度为 1334 km,地面分辨率为 1 km 的 4 谱段植被仪(VI),主要用于获取植被信息和校正大气数据。

表 7-7　SPOT 4 上的 HVIR 和 VIR 技术参数

传感器类型	波　段	波长范围(μm)	分辨率(m)	幅宽(km)
HRVIR	多光谱	0.5—0.59	20	60
		0.61—0.68	20	60
		0.78—0.89	20	60
		1.58—1.75	20	60
	全色	0.61—0.682	10	60
VIR	多光谱	0.43—0.47	1000	2200
		0.61—0.68	1000	2200
		0.78—0.89	1000	2200
		1.58—1.75	1000	2200

法国国家空间研究中心于 2002 年 5 月发射了 SPOT 5 遥感卫星,该卫星设计寿命为 5 年,重 3030 kg。与前 4 颗 SPOT 卫星相比,SPOT 5 卫星有较大改进,在观测能力方面有了很大的提高,并携带有新的仪器设备(具体参数见表 7-8)。其中包括:

(1) 高分辨率立体成像仪(HSR),其全色谱段分辨率为 10 m,这是新增加的最重要的仪器设备,它能同时获取 2 幅图像,拥有空前的观测能力,在一个扫描列中覆盖广大的地域,能用于制作更为精确的地形图和高程图。

(2) 2 台高分辨率几何成像仪(HRG),它具有的波段与 HRV 和 HRVIR 均有所不同,可拍摄 2.5 m 分辨率的全色图像和 10 m 分辨率的彩色图像,其全色波段具有 2 种成像模式(普通模式和超分辨率模式)。

（3）"植被-2"相机，几乎每天都可实现全球覆盖，图像的分辨率为1 km，SPOT 5卫星上的VEGETATION-2成像仪与SPOT 4卫星一样，也能实现围绕地球的连续环境检测。

SPOT 5卫星可提供不同波长和不同分辨率的图像，包括2.5 m和5 m分辨率的黑白图像、10 m和20 m分辨率的彩色图像及1000 m分辨率的每日全球图像。

表7-8　SPOT 5上的三种传感器、分辨率技术参数

遥感器类型	波段	波长范围(μm)	分辨率(m)	辐宽(km)
高分辨率几何装置HRG	全色	0.49—0.69	2.5或5	60
	多光谱	0.49—0.61	10	60
		0.61—0.68	10	60
		0.78—0.89	10	60
		1.58—1.75	20	60
植被成像装置HRVIR	多光谱	0.43—0.47	1000	2250
		0.61—0.68	1000	2250
		0.78—0.89	1000	2250
		1.58—1.75	1000	2250
高分辨率立体装置HSR	全色	0.49—0.69	10	20

SPOT 6、SPOT 7位于一个相同的轨道，提供覆盖大范围区域(幅宽60 km)的1.5 m分辨率的产品。SPOT 6由印度PSLV运载火箭搭载成功发射，加入由Astrium Services分发的极高分辨率卫星Pleiades 1A的轨道。SPOT 6能够以1.5 m全色和6 m多光谱(蓝色、绿色、红色、近红外)分辨率对地球进行成像的光学卫星，主要用于国防、农业、森林砍伐、沿海监测、工程、石油、天然气和采矿业。SPOT 6和SPOT 7实际上将在地球上每天重新访问，每天的覆盖面积达到600万平方公里，使用寿命为10年。其主要参数为：使用Reference3D，定位精度达到10 m(CE90)的自动正射影像；全色分辨率为1.5 m、多光谱分辨率为6 m；幅宽：60 km×60 km。

三、中巴CBERS卫星系列

中巴地球资源卫星(CBERS)是我国第一代传输型地球资源卫星，由中巴地球资源卫星01星、02星、02B星（均已退役）、02C星和04星五颗卫星组成，是中国与巴西两国合作研制的遥感卫星，被誉为"南南高科技合作的典范"。

资源一号02C，简写为ZY-1-02C，该星于2011年12月22日成功发射，重量约为2100公斤，设计寿命3年，搭载有全色多光谱相机和全色高分辨率相机，主要任务是获取全色和多光谱图像数据，可广泛应用于国土资源调查与监测、防灾减灾、农林水利、生态环境等领域。02C星有两个显著特点：一是配置的10 m分辨率Pan/MS多光谱相机是我国民用遥感卫星中最高分辨率的多光谱相机；二是配置的两台2.36 m高分辨率HR相机使数据的幅宽达到54 km，从而使数据覆盖能力大大增强，重访周期大大缩短。资源一号03星于2013年12月9日发射失败。

2014年12月7日,中国和巴西联合研制的地球资源卫星04星(CBERS-04)在太原成功发射升空,具体参数见表7-9。

表7-9 CBERS-04卫星数据技术参数

载荷	谱段号	谱段范围(μm)	空间分辨率(m)	幅宽(km)	侧摆角	重访时间(天)
全色多光谱相机	1	0.51—0.85	5	60	±32°	3
	2	0.52—0.59	10			
	3	0.63—0.69				
	4	0.77—0.89				
多光谱相机	5	0.45—0.52	20	120	—	26
	6	0.52—0.59				
	7	0.63—0.69				
	8	0.77—0.89				
红外多光谱相机	9	0.50—0.90	40	120	—	26
	10	1.55—1.75				
	11	2.08—2.35				
	12	10.4—12.5	80			
宽视场成像仪	13	0.45—0.52	73	866	—	3
	14	0.52—0.59				
	15	0.63—0.69				
	16	0.77—0.89				

资源三号卫星(ZY-3)于2012年1月9日成功发射。该卫星的主要任务是长期、连续、稳定、快速地获取覆盖全国的高分辨率立体影像和多光谱影像,为国土资源调查与监测、防灾减灾、农林水利、生态环境、城市规划与建设、交通、国家重大工程等领域的应用提供服务。资源三号卫星是我国首颗民用高分辨率光学传输型立体测图卫星,卫星集测绘和资源调查功能于一体。资源三号上搭载的前、后、正视相机可以获取同一地区三个不同观测角度立体像对,能够提供丰富的三维几何信息,填补了我国立体测图这一领域的空白,具有里程碑意义。

资源三号02星(ZY3-02)于2016年5月30日11时17分,在我国太原卫星发射中心用长征四号乙运载火箭成功发射升空。这是我国首次实现自主民用立体测绘双星组网运行,形成业务观测星座,缩短重访周期和覆盖周期,充分发挥双星效能,长期、连续、稳定、快速地获取覆盖全国乃至全球高分辨率立体影像和多光谱影像。资源三号02星前后视立体影像分辨率由01星的3.5 m提升到2.5 m,实现了2 m分辨率级别的三线阵立体影像高精度获取能力,为1∶5万、1∶2.5万比例尺立体测图提供了坚实基础。双星组网运行后,进一步加强了国产卫星影像在国土测绘、资源调查与监测、防灾减灾、农林水利、生态环境、城市规划与建设、交通等领域的服务保障能力。

四、美国 IKONOS 卫星

1999 年 9 月 24 日,Spacing Imaging 公司成功发射了世界上第一颗高分辨率卫星——IKONOS,从而开启了商业高分辨率遥感卫星的新时代,同时也创立了全新的商业化卫星影像的标准。2006 年 1 月,ORBIMAGE 公司成功收购 Space Imaging,创办了 GeoEye,使 GeoEye 一举成为世界上最大的商业遥感卫星运营公司。2015 年 3 月 31 日,IKONOS 卫星在超额服务 15 年后退役,其工作时间是设计寿命的 2 倍多。

IKONOS 卫星是一颗可采集 1 m 分辨率全色和 4 m 分辨率多光谱影像的商业卫星,同时全色和多光谱影像可融合成 1 m 分辨率的彩色影像。从 681 km 高度的轨道上,IKONOS 的重访周期为 3 天,并且可从卫星直接向全球 12 个地面站传输数据。幅宽 11.3 km,单景面积 11.3 km×11.3 km,其许多影像被广泛用于国防、地图更新、国土资源勘查、农作物估产与监测、环境监测与保护、城市规划、防灾减灾、科研教育等领域,且在国民经济建设中有着广泛的应用前景。

五、美国 QuickBird 卫星系列

QuickBird-2 卫星于 2001 年 10 月由美国 DigitalGlobe 公司发射,是当时世界上唯一能提供亚米级分辨率的商业卫星,具有最高的地理定位精度,海量星上存储,单景影像比其他的商业高分辨率卫星高出 2—10 倍(见表 7-10)。QuickBird-1 卫星曾于 2000 年 11 月 20 日发射失败。

QuickBird 卫星是由 DigitalGlobe 公司的空间技术战略合作伙伴 Ball Aerospace & Technologies Corp.,Kodak,Fokker Space(柯达)等合作设计并发射的,该卫星的技术在世界商业卫星领域内非常领先。该系统成功为各个领域的遥感数据应用用户提供了高质量的卫星数据产品,其稳定性和灵活性已经得到了应用行业的认可。目前 DigitalGlobe 已发射完成 WorldView-I、Worldview-II 高分辨率全色波段遥感卫星,将卫星分辨率分别提升至 0.5 m、0.4 m。

表 7-10 QuickBird 卫星及其数据参数

成像方式	推扫式扫描成像方式	
传感器	全色波段	多光谱
分辨率	0.61 m(星下点)	2.44 m(星下点)
波长	450—900nm	蓝:450—520nm 绿:520—660nm 红:630—690nm 近红外:760—900nm
量化值	16bit or 8bit	
星下点成像	沿轨/横轨迹方向(+/-25 度)	
立体成像	沿轨/横轨迹方向	

续表

成像方式	推扫式扫描成像方式
辐照宽度	以星下点轨迹为中心,左右各 272 km
成像模式	单景 16.5 km×16.5 km
条带	16.5 km×165 km
轨道高度	450 km
倾角	98 度(太阳同步)
重访周期	1—6 天(0.7 m 分辨率,取决于纬度高低)
发射信息	发射日期:2001 年 10 月 18 日 发射时限:1851-1906 GMT(1451-1506 EDT) 发射地点:SLC-2W 美国加州范登堡空军基地
轨道	高度:450 km-98 degree,太阳同步轨道 重访周期:3—7 天,0.6 m 分辨率取决于纬度范围 周期:93.4 分钟
采集能力	128 G(大约为 57 幅单景影像)
幅宽和面积	规定幅宽:16.5 公里星下点 面积:单景面积 16.5 km×16.5 km;条带面积 16.5 km×165 km
精准度	23 米水平误差,17 米垂直误差(无地面控制点)
像素位深	11-bits
星载存储量	128 Gbits 存储量
航天器	燃料可供时间为 7 年,2100 磅(1 磅≈0.45 千克),3.04 m 长

六、美国 WorldView 卫星系列

WorldView 卫星是 DigitalGlobe 成像卫星系统。它由 4 颗 WorldView 卫星组成。WorldView-1 卫星为美国 DigitalGlobe 公司的高分辨率商用卫星,于 2007 年 9 月 18 日成功发射,可提供 0.5 m 分辨率卫星影像。灵活的镜头使其能够快速定位目标和高效地进行立体采集。WorldView-2 卫星于 2009 年成功发射,是全球第一颗具有 8 个多光谱波段的商业高分卫星,运行在 770 km 高的太阳同步轨道上,能够提供 0.5 m 全色影像和 1.8 m 分辨率的多光谱影像。WorldView-3 于 2014 年 8 月成功发射,它的影像分辨率最高可达 31 cm,为目前市面上分辨率最高的商业光学卫星。WorldView-3 不但具有与 WorldView-2 同样的高光学分辨率与高几何精度,而且能在更短的时间内获取影像数据,拍摄面积更为广泛。除去 WorldView-2 提供的 8 波段光谱信息外,还新增了额外的 20 个特殊波段,包括 8 个短波长红外光波段(SWIR,short-wave infrared),更有利于特殊地物的分类与侦测。此外,还提供了 12 个分布于可见光至不可见光的 CAVIS-ACI 波段,有利于云雾侦测、影像修复及求得更

正确的地物反射率,得到更加美观的影像。

WorldView-4 卫星于 2016 年 11 月 11 日在美国加利福尼亚范登堡空军基地发射。WorldView-4 在 617 km 的高度上运行,提供 31 cm 全色分辨率、1.24 m 多光谱分辨率。WorldView-4 每天能采集影像的范围多达 680000 平方公里。WorldView 系列卫星数据参数见表 7-11。

表 7-11　WorldView 系列卫星数据参数

参　　数	WorldView-1	WorldView-2	WorldView-3	WorldView-4
轨道高度	496 km	770 km	617 km	617 km
光谱特征	Pan	Pan+8MS	Pan+8MS+8SWIR	Pan+4MS
全色分辨率	0.50 m	0.46 m	0.31 m	0.31 m
多光谱分辨率	N/A	1.85 m	1.24 m	1.24 m
精度规格	6.5 m CE90	6.5 m CE90	3.5 m CE90	4 m CE90
幅宽	17.7 km	16.4 km	13.2 km	13.1 km
平均在 40°N 纬度回访	1.7 天	1.1 天	1.0 天	1.0 天
单景区域覆盖	111 km×112 km	138 km×112 km	69 km×112 km	66.5 km×112 km
单次立体覆盖	51 km×112 km	63 km×112 km	28 km×112 km	26.6 km×112 km

七、日本 ALOS 卫星系列

ALOS 是日本的对地观测卫星,ALOS 卫星载有三个传感器:全色遥感立体测绘仪(PRISM),主要用于数字高程测绘;先进可见光与近红外辐射计-2(AVNIR-2),用于精确陆地观测;相控阵型 L 波段合成孔径雷达(PALSAR),用于全天时全天候陆地观测。ALOS-1 于 2006 年 1 月 24 日成功发射,2011 年 5 月 12 日停止使用。图 7-1 为 ALOS 卫星及其 PRISM 传感器影像图。

图 7-1　ALOS 卫星及其 PRISM 传感器影像图

2014年5月24日,ALOS-2卫星搭载H-IIA火箭被送入预定轨道,发射取得成功。ALOS-2(大地2号)是ALOS的后继星,将在ALOS的基础上,在测绘、区域观测、灾害监测、资源调查等领域发挥更大的作用。其上搭载PALSAR-2传感器,工作波段为L波段(1.2 GHz段)最小分辨率为3 m(距离向)×1 m(方位向),能在任何大气条件下全天候工作。ALOS-2是一颗具有较强穿透能力的高分辨率雷达卫星,在地表沉降、地壳监测、防灾减灾、农林渔业、海洋观测以及资源勘探等领域有较高的应用价值。

预计ALOS-3光学遥感卫星将于2019年发射,分辨率可达到1 m,幅宽为50 m,主要用于制图、区域监测、自然灾害评估及资源调查等应用。

八、中国GF卫星系列

高分一号(GF-1)卫星搭载了两台2 m分辨率全色/8 m分辨率多光谱相机,四台16 m分辨率多光谱相机。卫星工程突破了高空间分辨率、多光谱与高时间分辨率结合的光学遥感技术,多载荷图像拼接融合技术,高精度高稳定度姿态控制技术,5年至8年寿命,高分辨率数据处理与应用等关键技术,对于推动我国卫星工程水平的提升,提高我国高分辨率数据自给率,具有重大战略意义。GF-1卫星数据参数见表7-12。

表7-12　GF-1卫星数据参数

分类	谱段号	普段范围(μm)	空间分辨率(m)	幅宽(km)	侧摆能力	重访时间(天)
全色多光谱相机	1	0.45—0.90	2	60 (2台相机组合)	±35°	4
	2	0.45—0.52	8			
	3	0.52—0.59				
	4	0.63—0.69				
	5	0.77—0.89				
多光谱相机	6	0.45—0.52	16	800 (4台相机组合)		2
	7	0.52—0.59				
	8	0.63—0.69				
	9	0.77—0.89				

高分二号(GF-2)卫星是我国自主研制的首颗空间分辨率优于1 m的民用光学遥感卫星,搭载有两台高分辨率1 m全色、4 m多光谱相机,具有亚米级空间分辨率、高定位精度和快速姿态机动能力等特点,有效地提升了卫星综合观测效能,达到了国际先进水平。高分二号卫星于2014年8月19日成功发射,8月21日首次开机成像并下传数据。这是我国目前分辨率最高的民用陆地观测卫星,星下点空间分辨率可达0.8 m,标志着我国遥感卫星进入了亚米级"高分时代"。主要用户为国土资源部、住房和城乡建设部、交通运输部和国家林业局等部门,同时还将为其他用户部门和有关区域提供示范应用服务。GF-2卫星数据参数见表7-13。

表 7-13　GF-2 卫星数据参数

载荷	谱段号	普段范围(μm)	空间分辨率(m)	幅宽(m)	侧摆能力	重访时间(天)
全色多光谱相机	1	0.45—0.90	1	45（2 台相机组合）	±35°	5
	2	0.45—0.52	4			
	3	0.52—0.59				
	4	0.63—0.69				
	5	0.77—0.89				

高分四号(GF-4)卫星于 2015 年 12 月 29 日在西昌卫星发射中心成功发射,是我国第一颗地球同步轨道遥感卫星,搭载了一台可见光 50 m/中波红外 400 m 分辨率、大于 400 km 幅宽的凝视相机,采用面阵凝视方式成像,具备可见光、多光谱和红外成像能力,设计寿命 8 年,通过指向控制,实现对中国及周边地区的观测。高分四号卫星可为我国减灾、林业、地震、气象等应用提供快速、可靠、稳定的光学遥感数据,为灾害风险预警预报、林火灾害监测、地震构造信息提取、气象天气监测等业务补充了全新的技术手段,开辟了我国地球同步轨道高分辨率对地观测的新领域。同时,高分四号卫星在环保、海洋、农业、水利等行业以及区域应用方面,也具有巨大潜力和广阔空间。高分四号卫星主用户为民政部、林业局、地震局、气象局。GF-4 卫星数据参数见表 7-14。

表 7-14　GF-4 卫星数据参数

分类	谱段号	谱段范围(μm)	空间分辨率(m)	幅宽(km)	重访时间
可见光近红外(VNIR)	1	0.45—0.90	50	400	20S
	2	0.45—0.52			
	3	0.52—0.60			
	4	0.63—0.69			
	5	0.76—0.90			
中波红外(MWIR)	6	3.5—4.1	400		

高分三号(GF-3)卫星于 2016 年 8 月 10 日发射升空。高分三号卫星是中国高分专项工程的一颗遥感卫星,为 1 m 分辨率雷达遥感卫星,也是中国首颗分辨率达到 1 m 的 C 频段多极化合成孔径雷达(SAR)成像卫星。

第三节　遥感图像处理

遥感图像处理是指对遥感图像进行辐射校正和几何纠正、图像整饰、投影变换、镶嵌、特征提取、分类以及各种专题处理等一系列操作,以求达到预期目的的技术。遥感图像处理可分为两类：一是利用光学、照相和电子学的方法对遥感模拟图像（照片、底片）进行处理，简称为光学处理；二是利用计算机对遥感数字图像进行一系列操作，从而获得某种预期结果的技术，称为遥感数字图像处理。

由于遥感系统空间、波谱、时间以及辐射分辨率的限制，很难准确地记录复杂地表的信息，因而误差不可避免地存在于数据获取过程中。这些误差降低了遥感数据的质量，从而影响了图像分析的精度。因此，在实际的图像分析和处理之前，有必要对遥感原始图像进行预处理。遥感图像预处理又被称为图像纠正和重建，包括辐射校正、几何纠正等，目的是纠正原始图像中的几何与辐射变形，即通过对图像获取过程中产生的变形、扭曲，模糊和噪音的纠正，得到一个尽可能在几何和辐射上真实的图像。由于遥感信息已越来越多地采用数字记录和储存，故数字图像处理正逐渐成为遥感图像处理的主要手段。因此，本节着重介绍遥感数字图像处理。

一、图像恢复处理

图像恢复处理的目的是为进一步做增强或分类处理提供高质量的可供使用的图像数据，故也称预处理。有关地面接收站在向用户提供 CCT 磁带之前一般都做了例行（粗制）的恢复处理。遥感应用人员为了获得满足专业要求的处理效果和精度，有时还需要做以下几种恢复处理，使之成为精制的 CCT 数据。

（一）几何校正

几何校正是指消除遥感图像在其形成过程中产生的各种几何位置失真（畸变）的图像处理过程。通常在租制 CCT 产品中已对由遥感器本身和地球自转造成的系统几何畸变做了例行校正处理（粗纠正），因此，遥感应用人员需要做的，主要是对 CCT 中残存的非系统（随机）畸变的纠正（精纠正）。

数字图像几何精纠正的实质是逐像元地将图像坐标按一定的精度要求变换到地形图的地理坐标系中，然后再按恰当的抽样方法对像元重新做亮度赋值。进行图像与地形图的坐标变换，首先要选定一批在二者中都容易识别的同名点做控制。以控制点所提供的两组坐标数据，采用回归方法就可以建立两个坐标系之间的转换函数，确定转换系数矩阵。目前最常用的是二元 N 阶多项式。

几何精纠正直接以地形图（地理坐标）为参照，综合校正所有因素造成的几何畸变，能显著改善数字图像的几何精度，不仅对后续的解译制图和几何量算是非常必要的，而且它也是不同图像的配准和多元信息复合的基础。因此，提高纠正处理本身的精度就显得很重要了。关键是选准几何控制点，要尽量挑选那些位置准确、与周围差异显著且范围窄小的影像，最好是孤立的像元。如河流的干、支流交汇点、拐流点、独立的小水体、特征明显的地形点、坡折点等。由于水在近红外反射极低，数字图像上亮度几乎为零，易于确定，所以应多利用近红外波段的图像（MSS_7、TM_4、TM_5、TM_7 等）来选控制点。控制点的数目要适中、在图像上分布要均匀，位置精度一般应小于 0.5 个像元。

此外，诸如 TM 之类粗制数字磁带，本身几何精度较高，如已能满足研究的精度要求，也可以采用整体旋转坐标轴，使图像方位指向正北的办法做几何校正。

（二）大气校正

主要由大气散射效应带来的辐射失真。校正处理时通常仅考虑瑞利散射的影响，以 MSS 为例，它在 4、5 波段较大，6 波段次之，7 波段最小（见图 7-2），故在实际处理中最简单的办法是先从 MSS_7 上找出 0 值像元（阴影），然后将其他各波段的数值减去各自对应于 MSS_7 的 0 值像元的亮度值数即可。但一般是分波段统计地物目标的亮度，分别与 MSS_7 作二维对比图（见图 7-3(a)）；或者将各波段的直方图与 MSS_7 直方图对比（见图 7-3(b)），相对于 MSS_7 出现的偏移值 a 可视为大气散射的影响。经验表明，MSS_4 的订正值为 9—13，MSS_5 为 5—9，而 MSS_6 为 1—5，MSS_7 为 0—3。

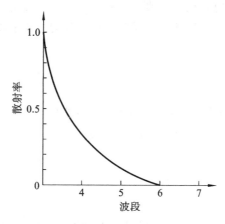

图 7-2 大气散射对 MSS 各波段的影响

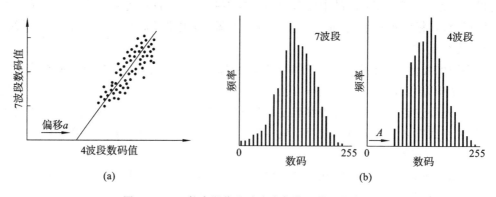

图 7-3 MSS 数字图像上确定大气校正值 a 的方法

大气校正会增加图像的对比度，消除雾霾感（短波波段尤甚），在做比值增强、彩色合成等处理时，事先做这种校正更为必要。

（三）数字镶嵌和数字放大

数字镶嵌是指将相邻且互有重叠的两幅或数幅 CCT 数据，拼接生成一个在几何形态上和色调协调一致，统一为一个整体的新图像（数据）文件的处理过程。通常涉及两项关键技术：一种是相邻图像的几何配准，一般通过先在两幅图像的重叠区选取同名点像元做几何控制点，然后以其中一幅为准，对另一幅做类似于上述几何精纠正来实现；另一种是相邻图像之间的色调和反差调整,一般采取先对两幅图像的重叠区做均值、方差或直方图匹配,而后根据求出的匹配系数,以一幅为准,调整另一幅图像的反差,使二者色调均衡。经几何配准和反差调整后,裁去重叠区其中一幅的重复像元,并对各接边做适当平滑调整,按统一的数据文件形式输出即可。

数字镶嵌可以较好地克服常规卫片镶嵌图往往呈现为色调不一的棋格块状,以致严重干扰判读解译的缺陷,对于宏观地质分析或研究区跨越不同图像是非常必要的。为了取得满意的镶嵌效果,相邻图幅的 CCT 数据应尽可能接近;允许镶嵌多少个图幅,很大程度上取决于主机的容量和图像种类(数据量),有时为了制作大范围的数字镶嵌图,可能要采取间隔采样或信息压缩技术来减少数据量。

数字放大实际是数字图像的采样点的内插加密,即逐行逐列地在原图像的相邻像元中间等量插入新像元,并按一定的插值原理(最常用的是双线性内插法)对其做亮度赋值。通过插值,该图像的采样的点密度成倍增加。如图 7-4 所示,行、列各内插一个像元。使原为 4 个像元(黑点)的图像变成了 $4 \times 4 = 16$ 个像元的新图像。此时,由于新图像对应于地面的大小并未改变,只是像元密度增加一倍,于是像元的地面分辨力提高了一倍(原来一个像元被分成 4 个),从而起到了放大图像的作用。

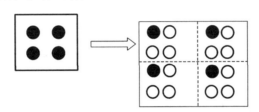

图 7-4 数字放大示意图

数字放大主要用于制作大比例尺的卫星像片。如 TM 图像经数字放大处理后制成 1∶5 万(常规一般为 1∶10 万)的卫片仍有较高的影像清晰度。但需强调的是,其作用仅仅是改善像质,实际上并未增加信息。

二、图像增强处理

图像增强处理的目的在于使图像显示得更为清晰,目标地物更为突出,易于判读。因此,从方法上来说就摒弃了一些不必要的信息,突出需要的信息。显然这是可以通过数字的运算和处理达到的,即利用计算机对数字图像进行各种处理。

(一)彩色增强处理

彩色增强处理包括彩色合成和假彩色等密度分割两种。它是依据每个像元数据值的大小和性质,分别归入计算机规定的程序中,赋给每个像元一种颜色,经过计算机处理,输出的是顺序排列成的彩色像元点阵,这就是彩色合成图像。例如,做彩色合成时,先编排一个赋色的编码表输入计算机,然后让计算机自动地检索处理图像每个像元不同波段的数据值,并按编码表规定赋予每个像元一定的颜色,依次显示在屏幕上。待图像的每个像元都得到赋色后,即构成一幅几个不同波段的彩色合成图像。同样,在进行假彩色等密度分割时,首先也是规定不同密度等级的彩色编码表。如亮度值 0—10 赋予浅蓝,11—20 赋予绿、21—40

赋予浅红等,并输入计算机中,经过计算机处理后,即可显示假彩色等密度分割图像。

(二)反差增强处理

利用计算机进行数字图像的反差增强也称为反差扩展(拉伸),它是将一幅图像中过于集中分布的像元数据值拉开,进行再分配,以增加图像的层次。因此,在进行反差增强时,首先要对原始图像的像元数值进行统计,做出亮度值的直方图,然后根据直方图的特点和需要,进行某一段落等距均匀地拉开的线性反差增强,或是选择不等距扩展拉开的非线性反差增强,或是进行其他方法的延展。由于像元值过于集中段的延展拉长,必然要削弱或抹掉一部分信息,所以,在做反差增强处理时,必须随时注意到其中的相关变化,根据需要采用不同的方法,以获得较为满意的图像增强效果。

(三)频率(滤波)增强处理

任何一幅图像都是顺序排列的像元组成的若干条扫描线构成的,如果以扫描线上的像元点位置为横坐标值,以像元点的灰度值为纵坐标值,这样每条扫描线就可以绘成如图7-5(a)那样的曲线。从数学上任何一条复杂的曲线,都可以分解成许多具有不同波长(频率)的简单波形曲线。频率(滤波)增强就是由各个扫描线所绘成的(复式)波形曲线,通过计算机的空间滤波程序分解成不同波长(频率)的简要波形曲线,并根据需要摒弃不需要的频率波形曲线,选择适宜的频率波形曲线,重新组成新的图像,以突出不同的地物。

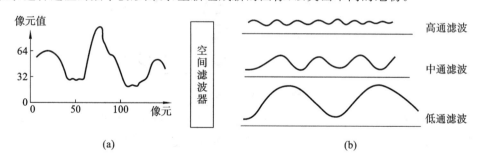

图7-5 频率(滤波)增强示意图

频率增强处理根据所选择的频率分为高通滤波、中通滤波和低通滤波(见图7-5(b))。例如,对于像山脉这样的地物,它们之间的距离以数十公里计,其形迹有较低的空间频率(即具有大的波长),应采用低通滤波,即将具有高频率和中等频率形迹的曲线滤去,只通过低频率的形迹曲线构成图像,突出表示山脉的形迹。一般背斜、向斜有着中等的空间频率,波长以公里计,采用中通滤波。而节理、裂隙以及小型地质构造则具有较高频率,波长以几十米、几百米计,采用高通滤波。

利用频率增强处理还可以对图像的某一方向的频率增强,突出表示这个方向线形地物。频率增强处理的方式很多,取决于所选择的数学方法以及所设计的空间滤波的性质和特点。

(四)比值增强处理

比值增强是将图像每个像元的某一波段的数值与同一像元的另一波段数值相除,所得到的比值作为该像元新的数值,重新显示的图像,称为比值(增强)图像。例如,陆地卫星多光谱扫描图像,每一个像元有四个波段的数值,可以组合成十二种不同的比值图像(MSS_4/

MSS_5、MSS_4/MSS_6、MSS_4/MSS_7、MSS_5/MSS_4……),在这些图像上,色调的深浅反映的是两个波段光谱反射率比值的差异。因此,不同地物在不同比值图像上可以被突出,也可以被压抑,根据应用的需要,可以选择目标地物较为突出,图像清晰的比值图像供判读使用。

比值增强对于增强和区分某些光谱亮度值差异小而在不同波段比值差异较大的地物具有明显的效果。此外,还可以利用比值增强消除一些干扰影响。图 7-6 是利用比值图像消除阴影干扰影响的实例,图中同一层的砂岩出露在山体的阴坡和阳坡,由于阴坡的砂岩在四、五波段图像的反射率都比阳坡的反射率低,因此,在单波段的图像上同样是砂岩,却形成两种不同的色调,若用等密度分割加色技术处理,同样显示为两种不同的色彩,容易误判。但是使用 MSS_4/MSS_5 的比值图像,砂岩在阴坡和阳坡的比值趋于一致,这样就消除了地形阴影所造成的影响。

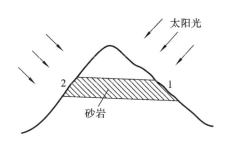

区别 反射率或比值 波段	MSS_4	MSS_5	MSS_4/MSS_5
光照区(1)的像元值	28	42	0.67
阴影区(2)的像元值	22	32	0.69

图 7-6 比值图像消除地形阴影影响示意图

比值增强也可以用图像中同一像元不同波段的数值,进行加减乘等混合运算,将其结果作为像元的数据,显示出不同的图像,对不同混合运算方法所获得的图像,根据判读的需要进行选取。还可以将不同比值的图像作为不同分光的底片,进行不同组合的彩色合成,这种彩色合成图像对判读也是有价值的。

三、图像融合处理

遥感图像数据融合是一个对多遥感器的图像数据和其他信息的处理过程,它着重于把那些在空间或时间上冗余或互补的多源数据,按一定的规则(或算法)进行运算处理,获得比任何单一数据更精确、更丰富的信息,生成一幅具有新的空间、波谱、时间特征的合成图像。它不仅仅是数据间的简单复合,而且强调信息的优化,以突出有用的专题信息,消除或抑制无关的信息,改善目标识别的图像环境,从而增加解译的可靠性,减少模糊性(即多义性、不完全性、不确定性和误差)、改善分类、扩大应用范围和效果。

为达到具体的应用目的,待处理的数据除基本的多源遥感图像外,通常还包括一些非遥感数据,如数字地图、地面物化参数分布等。考虑到数据在属性、空间和时间上的不同,遥感图像数据融合应先进行数据预处理,包括将不同来源、具有不同分辨率的图像在空间上进行几何校正、噪声消除、绝对配准(地理坐标配准)或相对配准以及非遥感数据的量化处理等,以形成各传感器数字图像、图像立方体、特征图(如纹理图、聚类图、PCT 主成分图和小波分解图等)三维地形数据图和各种地球物理化数据分布图等辅助数据构成的空间数据集或数据库。

遥感图像数据融合的分级结构除了经典的像素级、特征级和决策级3级结构外,也可根据应用系统的构成合理地扩展。融合算法的设计和选用可针对其中的任意一级或多级展开,相应的方法处理要视具体应用而定。一般来讲,信号和像素级的融合目的在于增加图像中的有用信息成分,如提高图像品质、合理地锐化等;特征级融合是为了能以较高的置信度提取有用的图像特征;决策级融合则允许对来自多个传感器或数据源的信息在最高抽象层上进行处理,以得出最终或辅助的决策。

（一）基于像元的图像融合

对测量的物理参数的合并,即直接在采集的原始数据层上进行融合。它强调不同图像信息在像元基础上的综合,强调必须进行基本的地理编码,即对栅格数据进行相互间的几何配准,在各像元一一对应的前提下进行图像像元级的合并处理,以改善图像处理的效果,使图像分割、特征提取等工作在更准确的基础上进行,并可能获得更好的图像视觉效果。

基于像元的图像融合必须解决以几何纠正为基础的空间匹配问题,在匹配过程中会产生误差,而且它是对每个像元进行运算,涉及的数据处理量大。另外,由于对多种遥感器原始数据所包含的特征难以进行一致性检验,基于像元的图像融合往往具有一定的盲目性。尽管基于像元的图像融合有一定的局限性,但由于它是基于最原始的图像数据,能更多地保留图像原有的真实感,提供其他融合层次所不能提供的细微信息,因而被广泛应用。

（二）基于特征的图像融合

运用不同算法,首先对各种数据源进行目标识别的特征提取如边缘提取、分类等,也就是先从初始图像中提取特征信息——空间结构信息如范围、形状、领域、纹理等;然后对这些特征信息进行综合分析和融合处理。这些多种来源的相似目标或区域在空间一一对应,但并非一个个像元对应,并被相互指派,然后运用统计方法或神经网络、模糊激愤等方法进行融合,以进一步评价。

（三）基于决策层的图像融合

在图像理解和图像识别基础上的融合。也就是说,经"特征提取"和"特征识别"过程后的融合。它是一种高层次的融合,往往直接面向应用,为决策支持服务。此种融合先经过图像数据的特征提取以及一些辅助信息的参与,再对其有价值的复合数据运用判别准则、决策规则加以判断、识别、分类,然后在一个更为抽象的层次上,将这些有价值的信息进行融合,获得综合的决策结果,以提高识别和解译能力,更好地理解研究目标,更有效地反映地学过程。常用的方法有：用马尔可夫随机场模型方法加入多源决策分类、贝叶斯法则的分类理论与方法、模糊集理论、专家系统方法等。

四、图像分类处理

图像上不同像元的数值反映了不同地物的光谱特性,通过计算机对像元数据值进行统计、运算、对比和归纳,实现地物的分类和识别,这种方法称为数字图像的分类处理或称为计算机自动识别。

任何物体都具有各自的电磁波特性,然而由于光照条件、大气干扰、环境因素等影响,同一种物体的电磁波特征值不是恒定的,总有一定的离散性。但是属于同一类型的物体总是具有相近性质和特征,其特征值的离散是符合概率统计规律的,即以某一特征值为中心,有规律地分布于多维空间。因此,运用概率统计理论,通过电子计算机对大量数据的处理、归纳,就能从中提取出所需要物体的分类和分布,达到识别物体的目的。

图像的分类在数学上可归结为选择适当的判别函数,或者建立物体数学模式的问题。判别函数或模式的建立有两个途径:一种是从已知类别中找出分类参数、条件等,从而确定判别函数;另一种是在缺乏已知条件的情况下,根据数据自身的规律性总结出分类的参数、条件及确定判别函故。前者称为监督分类,后者称为非监督分类。

(一) 监督分类

监督分类法又称为训练场地法,也称先学习后分类法。它是先选择有代表性的试验区(训练区),用已知地面的各种地物光谱特性来训练计算机,取得识别分类的统计判别规则(或模式),以此作为标准,对未知地区的遥感数据进行自动分类识别。

监督分类的工作程序如下。

1. 选择有代表性的训练场地

对训练场地的各种已知地物的反射、发射光谱特性进行统计计算,取得区别不同类型地物的统计数据和判别条件,并确立判别规则(模式)。

2. 输入未知地区数字图像的数据

由计算机统计出各种统计数据,如平均数、方差等。

3. 用计算机进行已知地区和未知地区数据的对比

根据概率统计理论,将未知地区的每个像元纳入已知地区的一种地物类型之列。最后打印输出或自动成图,即得到未知地区的分类结果。

监督分类比较简单实用,运算量较少,但是事先必须建立各种已知地物(或标志)的参数或特征函数,这是关系到分类识别成败的关键。因此,样本参数及特征函数的确立必须具有代表性,要有足够样本的统计数据作为基础。另外,应注意到由于环境的复杂性,以及干扰因素的多样性和随机性,由训练场地取得的光谱特征,只能代表一定时间和一定地区的情况。所以必须选择和使用多个训练场地,才能有效地识别。

(二) 非监督分类

非监督分类法又称为边学习边分类法。它是事先对研究地区无了解,计算机对直接输入的各像元点的数据进行运算处理,并分别归纳到与波段数相等的多维空间的若干个集群中,然后结合野外实况调查确定每个集群的含义,达到分类的目的。例如,对于陆地卫星图像的每个像元来说,都有四(或五)个波段相应的四(或五)个数据,即相当于四(或五)维空间中的一点,同类地物由于具有相类似的光谱特性,像元点就积聚在一定空间区域内形成集群,而不同类型地物的像元点,它们将散布在不同的空间位置中,可以采用数理统计或其他数学方法,将集群的分布状态、界限等计算出来,归纳成一定的数学模式,就可以用来自动地进行分类和识别。

非监督分类是依据每一种类型地物所具有的相似性,把反映各种类型地物特征值的分布,按相似分割和概率统计理论,归并成不同的空间集群,然后与地面实况进行比较决定各个集群的含义。

非监督分类的工作程序如下。

(1) 对输入的每个像元点的数据进行统计计算。

(2) 选定某一种比较模式或判别方法,如最小距离法、图像识别法等。

(3) 依据确定的模式或判别方法,进行各像元点的统计数值比较、归纳,输出分类的结果。

(4) 根据分类结果,实地核定各类所代表的地物类型。

非监督分类不需要对研究地区有事先的了解,可以减少人为的干扰,同时可以节省时间,成本也较低。

第四节　遥感图像的判读

判读是对遥感图像上的各种特征进行综合分析、比较、推理和判断,最后提取出所感兴趣的信息。传统的方法是采用目视判读,也有人称之为对图像的"判译"、"解译"或"判释"等。这是一种人工提取信息的方法,使用眼睛目视观察。借助一些光学仪器或在计算机显示屏幕上、凭借丰富的判读经验、扎实的专业知识和手头的相关资料,通过人脑的分析、推理和判断,提取有用的信息。与之相对的是自动判读,是指利用计算机、通过一定的数字方法(如统计学、图形学、模糊数学等),即所谓"模式识别"的方法来提取有用信息,也称自动识别分类。

运用人工智能方法和一些准则,将专家的知识和经验,在计算机中建立知识库,将遥感数据和其他资料建立数据库,模拟人工判读,设计专供遥感图像分析和解译的推理机,计算机针对数据库中的事实(数据),依据知识库中的原有的和运行中生成的知识,在推理机中根据推理准则,运用正向或反向推理、精确或不精确推理方式进行解译并做出决策,整套系统称为遥感图像自动判译专家系统。目前目视判读仍在大量使用,本节将重点介绍目视判读的基本方法。

一、景物特征和判读标志

景物特征主要有光谱特征、空间特征和时间特征。此外,在微波区还有偏振特性。景物的这些特征在图像上以灰度变化的形式表现出来。不同地物这些特征不同,在图像上的表现形式也不同。因此,判读员可以根据图像上的变化和差别来区分不同类别,再根据其经验、知识和必要的资料,来判断地物的性质或一些自然现象。

(一) 光谱特征及其判读标志

地物的反射波谱特性一般用一条连续曲线表示。而多波段传感器一般分成单个波段进行探测,在每个波段里传感器接收的是该波段区间的地物辐射能量的积分值(或平均值)。当然还受到大气、传感器响应特性等的调制。图 7-7 为三种地物的波谱特性曲线及其在多波段图像上的波谱响应。光谱特性曲线用反射率与波长的关系表示,如图 7-7(a);波谱响应曲线用密度或亮度值与波段的关系表示,如图 7-7(b)。如果不考虑传感器光谱响应及大气等的影响,则波谱响应值与地物在该波段内光谱反射亮度的积分值相应,如图 7-7(a)中的植物在 MSS-5 波段区间 0.6—0.7 μm 的曲线包络面积,与图 7-7(b)中 MSS-5 的亮度值相应,其他波段也如此。因此,原来地物的光谱特性曲线,可以通过测量多光谱图像的亮度值得到地物的波谱响应曲线。从图 7-7 中可以看出,地物的波谱响应曲线与其光谱特性曲线的变化趋势是一致的。地物在多波段图像上持有的这种波谱响应就是地物的光谱特征的判读标志。不同地物波谱响应曲线是不同的,因此它们的光谱判读标志就不一样。

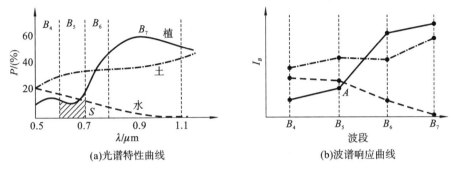

图 7-7 光谱特性曲线与波谱响应

(二) 空间特征及其判读标志

景物的各种几何形态为其空间特征,它与物体的空间坐标密切相关,这种空间特征在像片上也是由不同的色调表现出来的。它包括通常目视判读中应用的一些判读标志:形状、大小、图形、阴影、位置、纹理、类型等。

形状:指各种地物的外形、轮廓。从高空观察地面物体形状在 $X-Y$ 平面内的投影;不同物体显然其形状不同,其形状与物体本身的性质和形成有密切关系。

大小:地物的尺寸、面积、体积在图像上按比例缩小后的相似性记录。

图形:自然或人造复合地物所构成的图形。

阴影:由于地物高度 Z 的变化,阻挡太阳光照射而产生的阴影。它既表示了地物隆起的高度,又显示了地物的侧面形状。

位置:地物存在的地点和所处的环境。图像上除了地物所在的位置还与它所处的背景有很大关系。例如,处在阳坡、阴坡的树,可能长势不同或品种不同。

纹理:图像上细部结构以一定频率重复出现,是单一特征的集合。实地为同类地物聚集分布。如树叶丛和树叶的阴影,单个地看是各叶子的形状、大小、阴影、色调、图形。当它们聚集在一起时就形成纹理特征。图像上的纹理包括光滑的、波纹的、斑纹的、线性及不规则的纹理特征。

类型:各大类别组成类型。如水系类型、地貌类型、地质构造类型、土壤类型、土地利用类型等。在各自类型中,根据其形状、结构、图形等又可分成许多种类,如图 7-8 为各种地质线性构造类型,又如图 7-9 为各种水系构造类型,分别为树枝状、格子状、放射状、平行状、轮环状、矩形状等。

(三) 时间特征及其判读标志

对于同一地区景物的时间特征表现在不同时间地面覆盖类型不同,地面景观发生很大

  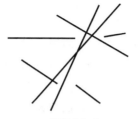 

(a)山字形构造　　(b)多字形构造　　(c)直线形构造　　(d)弧形构造　　(e)环形构造

图 7-8　地质线性构造类型

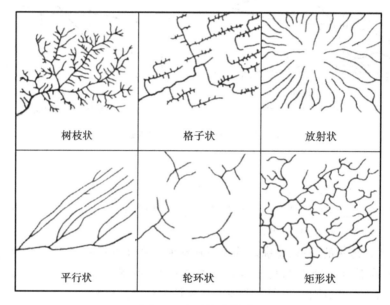

图 7-9　水系构造类型

变化。如冬天冰雪覆盖,初春为露土,春末为植物或树林枝叶覆盖。对于同一种类型,尤其是植物,随着出芽、生长、茂盛、枯黄的自然生长过程,景物及景观也在发生巨大变化。又如洪水期和枯水期,及不同时期水中含沙量变化都随时间而变。

景物的时间特征在图像上以光谱特征及空间特征的变化表现出来。如冬小麦生长过程的光谱变化,又如水稻田在插秧前后为水的光谱特征,而在水稻长高时,一直到成熟之前都为植物的光谱特征,特别在收割前后,田中无水的迹象,表现为土壤的光谱特征。再如森林砍伐,随时间变化,砍伐区在扩大,形状发生变化。

（四）影响景物特征及其判读的因素

1. 地物本身的复杂性

由于地物种类的繁多,造成景物特性复杂变化和判读上的困难。从大的种类来看,种类的不同,构成了光谱特征的不同及空间特征的差别,这给判读者区分地物类别带来了好处。但同一大的类别中有许多亚类、子亚类,它们无论在空间特征还是在光谱特征上都很相似或相近,这会给判读带来困难。还有同一种地物,由于各种内在或外部因素的影响使其出现不同的光谱特征或空间特征,有时甚至差别很大。即常常在像片上发现不同类别出现相似或相同的判读标志,而同一类别又出现不同的判读标志。可以用分级结构的概念来处理地物类别的复杂性。如以地球资源类别为例,图7-10的信息树来表示分级结构。这是一棵倒立的树,顶部列出的是比较一般的地表特征类别,下部是逐级划分的子类,根据需要还可以继续往下分。

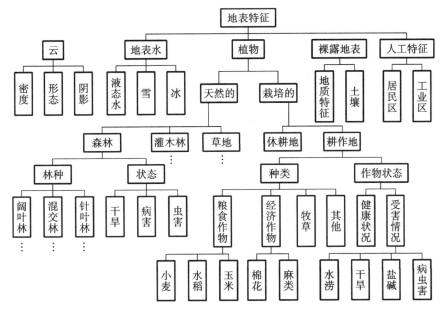

图7-10 各种地球资源类别的信息树

2. 传感器特性的影响

传感器特性对判读标志影响最大的是分辨率。分辨率的影响可从几何、辐射、光谱及时间几个方面来分析。

传感器瞬时视场内所观察到的地面的大小称空间分辨率。如 Landsat MSS 的图像的空间分辨率(即每个像元在地面的大小)为 57 m×79 m;TM 图像为 30 m×30 m;SPOT 图像,多光谱的为 20 m×20 m;全色的为 10 m×10 m。空间分辨率的大小并不等于判读像片时能可靠地(或绝对地)观察到像元尺寸的地物,这与传感器瞬时视场跟地物的相对位置有关。

即使两种地物面积都超过了几何分辨率,是否能判读出来,还取决于传感器的辐射分辨率(当然也与地物向反射率大小有关,如果两种地物的亮度一样,就无法区分)。所谓辐射分辨率是指传感器能区分两种辐射强度最小差别的能力。传感器的输出包括信号和噪声两大部分。如果信号小于噪声,则输出的是噪声。如果两个信号之差小于噪声,则在输出的记录上无法分辨这两个信号。

与几何分辨率比较,光谱分辨率似乎为探测光谱辐射能量的最小波长间隔,而确切一些讲,应为光谱探测能力。它包括传感器总的探测波段的宽度、波段数、各波段的波长范围和间隔。

时间分辨率是指对同一地区重复获取图像所需的时间间隔。时间分辨率与所需探测目标的动态变化有直接的关系。各种传感器的时间分辨率,与卫星的重复周期及传感器在轨

道间的立体现察能力有关。

3. 目视能力的影响

人眼目视能力包括对图像的空间分辨能力、灰阶分辨能力和色别与色阶分辨能力。人眼的空间分辨能力与眼睛张角(分辨角)、影像离人眼的距离、照明条件、图像的形状和反差等有关。解决人眼空间分辨能力的限制造成的判读困难,可通过放大图像的比例尺,使用光学仪器放大观察的方法来克服。

人眼对灰度(亮度)信息的分辨,主要取决于视网膜上的视杆细胞的灵敏度。人眼究竟能分辨多少级灰阶,说法不一。但一般人能分辨 30 多级灰阶。即使这样对判读标志的分辨也会受到限制。解决的办法是对图像进行反差拉伸,或进行密度分割、黑白发色或伪彩色编码等各种增强处理。反差增大了,人眼对图像的判读能力也就提高了。

人眼视网膜上的视维细胞能感受蓝、绿、红三原色。人眼颜色的分辨能力比对灰阶的分辨能力强很多,但究竟能识别多少种颜色,目前也说法不一。一般来讲,能达 50 种左右,借助仪器的帮助能分辨出 13000 多种颜色。

二、目视判读的一般程序和方法

(一) 判读前的准备

1. 判读员的训练

判读员的训练包括判读知识、专业知识的学习和实践训练两个方面。知识的学习包括遥感与判读的课程以及各种专业课程,如地学、农林、海洋、环保、测绘、水利等。对于具体的判读员,其判读内容比较专业化,一般不可能所有的专业知识都学,而只能以某一专业知识为主,但需兼顾必要的其他专业知识。对于已具备某种专业知识的人,主要学习遥感和判读方法的知识,以及必要的边缘学科的知识。实践训练包括野外实地勘察,多阅读别人已判读过的遥感图像,以及遥感图像与实地对照,并参与一些典型试验区的判读和分类等,以积累判读经验。

2. 收集充足的资料

在判读前应尽可能收集判读地区的原有的各种资料,以防止重复劳动和盲目性,对原有资料上已有的东西,又没有发生变化或变化不大者,可以很快地从遥感图像上提取出来。应集中精力对变化的地区和原来资料上没有记载的地区进行判读。需收集的资料包括历史资料、统计资料、各种地图及专题图,以及实况测定资料和其他辅助资料等。

3. 了解图像的来源、性质和质量

当判读员拿到遥感图像(或要去索取遥感图像)时,应知道这些图像是什么传感器获取的,什么日期和地点,哪个波段,以及比例尺、航高、投影性质等。大多卫星遥感像片上印有各种注记,能说明图像的来源、性质等。除了像片的注记说明外,还应掌握各波段像片特性,以便选取最有利的波段进行判读。至于图像的质量,应清楚了解的是图像的几何分辨率、辐射分辨率、光谱波段的个数和波长区间、时间重复性、像片的反差、最小灰度和最大灰度等。

4. 判读仪器和设备

像片判读设备一般用于三个基本目的:像片观察、像片量测和像片转绘。此外,为了提高目视判读的视觉效果,还需准备各种图像增强的处理设备。随着计算机图像处理系统的发展,现在目视判读大多在计算机屏幕上进行。用影像合成、叠加、融合及增强等各种手段,使影像上的信息显示特别清楚,在与地图叠加时可比较和分析,进行修测和更新,也可直接用鼠标在屏幕上绘图,目前大多软件中可以建立注记层、矢量层或专题层,将影像放在背景上,直接利用工具箱中的各种功能将判读结果绘在透明的注记层、矢量层或专题层上,例如 ERDAS 中的矢量层上绘制的判读图直接可在 ArcGIS 中显示和编辑,注记层也是矢量数据,专题层是栅格型数据,这些数据之间可以互相转换,十分方便。

(二)判读的一般过程

1. 发现目标

根据图上显示的各种特征和地物的判读标志,先大后小,由易入难,由已知到未知,先反差大的目标后反差小的目标,先宏观观察后微观分析等,并结合专业判读的目的去发现目标。在判读时还应注意除了应用直接的判读标志外,有些地物或现象应通过使用间接判读标志的方法来识别。当目标间的差别很微小,难于判读时,可使用光学或数学增强影像的方法来提高目标的视觉效果。

2. 描述目标

对发现的目标,应从光谱特征、空间特征、时间特征等几个方面去描述。因为各种地物的这些特征都各不相同,通过描述,再与标准的目标特征比较,就能判读出来。当然如果有经验的话,一经描述(这种描述有时也往往在目视观察中用大脑进行)同时也就判读出来。当经验不足时,或虽然经验丰富,但还有许多目标的判读有困难时,可借助仪器进行量测。例如,光谱响应特性可使用密度仪量取,或从计算机上直接读取光谱亮度值,几何特征可用坐标量测仪量测它的大小、位置等,也可用一些增强的方法提取纹理特征等。可将描述的标准目标特征,分门别类地列记下来,形成判读标志一览表,作为判读的依据。

3. 清绘和评价目标

图上各种目标识别并确认后应清绘成各种专题图。对清绘出的专题图可量算各类地物的面积,估算作物产量和清查资源等,经评价后提出管理、开发、规划等方面的方案。

第五节　RS 在旅游业中的应用

一、旅游资源调查

随着遥感技术的迅速发展,特别是卫星影像分辨率的提高,遥感技术已成为旅游资源调查的一种行之有效的手段。遥感调查和统计分析能发掘出大量暂时不为人知的旅游资源,而且根据不同时间拍摄的影像,可以了解资源的动态变化信息,从而为旅游决策提供科学依据。遥感相关技术已经显示出在旅游资源探查方面的强大优势。

对于旅游资源调查分析来说,应用传统的方法进行地面调查,不但耗费大量的人力、物力和财力,而且调查精度也不高,提供研究成果的周期也过长,不能及时了解和反映旅游资源的利用现状及动态变化,与现实要求相差甚远。应用遥感技术可以快速、准确、有效、全面地获取调查数据,能及时掌握旅游资源现状,监测其动态变化。遥感数据具有综合性和可比性,能尽可能地排除人为干扰,费用投入和所取得的效益与传统方法相比,具有很高的社会经济效益。

二、研究旅游景点的分布特点和结构特征

遥感影像开拓和丰富了人们对旅游景点认识的深度与广度。在遥感影像图上,不仅可以清晰地看到旅游景点的分布特征及其与周围地物的关系,而且可以俯视景点的整体布局和建筑风格。遥感影像所提供的内容是极为丰富的复合信息,能更清楚地展示旅游景点的类型及其空间格局。人们在鉴赏、考察或研究景点及古建筑时,通常会从其正面、侧面、仰视、俯视四个角度进行观察,才能获得完整的艺术效果,而俯视是研究景点布局或古建筑物不可缺少的手段之一。遥感影像正是俯视观察最好的方式,通过它把景点的建筑造型与其周围错落有致的地物统一进行观察,把古建筑的美与自然景观的美融汇于一体,给人以整体美的感受。通过对遥感影像的综合解译可以评价包括环境特征、资源类型、基础设施、开发程度等方面的内容,还能对旅游资源的总体分析和开发利用提供有利条件。遥感影像数据库能够准确为某旅游路线提供帮助。遥感影像图可以对旅游资源进行准确定位和景区范围估算,从而为旅游资源的详细规划打下基础。

三、探索和拓展新的旅游景点

遥感调查能及时发现新的景区,尤其能够发现调查人员难进入地区的旅游资源,从而增加旅游资源的丰富性。利用遥感影像上地物的色调、大小、形状、纹理、阴影、结构及其与周围地物的相互关系及制约因素等,可以发展和拓展新的旅游景点。借助某些遥感影像及影像处理技术,充分利用遥感空间观察的优势,结合人文考古等方面提供的信息,可以帮助考古工作者发掘和探索被稠密建筑覆盖的古城垣、古街道、古运河、古建筑群及古园林遗址、古墓群、洞穴遗址等,以此开辟古文化方面的旅游资源。卫星影像与航空影像的融合使用,可以判读出体量较小的旅游资源。遥感技术还可以测知某些建筑物地面重压所造成的痕迹,从而提供一些现已不存在的资源信息,为恢复旅游资源奠定基础。

四、监测和保护旅游资源

旅游资源和旅游环境的保护是旅游业中的一个关键问题,关系着旅游可持续发展。目前许多国家都把保护旅游资源视为旅游业兴旺发达的生命线。应用遥感技术可以监测与探测旅游资源与旅游环境所遭受的不同形式、不同程度的破坏,以便采取措施使其不再遭受破坏或为已破坏的部分提供修复和重建的依据。识别旅游资源开发前后的动态变化,为合理开发旅游资源提供预测。另外,在遥感调查中还可以及时发现旅游资源中潜在的自然危害因素,以及在旅游资源开发当中可能出现的危害状况,为开发生态旅游项目和保护旅游资源提供参考。

五、运用遥感技术进行旅游制图

遥感影像制作的导游地图的特点是：色泽自然明快、真实形象直观、图面清晰易读。游客能从图上迅速而准确地判定所在位置，找到所需景点的方位及名称。利用航空遥感影像制作大比例尺的景点图，可以充分表示景点的内部结构与特点。由于影像上丰富的地面碎部信息影响旅游要素的清晰性，给用图者带来一定困难，因此，利用遥感影像制作旅游地图时，必须进行一系列制图处理，以获得满意的应用效果，主要包括以下几个方面。

1. 将道路填充颜色

道路是联系景点的骨架，是旅游图上的要素之一，必须清晰、明确表示。当影像图上的道路被稠密的树冠遮盖时，须用给道路填充颜色的方法表示，填充线的宽度要美观适宜。

2. 压色和套框

压色系指用鲜艳的符号叠加在地物（景点）影像上，使该地物（景点）醒目和突出在整个影像图平面上。一般线状地物采用压色，面状地物采用套框，并采用较精细的、对比度较大的彩色线符表示。经套框后的面状地物不仅图形更加明显清晰，而且景点外部轮廓特征也得到正确显示。

3. 突出主要景区

在影像图上，应当表示出景点（主区）与周围（邻区）的相互关系，给人以整体感，使游客能从图上了解景点与周围地物的相互关系。采用"分版套印"法，主要景区采用彩色表示，邻区采用单色表示，套印在一张图上，达到突出主要景区的目的。旅游图上的要素之一，必须清晰、明确表示。当影像图上的道路被稠密的树冠遮盖时，须用给道路填充颜色的方法表示，填充线的宽度要美观适宜。

第六节 全球定位系统(GPS)

一、GPS 系统的由来

目前全球卫星导航系统国际委员会（ICG，International Committee on Global Navigation Satellite Systems）确定的四大全球卫星导航系统包括美国的 GPS、俄罗斯的 GLONASS、欧洲的 GALILEO 以及中国的北斗（COMPASS）卫星导航系统。

1957 年 10 月 4 日，苏联发射了第一颗人造地球卫星——斯普特尼克（Sputnik-1）。这是航天航空技术发展的一个里程碑，是人类想象力和创造力的体现。在它之后空间信息科学及其分支领域迅速发展并逐步影响到人们日常的生产生活。人造卫星技术的发展大大改善了人类认识和适应自然的能力，使科学技术水平跨入了一个崭新的时代。人造地球卫星技术经过近半个世纪的发展，已经被成功应用于通信、气象、导航、资源勘探、环境保护、城市规划、工业建设、灾害预报、天文学、地球动力学、地球物理等许多学科领域。其广泛应用促进了科学技术水平和人们生产生活水平的提高，甚至影响到国际政治、经济和军事格局。

(一) 美国 GPS 系统

1958 年 12 月,美国海军武器实验室(NWL,现改名为海面武器实验室)委托美国约翰霍普金斯大学应用物理实验室(The Johns Hopkins University Applied Physics Laboratory)研制为军用船舶提供导航服务的卫星系统,即海军导航卫星系统(Navy Navigation Satellite System,NNSS)。由于该系统中卫星轨道都经过地极,故也称子午卫星系统。研究此系统主要是为军用的运载工具(如战斗机、军舰、导弹等)和各种作战单位提供全天候的导航服务。

1964 年 NNSS 建成并投入使用。1967 年 7 月美国政府宣布解密子午卫星的部分导航电文,遂使高精度卫星导航技术得以应用于民用。由于子午卫星导航技术主要是利用多普勒频移原理实现,所以又叫卫星多普勒定位技术。我国于 20 世纪 70 年代中期开始引进卫星多普勒接收机,80 年代曾进行多次大规模联测,利用此技术在西沙群岛、西北区甚至南极乔治岛哥地区施测,取得良好的定位效果。虽然海军导航卫星系统在空间信息技术史上"具有革命性突破",但由于卫星数量少(5—6 颗)、轨道高度较低(约 1000 km)、卫星间隔时间较长(平均约 1.5 小时)、难以提供高程数据等原因(详见表 7-15),无法连续进行三维坐标定位,而且精度也较低(单点定位精度为 3—5 m、相对精度约 1 m、长时间联测精度约 0.5 m)。显然,无论是军事领域还是民用领域,该技术的应用都有相当的局限性。该系统于 1996 年停止工作。

表 7-15 NNSS 卫星与 GPS 卫星比较

系 统 特 征	NNSS	GPS
载波频率(GHz)	0.15 和 0.40	1.23 和 1.58
卫星平均高度(km)	约 1000	约 20200
卫星数量(颗)	5—6	24
卫星运行周期(min)	107	718
卫星钟精确度(ns)	10^{-11}	10^{-12}

1973 年美国国防部协同有关军方机构共同研究开发新一代的卫星导航系统,即"授时与测距导航系统/全球定位系统",简称全球定位系统(GPS)。1994 年 GPS 系统基本建成,成为全球共享的空间信息资源,是空间信息系统的一个重要组成部分。从 1973 年至今,美国还在不断地研究和更新 GPS 的软硬件设备,累计耗资超过数百亿美元。

(二) 俄罗斯 GLONASS

俄罗斯的全球卫星导航系统简称为 GLONASS("格洛纳斯"),与美国的 GPS 相类似,也是由卫星星座、地面监测控制站和用户设备三部分组成,具备定位与导航、授时、测速、大地测量与制图等功能的导航系统。GLONASS 系统卫星星座由 24 颗卫星组成,均匀分布在 3 个近圆形的轨道平面上,每个轨道面 8 颗卫星,轨道高度 19100 公里,运行周期 11 小时 15 分,轨道倾角 64.8°。GLONASS 系统采用频分多址(FDMA)方式,根据载波频率来区分不同卫星(GPS 是码分多址(CDMA),根据调制码来区分卫星)。GLONASS 卫星导航系统采用军民合用、不加密的开放政策,目前提供 2 种导航信号:标准精密导航信号(SP)和高精密导航信号(HP)。该系统由苏联在20世纪80年代初开始建立;2001年,俄罗斯政府通过"格洛纳斯"导航系统联邦目标计划,宣布恢复由于苏联解体而停滞的系统建设;2007年,俄政府取消所有"格洛纳斯"系统的民用限制;2010年年底,俄完成GLONASS星座的全面部署;截至2011年末,GLONASS带来了31颗在轨卫星,按照其"2020年前GLONASS联邦计划"方案,俄罗斯将为GLONASS系统注资4020亿卢布(约144亿美元),用于保持星座上的卫星数目、研制新的卫星、开发导航地图、建设必要的地面设施、补充研发用户设备等。

(三)欧洲卫星导航系统

欧洲的伽利略卫星导航系统是由欧盟研制和建立的全球卫星导航定位系统,该计划于1999年2月由欧洲委员会公布,欧洲委员会和欧空局共同负责,能与GPS和GLONASS全球导航定位系统实现互操作,可提供公开服务(OS)(与GPS的标准定位服务相类似)、生命安全服务(SOLS)、商业服务(CS)、公共特许服务(PRS)及搜救(SAR)服务5种服务。系统由轨道高度为23616 km的30颗卫星组成,其中27颗工作星,3颗备份星。卫星轨道高度约2.4万公里,位于3个倾角为56度的轨道平面内。截至2016年12月,已经发射了18颗工作卫星,具备了早期操作能力(EOC),并计划在2019年具备完全操作能力(FOC)。全部30颗卫星(调整为24颗工作卫星,6颗备份卫星)计划于2020年发射完毕。

(四)中国北斗导航系统

20世纪后期,中国开始探索适合国情的卫星导航系统发展道路,逐步形成了三步走发展战略:2000年年底,建成北斗一号系统,向中国提供服务;2012年年底,建成北斗二号系统,向亚太地区提供服务;计划在2020年前后,建成北斗全球系统,向全球提供服务。目前,正在运行的北斗二号系统发播B1I和B2I公开服务信号,免费向亚太地区提供公开服务。服务区为南北纬55°、东经55°—180°区域,定位精度优于10米,测速精度优于0.2米/秒,授时精度优于50纳秒。

北斗系统具有以下特点:①北斗系统空间段采用三种轨道卫星组成的混合星座,与其他卫星导航系统相比高轨卫星更多,抗遮挡能力强,尤其低纬度地区性能特点更为明显;②北斗系统提供多个频点的导航信号,能够通过多频信号组合使用等方式提高服务精度;③北斗系统创新融合了导航与通信能力,具有实时导航、快速定位、精确授时、位置报告和短报文通信服务五大功能。

卫星导航系统是人类发展的共同财富,是提供全天候精确时空信息的空间基础设施,推动了知识技术密集、成长潜力大、综合效益好的新兴产业集群发展,成为国家安全和经济社会发展的重要支撑,日益改变着人类的生产生活方式。

二、GPS系统的特点

(一)全球范围内连续覆盖

由于GPS卫星的数目较多,其空间分布和运行周期经精心设计,可使地球上(包括水面和空中)任何地点在任何时候都能观测到至少4颗卫星(这是GPS定位系统获得解的必要条件),从而可以保证全球范围的全天候连续三维定位。

(二)实现实时定位

GPS定位系统因可以实时确定运动载体的三维坐标和速度矢量,从而可以实时地监视和修正载体的运动方向,避开各种不利环境,选择航线。这是许多导航定位技术难以企及的。

(三)定位精度高

利用GPS系统可以获得动态目标的高精度的坐标、速度和时间信息,可以在较大空间尺度上对静态目标获得10^{-7}—10^{-6}的相对定位精度。随着技术水平的提高,定位精度还将进一步提高。

(四)静态定位观测效率高

根据精度要求不同,GPS静态观测时间从数分钟到数十天不等,从数据采集到数据处理基本上能自动完成。而使用传统的测绘技术达到相同的精度则比较困难,且往往需要几倍乃至十几倍的观测时间并耗费大量人力物力。

(五)应用广泛

GPS以其全天候、高精度、自动化、高效益等显著特点成功地应用于测绘领域、资源勘探、环境保护、农林牧渔、运载工具导航和管制、地壳运动监测、工程变形监测、地球动力学等多门学科领域。

三、GPS系统组成和GPS卫星功能

(一)GPS系统的组成

GPS全球卫星定位系统由三部分组成,分别是:空间部分——GPS星座;地面控制部分——地面监控系统;用户设备部分——GPS信号接收机。

空间星座部分由分布在6条轨道上的24颗GPS卫星组成。每条轨道都是高度约为20200 km的圆形轨道,倾角55°,轨道与轨道间的夹角为60°,同一轨道上布有4颗卫星,相邻卫星间的位相差为90°,不同轨道上两邻近卫星间的位相差为30°,卫星绕地球一周为12小时(恒星时),这样在世界上任何地方任一时刻都能同时观测到4颗以上的卫星,因此24小时中在地球上任何地点都能定位。卫星上安装有轻便的原子钟、微型计算机、电文存储和信号发射设备,均由太阳能电池提供电源。卫星上备有少量燃料,用来调节卫星的轨道和姿态。GPS卫星发射的是一对相干波,载波频率和波长分别为:

$$f_{L1} = 1575.42 \text{ MHz}, \quad \lambda_{L1} = 19 \text{ cm}$$
$$f_{L2} = 1227.60 \text{ MHz}, \quad \lambda_{L2} = 24 \text{ cm}$$

用伪随机码调制,其码率分别为10.230 MHz(波长为29.3 m)和1.023 MHz(波长293 m),前者称P码或叫精码,码的变化结构十分复杂,不易捕获,但能用于精密定位,仅供军方使用,后者称C/A码或叫粗码,按设计仅用于粗略定位,任何用户都能免费接收粗码信号。

地面控制部分是整个系统的中枢。进行GPS定位的一个先决条件是用户必须知道观测瞬间GPS卫星在空间的位置。由于不同的用户将在不同的时间对不同的卫星进行观测,所以实际上是要求知道所有的GPS卫星在任一时刻的位置。这一要求是在全球定位系统

的地面控制部分的支持下得以满足的。全球定位系统的地面控制部分是由1个主控站(位于美国科罗拉多州)、3个注入站(分别位于太平洋的卡瓦加兰岛、印度洋的狄哥·伽西亚和大西洋的阿松森岛上)、5个监测站(除位于上述4地外,再加上夏威夷群岛)以及通信辅助系统组成的。

监测站是无人值守的GPS卫星跟踪站,其站坐标已精确测定。每个监测站内均配备有双频GPS接收机、气象元素传感器、原子钟和微机。以原子钟作为频率标准的GPS接收机在微机控制下对视场中的所有GPS卫星进行伪距测量。为了对观测值进行对流层延迟改正,气象元素传感器还可自动采集当地的温度、气压和相对湿度。在微机控制下监测站能对伪距观测值进行各项改正,并对观测资料进行编辑、平滑和压缩,并通过通信系统将资料送往主控站。主控站对各监测站送来的观测资料进行处理,以计算每个卫星的运行轨道以及卫星钟的改正参数,并外推出未来26小时的卫星轨道和卫星钟参数,然后按规定格式编制成卫星导航电文送往注入站。再通过各注入站将它们送往每个卫星,寄存在卫星的内存中,卫星则将导航电文调制在测距码和载波上,按时播发给用户。用户用相关法进行伪距测量时,可同时获得卫星星历,经简单计算后,即可求得该时刻卫星在空间的位置。

用户接收机部分由主机、电源和天线组成。主机的核心为微电脑、石英振荡器,还有相应的输入输出设备和接口。在专用软件控制下主机进行作业卫星选择、数据采集、加工、传输、处理和存储,对整个设备系统状态进行检查、报警和部分非致命故障的排除,承担整个接收系统的自动管理。天线通常采用全方位型的,以便采集来自各个方位任何高度角的卫星信号。

(二) GPS卫星的功能

GPS卫星的主体呈圆柱形,直径约为1.5 m,重约77 kg,两侧设有两块双叶太阳能板,能自动对日定向,以保证卫星正常工作用电。每颗卫星装有4台高精度原子钟(2台铯钟和2台铷钟),这是卫星的核心设备;它将发射标准频率信号,为GPS定位提供精准的时间标准。GPS卫星的功能主要体现在以下几个方面。

(1) 接收和储存由地面监控站发来的导航信息,接收并执行监控站控制指令。
(2) 卫星上设有微处理机,进行部分必要的数据处理工作。
(3) 通过星载的高精度铯钟和铷钟提供精密的时间标准。
(4) 向用户发送定位信息。
(5) 在地面监控站的指令下,通过推进器调整卫星的姿态和启用备用卫星。

四、GPS定位基本原理

每颗GPS卫星能够连续发射两种频率的无线电信号:$f_1 = 1575.42$ MHz 和 $f_2 = 1227.60$ MHz。这就是从所用周知的波长 $\lambda_1 = 19.0$ cm 和 $\lambda_2 = 24.4$ cm 的 L_1 和 L_2 载波。作为载波载有两类调制信号:一类为导航信号,另一类为电文信号。导航信号又分为两种,码率分别为1.023 Mb/s和10.23 Mb/s。前者信号编码1 ms重复一次,用来快速捕获导航信号,称为捕获码,仅用于粗略定位,故又称粗码(C/A码),其波长 $\lambda \approx 300$ m,它仅调制在 L_1 载波上。后者七天重复一次,且各颗卫星不同,码的变化结构十分复杂,不易捕获,但能用于精

密定位,故称为精码(P码),其波长 λ≈30 m,调制在 L_1 和 L_2 载波上。两种码都是人为编制的一类类似噪声的信号码,故又称伪随机噪声码。电文信号同时以 50bit/s 的速率调制在 L_1 和 L_2 上。电文内容包括卫星星历表,各项改正数和卫星工作状态等。借助电文信号,接收机可以选择图形最佳的一组卫星进行观测,以利于定位数据的处理。

在定位过程中,分布在地球上空的多颗导航卫星,不停地发射可用来求算并确定地球表层某点精确位置与精密时间的无线电信号,空间定位系统接收机接收来自导航卫星的信号,导航仪根据星历表信息求得每颗卫星发射信号时在太空中的位置,测量计算卫星发射信号的精确时间,然后根据已知的空间定位卫星的瞬时坐标和信号达到该点时间,通过计算,求得卫星至空间定位系统接收机之间的几何距离,在此基础上计算用户接收机天线所对应的点位,即观测的位置。例如,如果用户 P 在某一时刻 t_i 用 GPS 接收机同时测得从接收机至视场中的三颗 GPS 卫星(A、B、C)的距离 S_{AP}、S_{BP}、S_{CP},而且该时刻这些卫星在空间的位置也是已知的话,那么我们就能用距离交会的方法求解 P 点的三维坐标(X_P、Y_P、Z_P)。其观测方程为:

$$S_{AP} = [(X_P - X_A)^2 + (Y_P - Y_A)^2 + (Z_P - Z_A)^2]^{1/2}$$
$$S_{BP} = [(X_P - X_B)^2 + (Y_P - Y_B)^2 + (Z_P - Z_B)^2]^{1/2}$$
$$S_{CP} = [(X_P - X_C)^2 + (Y_P - Y_C)^2 + (Z_P - Z_C)^2]^{1/2}$$

从理论上讲,指导三颗卫星至观测站之间的几何距离,并利用 GPS 接收机收到的这三颗卫星的瞬时坐标,就可以计算出观测站的位置。其方法是,以卫星的瞬时坐标为球心,以卫星至观测站之间的几何距离为半径,做出一个球面,三个球面的交点就是观测站在空间中的位置。由于一般 GPS 接收机安装非精密钟,接收到的时间存在误差,故计算出卫星与用户之间的距离有误差(称为伪距),因此需要利用第四颗卫星进行时间上的纠正,以保证时间上同步。利用 GPS 进行定位的方法很多,有绝对定位(单点定位)和相对定位;静态定位和动态定位等。概括来说,主要有伪距、多普勒法、干涉测量法和载波相位测量法等。后两种方法可以获取非常精确的结果,但干涉测量费用太高,难以推广应用。一般采用伪距法和载波相位测量法定位。

所谓的伪距,是指卫星信号并不是在真空中传播,它含有大气传播延迟误差,通过这种卫星信号测出的距离称为伪距。伪距法的定位原理比较简单。用伪距法定位时,接收机本机振荡产生与卫星发射信号相同的一组 P 码(或 C/A 码),通过延迟器与接收机收到的信号进行比较,当两组信号彼此重合时,测出本机信号延迟量即为卫星信号的传输时间,加上一系列改正,乘以光速,得出卫星至测站天线相位中心的斜距。如果同时观测 4 颗卫星,即可按距离交会法推算出测站位置和接收机时钟误差 4 个未知参数。伪距法定位精度较低,但可用于实时定位,如卫星、飞行器和船舶的实时导航。

载波相位是目前讨论最广泛、深入的一种定位方法。它能提供高精度定位的观测数据。所谓载波相位观测值实际上是卫星信号和接收机参考信息之间的相位差。由于载波相位法是利用卫星信号、载波波长为单位进行量度的,如果测相精度达到百分之一周期,则可使仪器测量分辨率达 1.9 mm 和 2.4 mm。在精密大地测量、地球重力学观测以及空中三角测量中,为了保证高精度,往往采用相对定位法,即把许多单测点瞬时载波相位观测值进行组合,形成单差方式、双差方式以及三差方式,消除系统误差。

本章案例

基于RS技术的腾龙洞大峡谷旅游资源调查

三维技术由传统的以平面地形图为介质表示二维现实地形地貌和水系分布发展到用计算机完成三维地形世界的真实再现，以一种直接的、可视化的、易于理解的形式表示三维地表信息，是客观真实的立体地形认识和表示方式的飞跃。数字高程模型数据为三维遥感影像提供了基础高程数据，航空遥感影像数据为三维遥感图像提供了地表信息，这些都是三维遥感图像技术区别于上述学科的根本所在，即三维遥感图像技术是建立在遥感信息技术基础之上的。地质旅游景观作为特殊的地貌形态，运用数字地形分析和三维遥感技术来研究地质景观的成因、演化及区域特征等逐渐受到人们的重视。

在进行典型地质旅游景观单体进行三维遥感解析和特征值量测统计时选用分辨率高的大比例尺 SPOT 和 Quickbird 数据，对地质景观特征值信息量测得比较准确。湖北恩施腾龙洞大峡谷国家地质公园地处湖北恩施市和利川市交界地带，包括腾龙洞和恩施大峡谷两大核心园区，属于典型的喀斯特地貌景观富集区域，本文以湖北恩施腾龙洞大峡谷国家地质公园规划案例来简要介绍遥感图像在旅游资源调查中的应用（见图 7-11）。

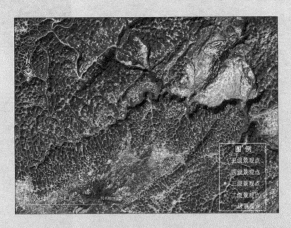

图 7-11　湖北恩施腾龙洞大峡谷国家地质公园遥感图像平面图

岩溶地区岩溶洞穴有旱洞和水洞的区别，有些地区二者兼具。岩溶洞穴及地下伏流的遥感图像解析主要侧重于对岩溶洞穴及地下伏流入口、出口及其空间展布特征的解析与推测，对于其精确的展布情况、洞穴沉积物景观情况和长度等信息还要借助地面实地测量与勘查。在湖北恩施腾龙洞大峡谷国家地质公园内，规模最大的岩溶洞穴与地下伏流是腾龙洞旱洞和清江伏流。图 7-12 左为腾龙洞洞口和清江由地表明流向地下伏流过渡的三维遥感图像，通过图像可以清晰地解译出腾龙洞洞口和清江伏流的入口位置，流水的中止点和出现点是判断洞穴或伏流入出口的重要解译标志。图 7-12 右为遥感图像显示区域的实景照片。

图 7-12　腾龙洞洞口和清江由地表明流向地下伏流过渡的三维遥感图像(左)及实景照片(右)

图 7-13 是清江伏流的最后一个出口——黑洞的遥感图像特征，虽然地下溶洞和地下伏流在遥感图像上较难解析，但可以根据地表河流出现和消失以及周围地形变化来进行判定。此处便是伏流转为地表明流的图像特征，经三维测量，洞口高程为 940 m，高 20 m，宽 10 m。另外，腾龙洞及其伏流系统次生化学沉积物发育，石钟乳、石笋、石柱、石幔、边石坝、鹅管等极具观赏价值，在遥感图像上这些地质景观难以解译出来，主要是靠地面的实地调查来进行。

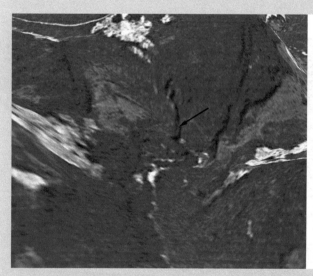

图 7-13　清江伏流的最后出口——黑洞的遥感图像特征及实景照片

恩施大峡谷朝东岩峡谷处于不同期次的三峡夷平面，塔式峰林分布在两个夷平面的交接地段，峡谷长约 17.5 km。图 7-14 为朝东岩峡谷梯级陡崖遥感图像特征。该河段河床海拔约 500 m，其上有数级陡崖分布，最高一级陡崖顶部海拔约 1500 m，与清江水面高差近 1000 米，气势雄伟，蔚为壮观。

云龙河地缝式峡谷受断裂构造控制，随着地壳的抬升、地下河的坍塌而形成。峡谷长约 4 km，属"U"形峡谷。谷宽 20—110 m，谷深 60—160 m，宽度和深度相差悬殊,谷壁陡立,峡谷上部形成瀑布,瀑布、流水与线状深切峡谷相得益彰,具有较大的旅游吸引力和较高的稀奇性指数。喀斯特地缝是岩溶地貌发育的第二阶段与第三阶段连续作用的产物,具有很高的景观欣赏价值和奇、险、怪、伟等视觉冲击力。图7-15为云龙河"地缝式"峡谷遥感图像特征与实景照片。

图7-14 朝东岩峡谷梯级陡崖遥感图像特征与实景照片

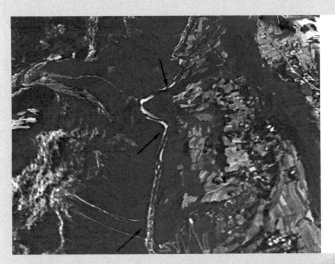

图7-15 云龙河"地缝式"峡谷遥感图像特征与实景照片

在旅游资源调查和开发中,利用遥感图像进行资源调查、评价、线路设计和规划制图等是旅游规划者经常采用的辅助方法,随着遥感图像时间分辨率、光谱分辨率和空间分辨率的进一步提高,在地形地貌复杂地区遥感图像辅助旅游规划工作的优势会越来越明显。

 思考题

1. 什么是遥感技术？遥感技术有哪些类型？
2. 遥感技术在旅游中的应用体现在哪些方面？
3. GPS系统的特点及其基本原理是什么？
4. 如何进行遥感图像的恢复、增强和融合？
5. 遥感图像分类处理的方法有哪些？
6. 景物特征有哪些？其判读标志分别是什么？
7. 影响景物特征及其判读的因素有哪些？
8. 目视判读准备工作有哪些？判读的方法是什么？

第八章

3S 集成技术

内容提要

遥感(RS)、地理信息系统(GIS)和全球定位系统(GPS)集成是空间信息科学发展的方向和必然趋势。本章分别介绍了 GIS 与 RS、RS 与 GPS、GIS 与 GPS 集成的基本原理,并对 3S 技术实际集成应用中的相关方法、应用领域和意义等进行了概述和分析。

学习目的

1. 了解 GIS 与 RS 集成的基本原理和 GIS 作为遥感图像处理工具的技术方法。
2. 了解 RS 与 GPS 集成的基本原理和实际应用领域。
3. 了解 GIS 与 GPS 集成的基本原理和实际应用目标。
4. 了解 3S 集成技术的未来发展方向。

遥感(RS)、地理信息系统(GIS)和全球定位系统(GPS)作为对地观测系统中空间信息的获取、存储管理、更新、分析和应用的三大技术,是实现社会可持续发展、资源合理规划利用、城乡规划与管理、自然灾害动态监测与防治、旅游资源调查与开发等的重要技术手段。三者在空间信息管理上各具特色,均可独立完成自身具有的功能,同时相互之间又有许多关联,在解决问题的功能上各有优点和不足。三者的结合与集成,即"3S"系统已成为空间科学的发展方向和必然趋势。

目前"3S"技术的结合与集成研究已经有了一定的发展,正在经历一个从低级向高级的发展和完善的过程。"3S"系统的低级阶段,系统之间是通过相互调用一些功能来实现的;"3S"集成的高级阶段,三者之间不只是相互调用功能,而是直接相互作用,形成有机的一体化系统,以快速准确地获取定位的信息,对数据进行动态更新。实现实时实地的现场查询和分析判断,其具体主要表现为四种结合方式:GIS 与 RS 的结合;RS 与 GPS 的结合;GIS 与 GPS 的结合;GIS、GPS 和 RS 的结合。

第一节 GIS 与 RS 集成

一、基本原理

遥感（RS）与地理信息系统（GIS）的集成主要表现为 RS 是 GIS 的重要信息源，GIS 是处理和分析应用空间数据的一种强有力的技术保证，而遥感影像是空间数据的一种形式，类似于 GIS 中的栅格数据，因而，很容易在数据层次上实现地理信息系统与遥感的集成。两者结合的关键技术在于栅格数据和矢量数据的接口问题：遥感系统普遍采用栅格格式，其信息是以像元存储的；而 GIS 主要是采用图形矢量格式，是按点、线、面（多边形）存储的，它们之间的差别是影像数据和制图数据用不同的空间概念表示客观世界的相同信息而产生的。实际上，遥感图像的处理和 GIS 中栅格数据的分析具有较大的差异。遥感图像处理的目的是提取各种专题信息，其中的一些处理功能，如图像增强、滤波、分类，以及一些特定的变换处理（陆地卫星影像的 KT 变换）等，并不适合于 GIS 中的栅格空间分析。目前大多数 GIS 软件也没有提供完善的遥感数据处理功能，而遥感图像处理软件又不能很好地处理 GIS 数据，这就需要实现集成的 GIS。

在软件实现上，GIS 与 RS 的集成，可以有以下 3 种不同的层次。
（1）分离的数据库，通过文件转换工具在不同系统之间传输文件。
（2）两个软件模块具有一致的用户界面和同步的显示。
（3）集成的最高目的是实现单一的、提供图像处理功能的 GIS 软件系统。

在一个 RS 和 GIS 的集成系统中，遥感数据是 GIS 的重要信息来源，而 GIS 则可以作为遥感图像解译的强有力的辅助工具。

二、实际应用

近年来我国关于 RS 和 GIS 结合集成的研究较多，经历了由初步探讨向逐渐成熟发展的过程，其应用主要包括两个方面：一是 RS 数据作为 GIS 的信息源；二是 GIS 为 RS 提供空间数据管理和分析的手段。目前，RS 与 GIS 一体化的集成应用技术逐渐成熟，在植被分类、灾害估算、图像处理等方面具有相关报道。在应用 GIS 空间分析的功能为 RS 数据提供空间数据管理和分析的研究中，多是考虑 GIS 的 DEM 数据、气候、环境等因素的空间分布。

（一）GIS 作为图像处理工具

将 GIS 作为遥感图像的处理工具，可以在以下几个方面增强标准的图像处理功能。

1. 几何纠正和辐射纠正

在遥感图像的实际应用中，需要首先将其转换到某个地理坐标系统下，即进行几何纠正。通常几何纠正的方法是利用采集地面控制点建立多项式拟合公式，它们可以从 GIS 的矢量数据库中抽取出来，然后确定每个点在图像上对应的坐标，并建立纠正公式。在纠正完成后，可以将矢量点叠加在图像上，以判断纠正的效果。为了完成上述功能，需要系统能够综合处理栅格和矢量数据。

一些遥感数据,会因为地形的影响而产生几何畸变,如侧视雷达图像的叠掩、阴影、前向压缩等,进行纠正、解释时需要使用DEM数据以消除畸变。此外,由于地形起伏引起光照的变化,也会在遥感图像上表现出来,如阴坡和阳坡的高度差别,可以利用DEM进行辐射纠正,提高图像分类的精度。

2. 图像分类

对于遥感图像分类,与GIS集成最明显的好处是训练区的选择,通过矢量/栅格的综合查询,可以计算多边形区域的图像统计特征,评判分类效果,进而改善分类方法。此外,在图像分类中,可以矢量数据栅格化,并作为"遥感图像"参与分类,可以提高分类精度。例如,考虑到植被的垂直分带特性,在进行山区的植被分类时,可以结合DEM,将其作为一个分类变量。

3. 遥感区域的选取

在一些遥感图像处理中,常常需要只对某一区域进行运算,以提高某些特征,这需要栅格数据和矢量数据之间的相互运算。

(二) 遥感数据作为GIS的信息来源

数据是GIS最为重要的成分,而遥感提供了廉价的、准确的、实时的数据。目前如何从遥感数据中自动获取地理信息仍然是一个重要的研究课题。

1. 线以及其他地物要素的提取

在图像处理中,有许多边缘检测滤波算子,可以用于提取区域的边界以及线形地物,其结果可以用于更新现有的GIS数据库,该过程类似于扫描图像的矢量化。

2. DEM数据的生成

利用航空立体像对以及雷达影像,可以生成较高精度的DEM数据。

3. 土地利用变化以及地图更新

利用遥感数据更新空间数据库,最直接的方式是将纠正后的遥感图像作为背景底图,并根据其进行矢量数据的编辑修改,而对遥感图像数据进行分类,得到的结果可以添加到GIS数据库中。因为图像分类结果是栅格数据,所以通常要进行栅格矢量运算;如果不进行转换,可以直接利用栅格数据进行进一步的分析,则需要系统提供栅格/矢量相交检索功能。

因为遥感图像可以视为一种特殊的栅格数据,所以不难实现RS和GIS的集成的工具软件——关键是提供非常方便的栅格/矢量数据相互操作和相互转换功能。但是需要注意的是,由于各种因素的影响,使得从遥感数据中提取的信息不是绝对准确的,在通常的土地利用分类中,90%的分类精度是相当可观的结果,因而需要野外时间的考察验证——在这个过程中可以使用GPS进行定位。此外,还需考虑尺度问题,即遥感影像空间分辨率和GIS数据比例尺的对应关系。例如,在实践中,一个常见的问题是,地面分辨率为30 m的TM数据,进行几何纠正,需要多大比例尺的地形图以采集地面控制点坐标,而其分类结果可以用来更新多大比例尺的土地利用数据。根据经验,合适的比例尺为1:5万到1:10万,过大则遥感数据精度不够,过小则是对遥感数据的"浪费"。

第二节　RS 与 GPS 集成

一、基本原理

从 GIS 的角度来说，GPS 和 RS 都可看作数据源获取系统。然后，GPS 和 RS 既分别具有独立的功能，又可以相互补充完善对方，这就是 GPS 和 RS 结合的基础。GPS 的精确定位功能克服了 RS 定位困难的问题，传统的遥感对地定位技术主要是采用立体观测、二维空间变换等方式，采用地—空—地模式先求解出空间信息影像的位置和姿态或变换系数，再利用它们来求出地面目标点的位置，从而生成 DEM 和地学编码图像。但是，这种定位方式不但费时费力，而且当地面无控制点时更无法实现，从而影响数据实时进入系统。而 GPS 的快速定位为 RS 实时、快速进入 GIS 系统提供了可能。其基本原理是用 GPS/GPS/INS 方法，将传感器的空间位置（X_s、Y_s、Z_s）和姿态参数（Φ、ω、κ）同步记录下来，通过相应软件，快速产生直接地学编码。此外，利用 RS 数据还可以实现 GPS 定位遥感信息查询。

二、实际应用

李德仁等于 20 世纪 80 年代末就开始了 GPS 在 RS 中的定位研究。在他们的研究中，应用 GPS 技术，结合惯性导航系统（INS），探讨了空—地定位模式，即根据测出的空中遥感器的位置和姿态直接求解地面目标点的位置，实现了采用少量地面控制点或无须控制点生成 DEM。随后，李树楷于 20 世纪 90 年代初创造性地提出了将激光测距和扫描成像仪在硬件上实现严格匹配形成了扫描测距—成像组合遥感器，再和 GPS、INS 进行集成构成三维遥感影像制图系统。随着 GPS 进入完全运作阶段（FOC）以及高质量频率激光测距技术的应用，将 GPS、INS 和激光测距技术进行集成得到机载扫描激光地形系统已成为国内遥感界研究的热点。尤红建在关于适用于机载三维遥感的动态 GPS 定位技术的研究中，认为三维遥感直接对地定位采用了 GPS 定位技术、姿态测量技术和扫描激光测距技术来对同步获取的遥感数据进行三维定位，能够实时（准实时）地得到地面点的三维位置和遥感信息，且无须地面控制，是遥感对地定位的重大突破。在随后的研究中，对中国自行研制的具有独创性的机载三维遥感影像制图系统中的动态 GPS 定位技术特点和要求进行了分析，认为机载三维遥感对 GPS 定位的特点要求主要表现在：①高精度差分 GPS 定位；②GPS 数据和遥感数据的同步联系；③适应机载动态分行作业的要求。同时，还具体论述了应用于三维遥感的 GPS 定位数的处理和算法流程。

以往遥感对地定位模式的研究，几乎无例外地以地面控制点为基础，建立遥感图像空间与地理坐标空间的对应联系，从而实现遥感图像对地定位。其变换模式有：共线方程式、多项式、影像数字相关、随机场内插法等。对于卫星遥感图像而言，均取得了 1 个像元的对地定位精度。随着 GPS 全球定位系统的建成到处理方法的完善，使遥感图像从空中直接对地定位、生成地学编码图像成为现实，对遥感对地定位技术产生了深远的应用，包括航天遥感图像对地定位技术和航空遥感图像对地定位技术的发展。

GPS 的高精度、适用性，使得自然科学中多种学科的研究中有望取得突破性进展。如：费时费力耗资的地球板块运动监测、地震预报、地壳变形观测；麻烦而又危险的滑坡、泥石流的监测预报；耗时而又困难的冰川进退预报、雪融量计算等。就全球范围而论，航天遥感图像给出了确定对象物性质的信息，GPS 的发展，实现全球统一坐标系统内定位是现实的。全球航天遥感图像的对地定位将不再受国界和其他自然屏障的限制，气象卫星的对地定位可以相对高精度地实现，全球大气圈、生物圈、水圈、岩石圈的综合研究将成为现实，展示了全球遥感综合应用研究的灿烂前景。

GPS 及其他导航定位系统技术的出现，对交通、通信和人们的日常生活等都必将产生越来越明显的影响，也是政府部门在国际关系战略决策中不可忽视的因素。

第三节　GIS 与 GPS 集成

一、基本原理

GPS 和 GIS 的结合，不仅能取长补短，使各自的功能得到充分发挥，而且还能产生许多高级功能，从而使 GPS 和 GIS 的功能都能迈上一个新台阶。通过 GIS 系统，可使 GPS 的定位信息在电子地图上获得实时、准确而又形象的反映和漫游查询。通常 GPS 接收机所接受的信号无法输入底图，若从 GPS 接收机上获取定位信息后，再回到地形图或专题图上查找、核实周围地理属性，则该工作十分繁琐，而且花费时间长，在技术手段上也是不合理的。如果把 GPS 接收机同电子地图相配合，利用实时差分定位技术，加上相应的通信手段组成各种电子导航和监控系统，可广泛应用于交通、公安侦破、车船自动驾驶等方面，GPS 可以为 GIS 及时采集、更新和修改数据。如在地籍测量或外业调查中，通过 GPS 定位得到的数据，输入电子地图或数据库，可对原有数据进行修正、核实、赋予专题图属性以生成专题图，GIS 与 GPS 集成的系统结构模型，见图 8-1。

图 8-1　GIS 与 GPS 集成的系统结构模型

二、实际运用

运用 GPS 结合差分技术进行军事测量和定位，并将其信息与 GIS、ES 等信息系统相结合可以加速我国军事的数字化进程。时加新在研究城市地理信息系统中的指挥监控报警子系统时运用 GIS 技术建立城市电子地图，运用 GPS 技术对城市主要道路干线、重点设施进行精准定位，为城市内的盗警、火警等突发性事件提供信息上的支撑。在地震监测网络的研究中，陈俊勇提出应当建立基于 GPS 数据采集、GIS 数据处理、数据通信等为一体的网络系统，以满足学科发展的需求。而将 GPS 用于土地科学进行野外测量定位，则主要是控制测量中的应用，但随着 RTK 技术的应用，采用动态双频的 GPS 进行碎部测量的技术也日益得到广泛应用。

作为实时提供空间定位数据的技术，GPS 可以与 GIS 进行集成，以实现不同的具体应用目标。

（一）定位

主要在诸如旅游、探险等需要室外动态定位信息的活动中使用。如果不与 GIS 集成，利用 GPS 接收机和纸质地形图，也可以实现空间定位，但是通过将 GPS 接收机连接在安装 GIS 软件和该地区空间数据的便携式计算机上，可以方便地显示 GPS 接收机所在的位置并实时显示其运动轨迹，进而可以利用 GIS 提供的空间检索功能，得到定位点周围的信息，从而实现决策支持。

（二）测量

主要用在土地管理、城市规划、资源调查等领域。利用 GPS 和 GIS 的集成，可以测量区域的面积或者路径的长度，该过程类似于利用数字化仪进行数据录入，需要跟踪多边形边界或路径，采集抽样后的顶点左边，并将坐标数据通过 GIS 记录，然后计算相关的面积或长度数据。

在进行 GPS 测量时，要注意以下一些问题：首先，要确定 GPS 的定位精度是否满足测量的精度要求，如对宅基地的测量，精度需要达到厘米级，而若在野外测量一个较大区域的面积，几米甚至几十米级的精度就可以满足；其次，对不规则区域或者路径的测量，需要确定采样原则，采样点选取的不同，会影响到最后的测量结果。

（三）监控导航

用于车辆、船只的动态监控。在接收到车辆、船只发挥的位置数据后，监控中心可以确定车船的运行轨迹，进而利用 GIS 空间分析工具，判断其运行是否正常，如是否偏离预定的路线、速度是否异常（静止）等，在出现异常时，监控中心可以提出相应的处理措施，其中包括向车船发布导航指令。为了实现与 GPS 的集成，GIS 系统必须能够接收 GPS 接收机发送的 GPS 数据（一般是通过串口通信），然后对数据进行处理，如通过投影变换将经纬度坐标转换为 GIS 数据所能采用的参照系中的坐标，最后进行各种分析运算，其中坐标数据的动态显示和数据存储功能是其基本功能。

第四节　3S 集成

3S 即 GIS、GPS、RS 集成空间定位技术、遥感技术和地理信息技术的整体。这种系统不仅具有自动、实时地采集、处理和更新数据的功能，而且能够智能式地分析和运用数据，为各种应用提供科学决策咨询，并回答用户可能提出的各种复杂问题。在这个系统内，GIS 相当于中枢神经,RS 相当于传感器,GPS 相当于定位器,三者的共同作用将使地球能实时感受到自身的变化,使其在资源环境与区域管理等众多领域中发挥巨大作用。由 RS 和 GPS 向 GIS 提供或更新区域信息以及空间定位,GIS 进行相应的空间分析,以从 RS 和 GPS 提供的海量的数据中提取有用的信息,并进行相应的综合集成,使之成为决策的科学依据。

GIS、RS 和 GPS 三者集成利用,构成整体的、实时的和动态的对地观测、分析和应用的运行系统,提高了 GIS 的应用效率。在实际的应用中,较为常见的是 3S 两两之间的集成,如 GIS/GPS 集成,GIS/RS 集成或者 RS/GIS 集成等。但是同时集成并使用 3S 技术的应用实例则较少。美国俄亥俄大学与公路管理部门合作研制的测绘车是一个典型的 3S 集成应用,它将 GPS 接收机结合一台立体视觉系统载于车上,在公路上行驶以取得公路以及两旁的环境数据并立即自动整理存储于 GIS 数据库中。测绘车上安装的立体视觉系统包括两台 CCD 摄像机,在行进时,每秒曝光一次,获取并存储一对影像,并做实时自动处理。

RS、GIS、GPS 集成的方式可以在不同的技术水平上实现。最简单的方法是三种系统分开而由用户综合使用,进一步是三者由共同的界面,做到表面上无缝的集成,数据传输则在内部通过特征码相结合,最好的办法是整体的集成,成为统一的系统。

单纯从软件实现的角度来看,开发 3S 集成的系统在技术上并没有太大的障碍。目前一般工具软件的实现技术方案是,通过支持栅格数据类型及相关的处理分析操作以实现与遥感的集成,而通过增加一个动态矢量图层以与 GPS 集成。对于 3S 集成技术而言,最重要的是在应用中综合使用遥感以及全球定位系统,利用其实时、准确获取数据的能力,降低应用成本或者实现一些新的应用。

3S 集成技术的发展,形成了综合的、完整的对地观测系统,提高了人类认识地球的能力;相应地,它拓展了传统测绘科学的研究领域,作为地理学的一个分支学科,测绘学产生并对包括遥感、全球定位系统在内的现代测绘技术的综合应用进行了探讨和研究。同时,它也推动了其他相关联系的学科的发展,如地球信息科学、地理信息科学等,它们成为"数字地球"这一概念提出的理论基础。

本章案例

3S 技术在腾龙洞大峡谷地质公园规划中的应用

湖北恩施腾龙洞大峡谷地质公园位于湖北恩施,核心保护区面积为 $224\ km^2$,沿清江河谷东西方向延伸 48.37 km,宽度以清江河谷和清江伏流为中轴线南北向宽 5—8 km。公园大地构造位于扬子准地台的中部,上扬子和中扬子的交接处,属川鄂湘黔隆褶带北缘的一部分。园区内沉积岩广泛分布,主要为三叠和二叠系地层,腾龙洞、大峡谷发育于下三叠统嘉陵江组下部石灰岩、白云质石灰岩和上二叠统石灰岩中,地壳运动和清江流水的长期溶蚀、侵蚀作用,为腾龙洞及大峡谷等地质地貌景观的形成奠定了重要基础。公园地处湖北西部清江流域岩溶区域,清江流域碳酸盐岩出露面积约占流域总面积的 72%,具有独特的岩溶地质背景条件,是我国岩溶发育的地区之一。

运用 GIS 数字地形分析技术对 DEM 进行处理分析以获取地形地貌信息,是对复杂山区旅游景观资源和地质环境调查的重要手段。以湖北恩施腾龙洞大峡谷地质公园为例,基于 ASTER GDEM 数据,可以实现对岩溶地区的坡度、坡向、地形起伏度和地表切割深度等地形地貌特征因子的提取和分析。同时结合 RS 遥感图像判读和 GPS 实地验证,可以实现对公园地质地貌旅游景观的详细调查和分析,为旅游开发打下坚实的基础。图 8-2 至图 8-6 是湖北恩施腾龙洞大峡谷地质公园的地形地貌特征相关图。

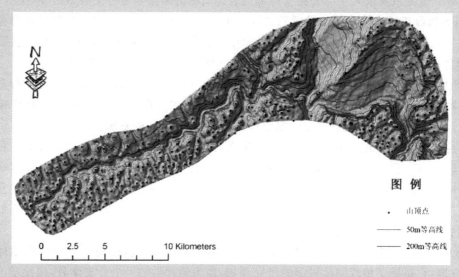

图 8-2 公园三维等高线和山顶点提取图

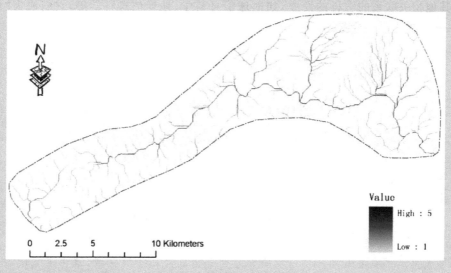

图 8-3 公园河网水系分布图

第八章　3S集成技术

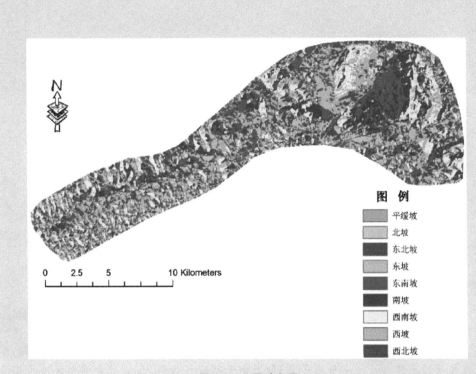

图 8-4　公园坡向图

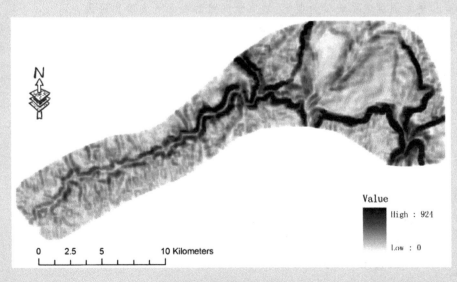

图 8-5　公园地形起伏度图

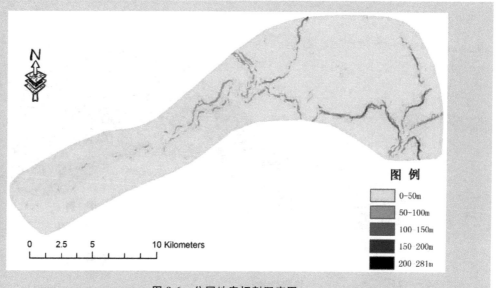

图 8-6 公园地表切割深度图

湖北恩施腾龙洞大峡谷地质公园属中低山岩溶地区，清江河贯穿整个研究区，研究区西南部与东北部岩溶地貌景观差异明显，河谷两岸地表岩溶地貌景观如岩溶峰丛、峰林、溶沟、石芽等岩溶地貌类型广泛发育，河水切割深度在中下游逐渐加剧，形成雄伟险峻的恩施大峡谷陡崖景观；同时由于区域气候降水、地层岩性和区域构造作用的影响，河网水系发育，岩溶洞穴、落水洞等地下岩溶地貌景观也广泛发育，以清江伏流和腾龙洞洞穴系统较为典型，地质景观旅游资源开发潜力巨大。

值得注意的是，公园地形破碎，特别是清江河道两侧地表坡度、起伏度和切割深度均较大，是典型的碳酸盐岩地区，生态环境极为脆弱，应注意加强生态环境治理和景观资源保护工作。

思考题

1. GIS 与 RS 集成的基本原理是什么？GIS 作为遥感图像的处理工具，可以从哪些方面增强标准的图像处理功能？
2. RS 与 GPS 集成的基本原理是什么？其应用进展如何？
3. GIS 与 GPS 集成的基本原理是什么？其应用领域有哪些？
4. 3S 集成技术的未来发展方向是什么？

第九章

智慧旅游

内容提要

近年来,物联网技术、云计算技术和移动通信技术等信息技术迅速发展,旅游业作为信息密集型产业与新的信息技术得到了不断融合,智慧旅游作为现代信息技术与现代旅游业深度融合的产物应运而生,引起了整个旅游产业的变革,深刻改变了传统旅游业的经营、管理和运作模式。本章首先介绍了智慧旅游的概念、内涵以及智慧旅游概念的由来;其次介绍了智慧旅游的发展现状以及智慧旅游实现的相关技术;最后介绍了智慧旅游在行业内的应用。

学习目的

1. 了解智慧旅游的由来以及智慧旅游的发展现状。
2. 掌握智慧旅游的概念及内涵。
3. 了解实现智慧旅游的技术支撑。
4. 掌握 GIS 在智慧旅游中的应用。
5. 了解智慧旅游在行业内的应用与发展。

第一节 智慧旅游概述

一、智慧旅游的提出

智慧旅游来源于"智慧地球"及其在中国实践的"智慧城市"。2008 年国际商业机器公司(International Business Machine,IBM)首先提出了"智慧地球"的概念,指出智慧地球的核心是以一种更智慧的方法通过利用新一代信息技术来改变政府、公司和人们相互交互的

方式,以便提高交互的明确性、效率、灵活性和响应速度。智慧地球又叫智能地球,其实现途径是将感应器嵌入地球每个角落的公路、铁路、隧道、桥梁、大坝、油气管道、电网、建筑、供水系统等各种物体中,并且普遍连接,形成所谓的"物联网",然后将物联网与现有的互联网整合,实现人类社会与物理系统的整合。

"智慧城市"是"智慧地球"从理念到实际、落地城市的举措。IBM 认为,21 世纪的"智慧城市"能够充分运用信息和通信技术手段感测、分析、整合城市运行核心系统的各项关键信息,从而对于包括民生、环保、公共安全、城市服务、工商业活动在内的各种需求做出智能的响应,为人类创造更美好的城市生活。该定义的实质是用先进的信息技术,实现城市智慧式管理和运行,进而为城市中的人创造更美好的生活,促进城市的和谐、可持续发展。随着智慧城市的提出,世界各国相继开始建设智慧城市系统。2006 年 6 月,新加坡启动了 iN2015 计划,共投资 40 亿新元,计划利用 10 年时间构建一个真正通信无障碍的社会环境。新加坡政府依托感应技术、生物识别、纳米科技等科技,建立超高速、广覆盖、智能化、安全可靠的信息通信基础设施;全面提高本土信息通信企业的全球竞争力;发展普通从业人员的信息通信能力,建立具有全球竞争力的信息通信人力资源;强化信息通信技术的尖端、创新应用,引领包括主要经济领域、政府和社会的改造,提升数字媒体与娱乐、教育、金融服务、旅游与零售、医疗与生物科学、制造与物流以及政府等 7 大经济领域的发展水平。

2006 年年初,瑞典国家公路管理局(SNRA)和斯德哥尔摩市政厅在联合打造智慧交通项目。其目标不仅仅是减少交通堵塞,还希望获得附带的好处,比如提高公安交通工具的使用率、减少环境污染。该收费系统的工作原理如下:当车辆于每天的高峰时段经过在进出斯德哥尔摩市中心的道路上设置的控制站时,将对其进行收费。该计划运用激光、摄像和系统技术,自动连贯地对车辆进行探测、识别和收费,从而实现了一个无须停车的路边收费系统。在这项计划中,分布于斯德哥尔摩城区出入口的 18 个路边控制站将识别车辆并根据一天的不同时刻对车辆收费。在不同的时间通过一次控制站所缴纳的税金为 10、15 或 20 瑞典克朗。收费最高的是上午 7:30—8:29 和下午 4:00—5:29 的高峰时段。单车日缴费额最高为 60 瑞典克朗。这套道路收费系统明显缓解了斯德哥尔摩的交通堵塞情况,提高了市民生活的总体质量。到系统试运行结束时,市中心的交通流量降低了大约 25%。由于交通堵塞缓解使得通行时间缩短,以至于人们不得不重新设计公共交通时刻表。甚至连市中心的零售商店也实现了 6% 的业务增长。

2009 年,迪比克市与 IBM 合作,建立了美国第一个智慧城市。迪比克计划利用物联网技术,将城市的所有资源(包括水、电、油、气、交通、公共服务等)数字化并连接起来,监测、分析和整合各种数据,进而智能化地响应市民的需求并降低城市的能耗和成本,使迪比克市更适合居住和商业发展。迪比克计划的第一步是向所有住户和商铺安装数控水电计量器,其中包含低流量传感器技术,防止水电泄漏造成的浪费。同时搭建综合监测平台,及时对数据进行分析、整合和展示,使整个城市对资源的使用情况一目了然。更重要的是,迪比克市向个人和企业公布这些信息,使他们对自己的耗能有更清晰的认识,对可持续发展有更多的责任感。

另外,对于一些智慧城市探索的先行者也越来越多地开始从以人为本的视角开展智慧城市的建设,如欧盟启动了面向知识社会创新 2.0 的 Living Lab(生活实验室)计划,致力于将城市打造成为开放创新空间,营造有利于创新涌现的城市生态,并以 Living Lab 为载体推动智慧城市的建设。芬兰的赫尔辛基、丹麦哥本哈根、荷兰阿姆斯特丹、西班牙巴塞罗那等城市也相继启动了智慧城市建设。欧洲在智能城市基础设施建设与相关技术创新、公共服务、交通及能源管理等领域进行了多项成功实践并在打造开放创新、可持续智慧城市方面取得了较大的进展。

继 2009 年 IBM 推出智慧地球战略之后,中国诸多城市借鉴其智慧城市的理念,大力推进智慧城市建设,成为城市发展的新热点。2010 年 12 月 2 日,科技部等单位举办"2010 中国智慧城市论坛"。

2010 年 12 月 12 日,"2010 中国物联网与智慧城市建设高峰论坛"在北京召开。据统计,截至 2013 年 8 月 5 日,住房和城乡建设部先后两批对外公布的智慧城市试点共有 193 个,包括北京、天津、重庆等城市。

受智慧城市的理念及其在我国建设与发展的启发,"智慧旅游"应运而生。从城市角度,"智慧旅游"可视作智慧城市信息网络和产业发展的一个重要子系统,实现"智慧旅游"的某些功能可借助或共享智慧城市的已有成果。因"智慧旅游"是一项侧重公共管理与服务的惠民工程,将"智慧旅游"在城市视角下纳入智慧城市有助于明确建设主体并集约资源。然而,值得注意的是,由于旅游者与城市居民的特性与需求差异,"智慧旅游"与智慧城市体系下的"旅游"是不同的两个概念,旅游并不仅发生在城市,前者要比后者具有更广泛的内涵。

二、智慧旅游的概念与内涵

(一)国外相关概念

智慧旅游的概念可以追溯到 2000 年 12 月 5 日,加拿大旅游业协会的戈登在他的演讲中将智慧旅游定义为:智慧旅游就是简单地采取全面的、长期的、可持续的方式来进行规划、开发、营销旅游产品和经营旅游业务,这就要求在旅游所承担的经济、文化、环境等每个方面进行卓越努力。在他看来,智慧旅游需要两种技术。首先是智慧的需求和使用管理技术,其中包括在可能的情况下对需求等进行管理并在必要时使用这些结果,其次是智慧影响技巧,包括在正确的时间针对正确的客户,打包产品和行程规划,并有针对性地营销和提供精准的信息。

2009 年 1 月 28 日,在西班牙马德里举行的联合国世界旅游组织的旅游委员会第一次会议上,联合国世界旅游组织助理秘书长杰弗里·李普曼号召会员国和旅游业部门努力实现"智慧旅游"。他的定义是把智慧旅游作为服务链的各个环节,包括清洁、绿色、道德和质量四个层面。

2011 年,英国的"智慧旅游组织"给出了智慧旅游的定义:在旅游部门使用和应用技术成为"数字"或者"智慧"旅游。

2012 年 3 月,美国圣十字学院助理教授 Molz 在她出版的一本书中把智慧旅游定义为使用移动数字连接技术创造更智慧、有意义和可持续的游客与城市之间的关联,她认为智慧旅游代表更广泛的公民深度参与旅游的形式,而不仅是一种消费形式。总的来说,外国的智慧旅游体系发展较为成熟,基本上形成了覆盖面广、智慧化程度高的新型旅游景区。在国外通过网络实现景区购票以及一系列其他游览环节的做法已经深入人心,高度智慧化的景区也极大地方便了游客出行游玩。

(二) 国内相关概念

我国智慧旅游兴起时间不长,但相关学者对其研究不断深入,使得智慧旅游的研究逐渐趋于成熟。自提出智慧旅游以来,其概念研究一直备受关注,也备受争议。整理研究发现目前对智慧旅游的概念主要可以从三个角度去概括。

第一是基于旅游的角度,主要包括以李云鹏为代表的认为智慧旅游是一种旅游新形式,以姚国章为代表的认为智慧旅游是使得旅游全过程更加智慧化的旅游业可持续发展的新模式,以李萌为代表的认为智慧旅游是一种系统化、集约化的综合旅游服务体系。

第二是从游客角度阐述智慧旅游,认为智慧旅游能提升游客体验,为游客提供无微不至的旅游服务和前所未有的体验感受。

第三是从管理角度阐述,主要是以张凌云为代表的认为智慧旅游是系统化、集约化的管理变革,以及以黄先开为代表的认为智慧旅游是将新一代信息通信技术和人工智能技术集成并综合应用于旅游业的服务与管理中,能够全面提升旅游业的发展水平。

本书认为智慧旅游是通过信息通信技术的发展,基于智慧服务、智慧管理、智慧营销,为游客提供个性化服务,从而增强游客的旅游体验。

三、智慧旅游的内涵及特点

(一) 智慧旅游的内涵

1. 旅游信息服务

智慧旅游所涉及的旅游信息服务改变了群体化的提供方式,即原有信息服务提供是非订制化的面向所有潜在旅游者的,是由某种机构借助某种手段来实现信息服务提供,如通过广告、电视、互联网、广播等为客源地的潜在旅游者提供目的地信息,为在途中的旅游者通过手机短信提供天气等服务信息,为到达目的地的旅游者提供本地旅游信息服务(通过导游服务、游客资讯中心放置的各类印刷品、各类指示牌、大屏幕、查询终端等),这些旅游信息服务都是相对独立的,由不同机构提供的,需要旅游者去分别关注和获取,因而旅游者所获取的相关信息是孤立的、散乱的、需要进一步由旅游者来判别的,而且信息服务提供手段也是互不联通的。智慧旅游则在于技术上有了良好的基础,各种平台和系统在相互信息共享和调用方面有了新的机制,信息调用的成本大大降低,效率大大提升,而且信息的表现形式更加灵活多样,适应不同媒介和载体对于旅游信息的要求,旅游信息的各种属性得到充分挖掘并与游客的各种信息有机关联,最大限度地满足游客对旅游信息的需求。

2. 泛在化

泛在化指的是立即到达任何地方的能力或者无处不在。其含义是网络全面融入人们的生活之中,无所不在地为人们提供各种各样的服务,计算不再局限于桌面,用户可以通过手持移动设备、可穿戴设备或者其他常规、非常规的计算设备,无障碍地享用计算能力和信息资源。旅游者个体可以在任何时间、任何地点,通过任何媒介获取旅游信息服务,主要是依托于云计算平台、泛在计算、移动互联网等技术。

(二) 智慧旅游的特点

智慧旅游相对于传统的旅游方式，主要有以下特点：①改变了旅游信息服务的群体化供给方式；②面向终端旅游者需求的各种系统和平台的有机整合和高效协同；③泛在化的旅游信息服务提供渠道；④多层面、多形式、多载体的旅游信息服务；⑤颠覆性的旅游信息服务提供方式；⑥多属性的旅游信息在多空间、多维度、多时空、多媒介的展现；⑦旅游者行为发生重要改变。

四、智慧旅游建设体系

智慧旅游的整体架构是由旅游信息化的建设出发，建设有利于提高旅游者体验，实现行业的高效管理，促进产业可持续发展的新型平台。智慧旅游的整体架构是"4+4"模式，即感知层、网络层、数据层、应用和服务层四个层次和标准规范体系、安全保障体系、运营管理体系和智慧管理体系组合构成（见图9-1）。其中，感知层是智慧旅游的神经末梢，网络层是智慧旅游中的信息高速公路，数据层是智慧旅游最重要的战略性资源，而应用和服务层是指在感知层、网络层、数据层的基础上建立的各种智慧旅游的应用和服务。标准规范体系、安全保障体系和运营管理体系等贯穿于智慧旅游建设的各个层面，为智慧旅游建设提供保障和支撑条件，确保智慧旅游体系的安全、可靠运行和可持续发展。而智慧旅游的建设必然会促进相关智慧旅游产业体系的健全和发展。

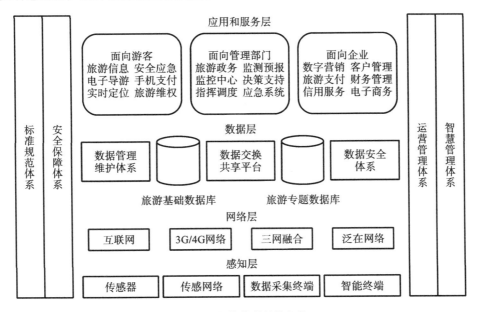

图9-1 智慧旅游整体架构

五、智慧旅游的发展现状

（一）国内智慧旅游发展现状

2014年被国家旅游局（2018年设立中华人民共和国文化和旅游部）确立为"智慧旅游

年",2015年1月国家旅游局印发了《关于促进智慧旅游发展的指导意见》,明确指出智慧旅游是旅游业创新升级的重要推动力,并确立了到2020年形成系统化智慧旅游价值链网络的目标。我国对智慧旅游发展和建设的重视程度逐渐上升,全国各地正在如火如荼地开展建设智慧旅游的行动,部分省市已收获一定成果。北京以《北京智慧旅游行动计划纲要(2012—2015年)》和《北京智慧景区建设规范(试行)》《北京智慧饭店建设规范(试行)》《北京智慧旅行社建设规范(试行)》《北京智慧旅游乡村建设规范(试行)》,以及《旅游信息终端建设规范》《景区自助导游系统建设规范》《城市自助导览系统建设规范》《虚拟旅游系统建设规范》这一系列的智慧旅游相关规范为基础,为北京开展智慧旅游建设提供了良好指导。目前,北京成立了智慧旅游联盟,开展旅游企业与科技企业对接活动,继续建立A级景区自助导游系统和虚拟旅游平台,完善公共信息服务功能。天津的智慧旅游"1369"工程开启至今已初收成效,天津还编制完成了《天津市智慧旅游总体规划》,启动景区建设,建立了天津智慧旅游综合数据中心。江苏省有包括南京、苏州在内的7个城市被列入首批智慧旅游试点城市名单,已经建立"智慧旅游联盟",计划打造"1257"工程。其中,南京搭建了智慧景区综合地理信息平台、"智慧旅游资源云""南京导游"(见图9-2)、旅游执法e通,投放近百台新型游客体验终端,打造由"一个平台、若干支撑体系以及相应的基础环境"构成的总体架构。

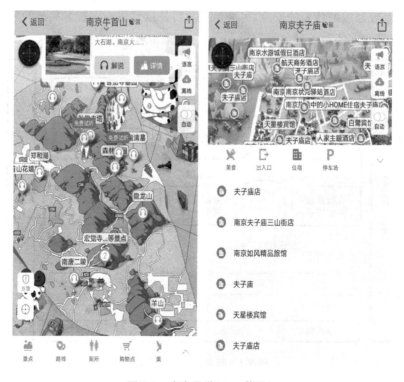

图9-2 南京导游(App截图)

镇江市建设了我国第一个"国家智慧旅游服务中心",打造中国智慧旅游服务的云计算平台——"中国智慧旅游云"。洛阳市推出"一个中心,一个基础,四个平台,八大智慧旅游业态"的体系架构。武夷山推出景区旅游卡,建立"旅游实时传感系统",发布了《武夷山市创建全国旅游标准化城市和智慧旅游城市行动方案》并成立了智慧旅游建设专项小组。武汉市初步建立智慧旅游服务、管理平台体系。到 2015 年年底,初步建成一个感知体系、一个智慧旅游云数据中心、一个旅游公共服务平台、一个旅游公共服务门户、一个旅游政务门户和一个旅游 wap 门户,门户网站、手机、智能导览仪、咨询服务中心等服务渠道,提升城市发展水平。

第二节　智慧旅游的技术支撑

旅游的核心模式,就是以时间和物质的资源换取精神的收获与满足。所谓好的旅行,就是在这一过程中,将资源的效用最优化,并获取最符合旅游者期望的满足感。无论追求何种收获与满足,全面的信息掌握、精确的计划制订、灵活的行程备选、便捷的服务交互都是必不可少的。目前,支撑智慧旅游的技术逐渐成熟和完善,打造智慧旅游的时机已经到来。本节从以下几个领域介绍智慧旅游的技术基础,从技术的概念、原理、发展历史及其在旅游中的应用等方面展开描述。

一、移动互联网

旅游业与信息产业息息相关,随着智能手机的用户数量的剧增以及其智能终端技术的飞速发展,移动互联网已逐步渗入旅游业,并改变着旅游业原有的传统商业模式,成为旅游业界关注的焦点和追捧的对象。移动信息技术在游客在途服务中的应用满足了消费者移动化、位置化、个性化、自助化的需求。移动互联网的快速发展和旅行者使用习惯的改变为移动旅游提供了巨大的市场空间。

无线互联网技术在旅游中的应用呈现出多元化发展态势,利用 3G/4G 无线通信、数据专线、电子签到、GIS 地图等技术手段,覆盖了旅游的多个环节。旅行前的搜索、比价、预订服务依赖于宽带互联网或移动互联网;而旅途中,4G 手机端将发挥重要作用,依赖移动互联网或 Wi-Fi 可以处理临时机票、酒店查询、预订支付,可以在旅程中分享照片和心得,可以查询附近的景点、交通、餐饮。越来越多的消费者在旅途中使用移动设备搜索当地的餐厅、酒店,方便旅行。图 9-3 所示为移动互联网在旅游中的应用。

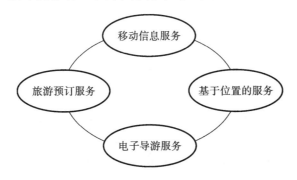

图 9-3　移动互联网在旅游中的应用

以高速移动通信技术和智能终端设备、云计算为支撑的移动互联网正改变着旅游业原

有的传统商业模式。各大在线旅游运营商纷纷加大相关的投入,除了将传统的旅游业务放到移动终端上之外,还纷纷推出了基于移动互联技术平台的新产品和新服务,以此满足更多消费者的需求,满足旅游管理中的管理智能化、服务主动化、旅游个性化和信息对等化发展需求,提升旅游产业现代服务业的科技含量和服务质量。相信在电子商务的引领下,旅游业会进入一个新的时代。

二、移动定位技术

当移动终端接入一个无限通信网络时,终端需要和网络中的接入节点(也就是基站)建立通信连接,通过对点之间无线电波的一些参数(如信号强度、信号到达角度、信号到达时间)进行测量,就可以计算出移动终端与这些基站之间的相对位置关系。由于网络中基站的地理位置一般来说是固定且可以获知的,通过一定的算法就可以对移动终端的位置进行求解或者估算,这就是移动定位技术的基本原理。在实际应用中,根据应用环境不同、定位精度需求不同,可以选择使用不同的移动定位技术,而与之对应的则是不同的接入网络和终端通信能力。从无线通信距离上来看,移动定位技术大体可分为远距离定位技术与近距离定位技术。

(一)远距离定位

1. 卫星定位系统

以美国的 GPS(Global Positioning System,全球定位系统)为代表的卫星定位是我们较熟悉的定位技术,其利用地面终端与轨道卫星之间的通信进行无限定位。GPS定位技术最早源于军事领域,经过多年的发展,由于其定位精度高、覆盖范围广等特点,得到了广泛推广,在人类日常工作与生活中发挥出巨大作用。我国现拥有自主的GPS系统"北斗系统"。

2. 蜂窝定位技术

蜂窝定位技术基于移动通信网络中的蜂窝小区。每个小区都有自己特定的小区识别号,当进入某小区时,用户手机要在当前小区进行注册,系统数据中就会有相应的标识记录。系统根据采集到的手机所处小区标识号来确定手机用户的位置。这种定位技术无需对现有网络和手机做较大的改动,实现非常简单。另外,蜂窝定位可以仅仅在网络上完成,对于旅游景区来说,利用该技术可以实现对景区内各种数据的实时动态统计,以便更好地制定各种管理策略。

3. 基站定位技术

基站定位技术用于可以接入电信运营商所架设的移动通信网络的终端设备,如手机、具备3G通信模块的平板电脑和车载终端等。移动终端通过测量附近基站的下行导频信号,得到不同基站下行导频的 TOA(Time Difference of Arrival,到达时间差),根据测量结果并结合基站的地理位置坐标计算出移动终端所在的位置。一般来说,位置估计算法需要考虑多基站定位的情况,测量的基站数目越多,测量精度就越高,定位性能改善越明显。

4. Wi-Fi定位技术

Wi-Fi定位技术的原理与基站定位相似,只不过终端接收的信号是来自周边的 Wi-Fi 接入点。每个无限 AP(Access Point,接入点)都有一个全球唯一的 MAC 地址,并且一般来说无限AP在一段时间内是不会移动的。设备在开启Wi-Fi的情况下即可扫描并收集周围的AP信号,无论是否加密、是否已经连接,甚至信号强度不足以显示在无线信号列表中,都可以获取到AP广播出来的MAC地址。设备将这些能够标识AP的数据发送到位置服务器,服务器检索出每个AP的位置,并结合每个信号的强弱程度计算出设备的地理位置并返回用户设备。位置服务商要不断更新、补充自己的数据库以保证数据的准确性,毕竟无限AP不像基站塔那样基本百分之百不会移动。

(二) 近距离定位

1. 红外线定位技术

红外线定位技术的原理是,红外线IR标识发射调制的红外射线,通过安装在室内的光学传感器接收进行定位。虽然红外线具有较高的室内定位精度,但是由于光线不能穿过障碍物,使得红外射线仅能视距传播。当红外线工具标识放在口袋里或者有墙壁及其他遮挡时就不能正常工作,需要在每个房间、走廊安装接收天线,造价较高。因此,红外线只适合短距离传播,并且容易被荧光灯或者房间内的灯光干扰,在精确定位上有局限性。

2. 超声波定位技术

超声波定位主要采用反射式测距法,通过三角定位等算法确定物体的位置,即发射超声波并接收由被测物体产生的回波,根据回波与发射波的时间差计算出待测距离,有的则采用单向测距法。超声波定位系统可以由若干个应答器和一个主测机器构成,主测机器放置在被测物体上,在计算机指令信号的作用下向位置固定的应答器发射同频无线电信号,应答器在接收到无线信号后同时向主测距器发射超声波信号,得到主测距器与各个应答器之间的距离。超声波定位系统定位精确度较高,结构简单,但超声波受多径效应和非视距传播影响很大,同时需要大量的底层硬件设施资本,成本太高。

3. 蓝牙技术

蓝牙技术通过测量信号强度进行定位。这是一种短距离低功耗的无线传输技术,在室内安装适当的蓝牙局域网接入点,把网络适配成基于多用户的基础网络链接模式,并保证蓝牙局域网接入点始终是这个局域网的主设备,就可以获得用户的位置信息。蓝牙技术只要应用于小范围定位,如单层的大厅或者仓库。蓝牙室内定位技术最大的优点是设备体积小,易于集成在PDA、PC以及手机上面,因此很容易推广普及。其不足在于蓝牙设备的价格昂贵,而且对于复杂的空间环境,蓝牙系统的稳定性较差。

4. 射频识别技术

射频识别技术(RFID)利用射频方式进行非接触式双向通信交换数据以达到识别和定位的目的。这种技术作用距离短,一般最长为几十米。但它可以在几毫秒内得到厘米级定位精度的信息,且传输范围很大,成本较低。同时由于其非接触和非视距等优点,已经成为优选的室内定位技术。

5. 超宽带技术

超宽带技术是一种全新的、与传统通信技术有极大差异的通信新技术。它不需要使用传统通信过程中的载波,而是通过发送和接收具有纳秒或者纳秒级以下的极窄脉冲来传输数据,从而具有GHz量级的带宽。超宽带可以用于室内精确定位,例如战场士兵的位置发现、机器人运动跟踪等。超宽带系统与传统的窄宽带系统相比，具有穿透力强、功耗低、抗多径效果好、安全性高、系统复杂度低、能提供精确定位精度等优点。因此，超宽带技术可以应用于室内静止或者移动物体以及人的定位跟踪与导航，且能够提供十分精确的定位精度。

6. ZigBee 技术

ZigBee 技术是一种新兴的短距离、低速率无线网络技术，它介于射频识别和蓝牙之间，也可以用于室内定位。它有自己的无线电标准，在数千个微小的传感器之间相互协调通信以实现定位。这些传感器只需要很少的能量，以接力的方式通过无线电波将数据从一个传感器传到另一个传感器，所以它们的通信效率非常高。ZigBee 显著的特点是它的低功耗和低成本。

三、增强现实技术

增强现实技术，即 AR（Augmented Reality），可以算是虚拟现实技术（Virtual Reality）的一种扩展。其区别在于，虚拟现实是创造出一个全新的完全虚拟的世界，而增强现实则是更加强调虚实结合。北卡罗来纳州立大学的 Ronald Azuma 于 1997 年将增强现实定义为利用虚拟信息对真实环境予以增强以提高人们对环境的感知和交互能力，并提出 AR 技术所具备的三个关键要素。

（1）虚实结合。AR 系统把虚拟的图像和文字信息与现实生活景物无缝结合在一起，它既允许用户看到真实的世界，也能看到叠加在真实世界上的虚拟对象。

（2）实时交互。AR 系统可以根据用户所处的真实环境以及用户的实时交互动作动态地计算并生成所需要投射出的虚拟景象。

（3）三维定向。AR 系统实时跟踪用户在真实场景中的位置以及姿态，并根据这些信息计算出虚拟物体在摄像中的坐标，实现虚拟物体画面与真实场景画面精准匹配。

对于现阶段的智能手机来说，AR 应用就是根据当前位置（移动定位）、视野朝向（指南针）以及终端朝向（方向传感器/陀螺仪），在摄像头捕获的现实场景中投射出与画面中实物相关的虚拟画面并且在屏幕上进行叠加展示。典型的移动增强现实应用如日本阳光水族馆提供的 AR 导航应用。日本东京阳光水族馆的地理位置离地铁较远，加上日本街头众多广告牌的干扰，导致游客经常迷路。这时，打开景区的 AR 应用，你会发现不用担心到底该往哪儿走，小企鹅们已登场，跟着它们走就对啦。如图 9-4 所示为东京阳光水族馆 App。

四、物联网

（一）物联网的概念

物联网是未来网络的整合部分，它是以标准、互通的通信协议为基础，具有自我配置能力的全球性动态网络设施，在这个网络中，所有实质和虚拟的物品都有特定的编码和物理特性，通过智能接口无缝连接，实现信息共享。联网是通信网络、互联网的拓展应用和网络延伸，利用感知技术和智能装置对物理世界进行感知识别、智能监控，通过网络传输互联，进行数据计算、处理、知识挖掘和分析决策，实现物与物、人与物、人与人的信息交互和无缝连接，达到对物理世界实时控制、精确管理和科学决策的目的。狭义上的物联网是指物品到物品

图 9-4　东京阳光水族馆 App

连接的网络,实现物品的智能化识别和管理。广义上的物联网则是信息空间与物理空间的融合,将一切事物数字化、网络化,在物品与物品之间、物品与人之间、人与现实环境之间实现高效信息交互,并通过新的服务模式使各种信息技术融入社会行为,是信息化在人类社会综合应用达到的更高境界。如图 9-5 所示为物联网系统。

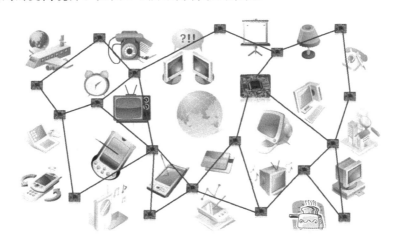

图 9-5　物联网系统

物联网技术应用于旅游产业可以加快旅游信息化,实现旅游的智能化,有效地整合旅游业这个链条型行业、集群型行业的服务链条连接。物联网将极大地改善旅游安全与可持续发展,极大地方便旅游者的出行,极大地帮助游客进行移动旅游服务搜索。随着物联网技术的不断发展和产业链的不断成熟,物联网的应用将呈现多样化、泛在化和智能化的趋势。物联网将会更广泛地应用于政治、经济、社会的所有领域,形成无缝覆盖且相互联通的物联网络,物联网将会使个人的工作、生活变得"聪明""善解人意"。未来的物联网也将使旅游产业更加蓬勃地发展,使个人旅游更加惬意。

(二)物联网体系架构

物联网应该具备三个特征,一是全面感知,即利用 RFID、传感器、二维码等随时随地获取物体的信息;二是可靠传递,通过各种电信网络与互联网的融合,将物体的信息实时准确地传递出去;三是智能处理,利用云计算、模糊识别等各种智能计算技术,对海量数据和信息进行分析和处理,对物体实施智能化的控制。物联网的架构大致被公认为有三个层次(见图9-6),底层是用来感知数据的感知层,中间层是数据传输的网络层,最上层则是内容应用层。

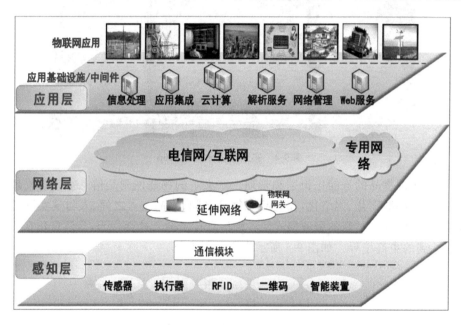

图 9-6　物联网体系架构

1. 感知层

感知层包括传感器等数据采集设备,包括数据接入网关之前的传感器网络。对于目前关注和应用较多的 RFID 网络来说,张贴安装在设备上的 RFID 标签和用来识别 RFID 信息的扫描仪、感应器属于物联网的感知层。在这类物联网中被检测的信息是 RFID 标签内容,高速公路不停车收费系统、超市仓储管理系统等都是基于这一类架构的物联网。

感知层是物联网发展和应用的基础,RFID 技术、传感和控制技术、短距离无线通信技术是感知层涉及的主要技术。感知层也可以细分为数据采集子层、短距离通信技术和系统信息处理子层。数据采集子层通过各种类型的传感器获取物理世界中发生的物理事件和数据信息,例如何种物理量、标识、音视频多媒体数据。短距离通信技术和协同信息处理子层将采集到的数据在局部范围内进行协同处理,以提高信息的精度,降低信息冗余度,并通过具有自组织能力的短距离传感网接入广域承载网络。

2. 网络层

网络层位于物联网三层结构中的第二层,其功能为"传送",即通过通信网络进行信息传输。网络层作为纽带连接着感知层和应用层,它由各种私有网络、互联网、有线和无线通信网等组成,相当于人的神经中枢系统,负责将感知层获取的信息,安全可靠地传输到应用层,然后根据不同的应用需求进行信息处理。经过 10 余年的快速发展,移动通信、互联网等技术已经比较成熟,在物联网的早期阶段基本能够满足物联网中数据传输的需要。

3. 应用层

应用层包括应用基础设施/中间件和各种物联网应用。应用基础设施/中间件为物联网应用提供信息处理、计算等通用基础服务设施、能源及资源调用接口，以此为基础实现物联网在众多领域的各种应用。物联网应用层利用经过分析处理的感知数据，为用户提供丰富的特定服务。物联网应用可分为监控型（如物流监控、污染监控）、查询型（如智能检索、远程抄表）、控制型（智能交通、智能家居、路灯控制）、扫描型（手机钱包、高速公路不停车收费）等。应用层是物联网发展的目的，软件开发、智能控制技术将为用户提供丰富多彩的物联网应用。

五、云计算

云计算是基于互联网的相关服务的增加、使用和交付模式，通常涉及通过互联网来提供动态易扩展且经常是虚拟化的资源。云是网络、互联网的一种比喻说法。过去在图中往往用云来表示电信网，后来也用来表示互联网和底层基础设施的抽象。因此，云计算甚至可以让你体验每秒10万亿次的运算能力，拥有这么强大的计算能力可以模拟核爆炸、预测气候变化和市场发展趋势。用户通过电脑、笔记本、手机等方式接入数据中心，按自己的需求进行运算。

对云计算的定义有多种说法。到底什么是云计算，至少可以找到上百种解释。现阶段广为接受的是美国国家标准与技术研究院（NIST）的定义：云计算是一种按使用量付费的模式，这种模式提供可用的、便捷的、按需的网络访问，进入可配置的计算资源共享池（资源包括网络、服务器、存储、应用软件、服务），这些资源能够被快速提供，只需投入很少的管理工作，或与服务供应商进行很少的交互。

六、地理信息系统

随着信息技术的飞速发展和广泛普及，旅游产品的电子化和全球化成为旅游营销的重要手段；分布式旅游目的地数据库对现实旅游产生了巨大而深远的影响；日益发展的电子导游潜移默化地影响和改变着旅游者的决策与选择习惯。上述革命性的变革也促进旅游理论研究发展的完善。地理信息系统作为信息技术的重要组成部分，在旅游行业存在着广泛的应用。无论旅游路线的选择、旅游流量的空间分布，还是旅游资源的保护、旅游规划等都具有很强的空间特征，这促使人们重视地理信息系统在旅游行业中的应用，同时地理信息系统在其他领域所取得的成就和经验在很大程度上也能帮助和促进旅游地理信息系统的发展。

在如今的信息时代，从旅游资源的管理与开发、旅游目的地的包装宣传，到针对旅游者的个性化信息服务，大量的信息需要及时准确处理，传统的人工方法已经不能再有效地完成这些工作。而基于先进的计算机技术、数据库技术以及空间信息技术来建立旅游行业服务的地理信息系统将成为解决上述问题的重要途径。

GIS的技术优势在于数据综合、模拟与分析评价能力，可以得到常规方法难以得到的重要信息。独特的地理空间分析能力、快速的空间定位搜索和复杂的查询功能、强大的图形创造和可视化表达手段，以及地理过程的演化模拟和空间决策支持功能等。其中，通过地理空间分析可以产生常规方法难以获得的重要信息，实现在系统支持下的地理过程动态模拟和决策支持，这既是GIS的研究核心，也是GIS的重要贡献。

七、人工智能

人工智能(Artificial Intelligence)，英文缩写为 AI。它是研究、开发用于模拟、延伸和扩展人的智能的理论、方法、技术及应用系统的一门新的技术科学。人工智能是计算机科学的一个分支，它企图了解智能的实质，并生产出一种新的能以人类智能相似的方式做出反应的智能机器，该领域的研究包括机器人、语言识别、图像识别、自然语言处理和专家系统等。人工智能从诞生以来，理论和技术日益成熟，应用领域也不断扩大，可以设想，未来人工智能带来的科技产品，将会是人类智慧的"容器"。人工智能可以对人的意识、思维的信息过程进行模拟。人工智能不是人的智能，但能像人那样思考，也可能超过人的智能。人工智能是一门极富挑战性的科学，从事这项工作的人必须懂得计算机知识、心理学和哲学。人工智能由不同的领域组成，如机器学习、计算机视觉等，总的来说，人工智能研究的一个主要目标是使机器能够胜任一些通常需要人类智能才能完成的复杂工作。目前，人工智能在智慧旅游中的应用主要有以下几点。

（一）旅游相关信息及信息推送的应用

人工智能中的自然语言处理技术与信息识别技术通过大数据搜集旅游信息、图片，并通过视觉分析、信息分析对游客所需信息进行对比，最后采用网络技术将筛选信息推送给游客，为游客制定个性化旅游行程。简单来说，通过人工智能技术，能够根据游客的搜索信息频率，分析出游客的旅游需求，包括旅游信息、评价信息等。此外，当今智能手机具备的功能更加全面，游客只需要在 App 平台中下载相关的智慧旅游软件，甚至是地图软件，都能够制定个性化旅游流程，极大地提高了游客的便利性。

（二）旅游语音功能的应用

随着自然语言处理技术、信息识别技术的不断提高，智能手机能够更好地分析出用户所需信息，从而进行更加全面、方便的服务。对于游客来说，一边旅游、一边动手查资料存在很多的局限性，也对用户旅游体验带来不好的影响。因此，将智慧旅游与人工智能相结合，通过 Siri 等人工语音技术为游客提供便利，充分发挥 Siri 在智慧旅游中的作用，提高 Siri 利用率，从而提高游客的便捷性。例如，游客想要搜索去长城的路线，即需要按住 Home 键，弹出 Siri 人工智能，对着接收话筒说："去长城的路线。"Siri 的人工智能会利用 GPS 技术、大数据技术快速分析"长城"相关的信息，并提出相应的行程线路，甚至包括不同交通工具的路程时间。此外，即使在国外旅游，也可以在 App 商店中下载翻译软件，通过软件来翻译外文等。而且人工智能还能够直接搜索出酒店、餐馆内容，只要对 Siri 说："附近的餐馆"，即可呈现周边一定范围内的餐馆，点击其中的一个餐馆即可自动形成路线。

（三）在游客数量上的应用

现如今，人工智能能够实现部分预测功能，但此项技术还不够成熟。简单来说，通过网络终端技术、GPS 技术大数据基础，能够分析一个旅游景点旅游终端的移动终端访问量，并通过统计移动终端访问量，预测出某一个旅游景点的人数，也可以通过遥感技术分析旅游景点人员的密度。通过这一人工智能技术，游客在正式朝向某一景点出发时，可以通过 Siri 询问"××景点游客数量"，这时 Siri，即会通过信息技术连接到××景点的终端，并将游客数量探测数据通过信息技术传递给智能手机,并推送相关的信息。

(四)在旅游景点中的应用

如今背包客非常流行,也就是"自由行",这样会给游客一种无拘无束的感受。智慧旅游的最大受益者就是背包客。在传统的旅游模式中,游客到达陌生的城市难免会向路人询问,哪些旅游景点值得去、有哪些地方美食小吃等,不仅无法提高旅游效率,同时也会走很多弯路。但借助 Siri 人工智能技术,能够通过网络技术、云技术、人工智能技术做出实时向导,并通过 Siri 发送给用户,当游客初次进入陌生城市时,即可拿出手机,点开 Siri 询问酒店,将包裹储存,再向 Siri 询问附近的美食,最后向旅游景点出发。对于背包客来说,通过 Siri 人工智能能够直接搜索出相应的旅游景点与其路线,虽然背包客没有导游解说,但通过 Siri 智能技术,如"××(景点)背景介绍"即可自动搜索相关景点的历史典故、构建经历、景点文化等,充当导游的作用。如此一来,通过 Siri 人工智能,能够有效降低游客对导游的依赖性,通过大数据筛选即可得到相应的旅游信息,通过个性化服务、信息推动,提高游客的便利性。

(五)在旅游线路规划中的应用

电子地图的应用也非常广泛,通过电子地图中路线搜索功能,即可输入始发点(自动定位)和终点,进而人工智能技术推送相关行进路线。但实际的旅行中,由于行进路线多种多样,包括飞机、火车、轮船、汽车、地铁等方式,如何指定路程最短、行程最快的旅游线路规划是非常棘手的问题。但在人工智能的帮助下,通过打开 Siri 功能说出旅游的目的地,从而能够为游客同时罗列出多种行进路线,甚至在哪个城市乘坐什么交通工具都能一一列出。并且当今人工智能能够根据大数据技术,针对游客的兴趣爱好,制定个性化旅游规划,为游客提供极大的便利性。

本章案例

智慧庐山建设

庐山风景名胜区管理局、IBM 中国、江西移动九江分公司和江西红彤科讯信息服务有限公司在庐山共同签署了关于"智慧庐山"战略合作备忘录,四方将积极参与庐山信息化建设,将庐山打造成为智慧旅游景区,从而提升庐山的旅游经济价值。庐山智慧化建设包括一个中心、两个平台、三个体系。

一、指挥调度中心

智慧调度中心应具有"管理、服务、展示、经营"四大功能,指挥调度中心是庐山风景名胜区管委会管理、规范旅游行业运营的综合管理机构,是庐山风景名胜区管理和调度的中心,集中设置视频监控、GPS 监控指挥、接处警等系统,利用电视墙、大屏幕等设备同时监控重要位置的视频,结合 GPS 电子地图等技术,在发生紧急事件时,指挥调度人员可以及时、充分地了解现场状况,迅速找出最佳措施,并及时向相关职能部门发出协作指令,快速处理。指挥调度中心场所是景区工作人员处理景区运营、管理、服务的工作场所,包括指挥调度大厅、值班室、会议室、接待室、休息室和设备间等

场所,配备音频、视频、大屏幕显示和常用指挥调度中心是在数据中心及其应用层系统软件的基础上,结合了视频监控系统,应急指挥系统,森林防火系统、环境监测系统、"三合一"接处警系统等功能系统形成的一个集中式的管理终端集合。指挥中心建设含装修、照明、供配电、UPS、空调及新风弱电设备、综合布线及桥架管路、防雷接地、消防等。具体建设内容如下。

（一）指挥中心大屏显示

配置 3×8 共 24 块 60 寸液晶拼接大屏,配置专业管理操控台及呼叫中心坐席。

（二）机房建设工程

含装修、照明、供配电、UPS、空调及新风弱电设备、综合布线及桥架管路、防雷接地、消防、动环、KVM等。

（三）平台及数据对接

对庐山公安、股份公司、自然保护区、园门及庐山市相关景点和单位已有监控系统、票务系统、营销平台系统、环保车调度系统、智能巡护系统、游客大数据分析平台及应急系统进行对接分析,将这些系统的数据整合进指挥中心,进行集中展示和分析,数据应用的深度挖掘,关联应用。

（四）网络及安全架构建设系统

庐山网络、安全架构配置及建设设计;双活系统、负载均衡等架构建设设计。

二、两个平台

（一）微信公众平台

微信已经是大家离不开的一种社交工具和一种新的生活方式,景区微信公众平台的建设要既可以在功能上满足游客的需要,又可以为管理者提供数据决策依据。具有导航、导览、导游、导购等功能。即游客通过点击微信中的地图导览功能可以查询到景区的导览图以及游客从各个地区到景点的路线指引;导览功能能够让游客可以直观地通过智能终端了解景区主要景点的优美景色;通过微信平台可以方便地游览景区,使旅游过程舒适快捷;通过微信公众号可以实现线上预订门票、酒店、土特产产品等相关需求。

（二）全域旅游电商平台

线上电子商务平台是实现庐山政务、商务电子化发展的基础。共包括 3 个主要模块:特色产品宣传购销模块、特色产品信息(商铺)与交流(客户)模块、第三方交易平台模块。通过智慧旅游电商平台建设,可以为游客、主管单位、旅游企业和旅游目的地提供服务。通过电商平台可以提高旅游产品的综合管理和运营能力,创建优质的旅游生态环境,提升旅游的服务品质,进而达到各方的目的。

三、三个体系

（一）智慧营销体系

营销体系主要为景区营销部门服务,提供精确营销系统、分销服务系统、客户关系管理系统等三个功能子系统。其建设内容为:电子票务系统,景区二次营销系统,商户会员卡管理系统,商户管理 App。

（二）智慧服务体系

服务体系由景区门户网站、网上虚拟游系统、电子导览系统、多媒体信息服务等子系统组成，形成一整套专业智慧信息管理系统，服务于景区与游客，提升景区的知名度和品牌影响力。

（三）智慧管理体系

智慧管理体系由景区各个管理子系统组成，智慧旅游综合管理平台（是集成智慧景区建设中各子系统应用，实现景区决策数据依据、指挥调度管理，解决智慧景区建设信息孤岛，实现所有系统单点登入），整合电子票务系统、营销平台、电子商务平台、OA系统、视频监控系统、大屏显示系统等应用系统于一体，整个平台根据服务游客、服务企业、服务主管部门的原则进行设计，充分体现服务智慧化、营销智慧化、管理智慧化、保护智慧化的宗旨。

思考题

1. 什么是智慧旅游？它与智慧城市的关系是什么？
2. 简述我国当前智慧旅游的发展现状。
3. 智慧旅游的内涵有哪些？
4. 智慧旅游的关键技术有哪些？
5. 什么是物联网技术？其在智慧旅游中有何作用？
6. 简述人工智能在智慧旅游中的应用。
7. 思考GIS在智慧旅游中的应用及前景。

参考文献

Bibliography

[1] 汤国安,赵牡丹,杨昕,等.地理信息系统[M].2版.北京:科学出版社,2010.

[2] 田永中,徐永进,黎明,等.地理信息系统基础与实验教程[M].北京:科学出版社,2010.

[3] 邬伦,刘瑜,张晶,等.地理信息系统:原理、方法和应用[M].北京:科学出版社,2001.

[4] 关显明,孙可.基于天地图的城市旅游地理信息系统设计与实现——以牡丹江市为例[J].测绘与空间地理信息,2017(5).

[5] 蒙印,蒋红兵,杨正银,等.基于"天地图"的旅游地理信息系统设计与实现[J].测绘,2014(4).

[6] 张俊辉,张红平,王聪.基于天地图的旅游地理信息服务系统设计[J].地理信息世界,2014(3).

[7] 凌琳.地理信息系统(GIS)在旅游业中的应用研究——以 Google Earth 为例[D].上海:复旦大学,2009.

[8] 马亮.基于 Web 技术的武汉市旅游地理信息系统的构建与应用[D].武汉:华中师范大学,2014.

[9] 华一新,赵军喜,张毅.地理信息系统原理[M].北京:科学出版社,2012.

[10] 郑贵洲,胡家赋,等.地理信息系统分析与实践教程[M].北京:电子工业出版社,2012.

[11] 张军海,李仁杰,傅学庆,等.地理信息系统原理与实践[M].2版.北京:科学出版社,2015.

[12] 余明.地理信息系统导论实验指导[M].2版.北京:清华大学出版社,2015.

[13] 刘贵明.地理信息系统原理及应用[M].北京:科学出版社,2008.

[14] 汤国安,杨昕,等.ArcGIS地理信息系统空间分析实验教程[M].2版.北京:科学出版社,2012.

[15] 宫辉力,赵文吉,李晓娟,等.旅游地理信息系统——设计、开发与应用[M].北京:科学出版社,2011.

[16] 黄杏元,马劲松.地理信息系统概论[M].3版.北京:高等教育出版社,2008.

[17] 张康聪.地理信息系统导论[M].7版.陈健飞,连莲,译.北京:电子工业出版社,2014.

教学支持说明

全国高等院校旅游管理类应用型人才培养"十三五"规划教材系华中科技大学出版社"十三五"规划重点教材。

为了改善教学效果,提高教材的使用效率,满足高校授课教师的教学需求,本套教材备有与纸质教材配套的教学课件(PPT电子教案)和拓展资源(案例库、习题库视频等)。

为保证本教学课件及相关教学资料仅为教材使用者所得,我们将向使用本套教材的高校授课教师免费赠送教学课件或者相关教学资料,烦请授课教师通过电话、邮件或加入旅游专家俱乐部QQ群等方式与我们联系,获取"教学课件资源申请表"文档并认真准确填写后发给我们,我们的联系方式如下:

地址:湖北省武汉市东湖新技术开发区华工科技园华工园六路

邮编:430223

电话:027-81321911

传真:027-81321917

E-mail:lyzjjlb@163.com

旅游专家俱乐部QQ群号:306110199

旅游专家俱乐部QQ群二维码:

群名称:旅游专家俱乐部
群　号:306110199

教学课件资源申请表

填表时间:_____年___月___日

1. 以下内容请教师按实际情况写,★为必填项。
2. 学生根据个人情况如实填写,相关内容可以酌情调整提交。

★姓名		★性别	□男 □女	出生年月		★职务	
						★职称	□教授 □副教授 □讲师 □助教

★学校		★院/系	
★教研室		★专业	
★办公电话		家庭电话		★移动电话	
★E-mail (请填写清晰)				★QQ号/微信号	
★联系地址				★邮编	

★现在主授课程情况	学生人数	教材所属出版社	教材满意度
课程一			□满意 □一般 □不满意
课程二			□满意 □一般 □不满意
课程三			□满意 □一般 □不满意
其 他			□满意 □一般 □不满意

教材出版信息		
方向一		□准备写 □写作中 □已成稿 □已出版待修订 □有讲义
方向二		□准备写 □写作中 □已成稿 □已出版待修订 □有讲义
方向三		□准备写 □写作中 □已成稿 □已出版待修订 □有讲义

请教师认真填写表格下列内容,提供索取课件配套教材的相关信息,我社根据每位教师/学生填表信息的完整性、授课情况与索取课件的相关性,以及教材使用的情况赠送教材的配套课件及相关教学资源。

ISBN(书号)	书名	作者	索取课件简要说明	学生人数 (如选作教材)
			□教学 □参考	
			□教学 □参考	

★您对与课件配套的纸质教材的意见和建议,希望提供哪些配套教学资源: